Springer-Lehrbuch

Friedrich Breyer

Mikroökonomik

Eine Einführung

Dritte, verbesserte Auflage

Mit 84 Abbildungen

 Springer

Professor Dr. Friedrich Breyer
Universität Konstanz
Fachbereich Wirtschaftswissenschaften
Fach D135
78457 Konstanz
E-mail: friedrich.breyer@uni-konstanz.de

ISSN 0937-7433
ISBN 978-3-540-69230-0 Springer Berlin Heidelberg New York
ISBN 978-3-540-25035-7   2. Auflage Springer Berlin Heidelberg New York

Bibliografische Information der Deutschen Nationalbibliothek
Die Deutsche Nationalbibliothek verzeichnet diese Publikation in der Deutschen Nationalbibliogra-
fie; detaillierte bibliografische Daten sind im Internet über http://dnb.d-nb.de abrufbar.

Springer ist ein Unternehmen von Springer Science+Business Media

springer.de

© Springer-Verlag Berlin Heidelberg 2004, 2005, 2007

Herstellung: LE-TₑX Jelonek, Schmidt & Vöckler GbR, Leipzig
Umschlaggestaltung: WMX Design GmbH, Heidelberg

SPIN 11965060   42/3100YL - 5 4 3 2 1 0   Gedruckt auf säurefreiem Papier

Für Malte Faber

Vorwort zur 3. Auflage

Da auch die zweite Auflage dieses Werks vom Markt freundlich aufgenommen wurde, ergab sich die Gelegenheit, in dieser dritten Auflage wiederum einige Verbesserungen vorzunehmen und noch verbliebene kleine Fehler zu korrigieren. Wertvolle Hinweise erhielt ich wiederum von den Hörern meiner Vorlesung sowie von meinem Kollegen Laszlo Goerke (Universitäten Mainz und Tübingen). Mein Mitarbeiter Normann Lorenz kümmerte sich mit der gewohnten Sorgfalt um die Erstellung des druckreifen Buchmanuskripts.

Konstanz, im November 2006   *Friedrich Breyer*

Vorwort zur 1. Auflage

Der vorliegende Text ist aus einem Manuskript zur Vorlesung Mikroökonomik I entstanden, die ich regelmäßig an der Universität Konstanz halte. Die Vorlesung hat ein Zeitbudget von 4 Wochenstunden im Sommersemester (13 Wochen). Sie richtet sich an Studierende, die bereits eine Lehrveranstaltung „Einführung in die Volkswirtschaftslehre" gehört haben und daher mit elementaren Grundbegriffen unseres Fachs vertraut sind. Dazu zählen vor allem das Preis-Mengen-Diagramm, Angebots- und Nachfragefunktionen und der Begriff der Elastizität.

Das Buch unterscheidet sich von gängigen Lehrbüchern aus dem angelsächsischen Raum dadurch, dass von der algebraischen Methode rigoros Gebrauch gemacht wird, da man im deutschsprachigen Raum gewisse Grundkenntnisse der Mathematik voraussetzen kann, wie sie in der Oberstufe des Gymnasiums sowie in einführenden Lehrveranstaltungen in Mathematik für Wirtschaftswissenschaftler vermittelt werden. Dazu zählen vor allem die Differentialrechnung und einige wenige Elemente aus der Linearen Algebra (Vektoren und Matrizen). Auf diese Weise werden auch moderne dualitätstheoretische Konzepte, die im weiteren Studium von großem Nutzen sind, verwendet: die Optimalwertfunktionen (Kosten- und Gewinnfunktion, indirekte Nutzen- und Ausgabenfunktion) und das Envelope-Theorem.

Gegenstand der Analyse ist die Erklärung des Angebots- und Nachfrageverhaltens von Unternehmungen und Haushalten und ihr Zusammenwirken auf Güter- und Faktormärkten. Zentrales Analysekonzept ist dabei das (allgemeine) Gleichgewicht. Ungleichgewichte und dynamische Anpassungsreaktionen bleiben dabei ausgeklammert. Da es sich um einen einführenden Text für das Grundstudium (2. bzw. 3. Fachsemester) handelt, kommen eine Reihe weiterer Themen nicht vor, die erst in einem vertiefenden Kurs in Mikroökonomik oder Wirtschaftspolitik behandelt werden können: Öffentliche Güter, externe Effekte, asymmetrische Information, Auktionen.

Einige Teile haben dennoch eher Vertiefungscharakter und können beim ersten Lesen ausgelassen werden, ohne das Verständnis des Nachfolgenden zu beeinträchtigen. Dies sind vor allem die Abschnitte 2.6 (Die Kostenfunktion einer Unternehmung mit mehreren Produktionsstätten) und 3.2.6 (Grenzproduktivitätstheorie der Verteilung).

Der Text hat im Laufe der Jahre von den Anregungen zahlreicher Kollegen und Studierenden profitiert, von denen hier nur mein akademischer Lehrer Malte Faber und meine früheren und jetzigen Mitarbeiter Martin Kolmar, Mathias Kifmann und Normann Lorenz erwähnt seien. Wertvolle Dienste bei der zügigen Erstellung des druckreifen Buchmanuskripts haben Kristina Beisel, Gundula Hadjiani und Normann Lorenz geleistet. Schließlich sei dem Springer-Verlag für eine rasche Drucklegung gedankt.

Konstanz, im Februar 2004   *Friedrich Breyer*

Inhaltsverzeichnis

1

Einführung

1.1 Was bedeutet Mikroökonomik?

In den meisten Lehrbüchern wird die Abgrenzung zwischen Mikro- und Makroökonomik so vorgenommen, dass unter Mikroökonomik die Analyse des Verhaltens einzelner Wirtschaftssubjekte, also von Haushalten und Unternehmungen, verstanden wird, während der Gegenstand der Makroökonomik das Verhalten der ganzen Wirtschaft sei. Diese Abgrenzung ist offensichtlich nicht zutreffend, da die moderne Makroökonomik ihre Hypothesen ebenfalls aus einzelwirtschaftlichen Entscheidungskalkülen ableitet.

Statt dessen wird in diesem Buch unter Mikroökonomik die Untersuchung von Angebot und Nachfrage einzelner Güter und die Bestimmung ihrer **relativen** Preise verstanden. Dazu passt auch die noch vor einigen Jahrzehnten übliche Bezeichnung der Mikroökonomik als „Preis- und Werttheorie". Neben den relativen Preisen sind auch die Quantitäten der einzelnen Güter Gegenstand der Analyse. Es wird untersucht, in welchen Mengen die verschiedenen Güter (z.B. Wohnungen, Kartoffeln, Mobiltelefone) in einer Volkswirtschaft hergestellt und verbraucht werden, d.h. wie sich das Sozialprodukt **zusammensetzt**.

Dagegen befasst sich die **Makroökonomik** mit aggregierten Größen wie dem Gesamtwert des Konsums, den Investitionen, dem Sozialprodukt, der Beschäftigung, wobei jeweils verschiedene Güter aggregiert worden sind. Gegenstand der Analyse sind hier das absolute **Niveau** (z.B. des Sozialproduktes), nicht seine Zusammensetzung, das **Preisniveau** und nicht die Austauschrelationen zwischen den Gütern.

Der entscheidende Unterschied zwischen diesen beiden Teilbereichen der Volkswirtschaftslehre besteht also darin, dass in der Makroökonomik heterogene Güter wertmäßig zu Aggregaten zusammengefasst werden: es werden dort buchstäblich „Äpfel und Birnen zusammengezählt". Dagegen wird in der Mikroökonomik lediglich über Wirtschaftssubjekte aggregiert, etwa wenn aus den individuellen Nachfragefunktionen nach einem Gut die Marktnachfrage gewonnen wird.

1.2 Zur Vorgehensweise in der Mikroökonomik

Die Mikroökonomik lässt sich als die systematische Anwendung des Rationalverhaltens-Modells auf die Erklärung des Angebots- und Nachfrageverhaltens von Haushalten und Unternehmen auf Märkten verstehen. Die Annahme des Rationalverhaltens erlaubt es, auf logisch stringente Weise Beziehungen zwischen den Restriktionen, denen die Wirtschaftssubjekte unterliegen (dies sind Preise, Einkommen und technologische Zusammenhänge), und ihren Kauf- bzw. Verkaufsakten abzuleiten. Diese Beziehungen nennen wir „testbare Hypothesen". Es sind Aussagen, die wahr oder unwahr sein können, wie z.B. die Aussage: „Immer wenn der Lohnsatz steigt, setzt eine Unternehmung weniger Arbeitsstunden ein."

Konkret bilden wir „Rationalverhalten" dadurch ab, dass das Wirtschaftssubjekt aus einer gegebenen Menge möglicher Handlungen (seinem „Beschränkungsraum") diejenige realisiert, die gemäß seinen Zielen die beste ist; wir sagen auch: es maximiert seine Zielfunktion unter den gegebenen Restriktionen. In den späteren Kapiteln dieses Buches ist daher immer als erstes zu fragen,

- um welches Wirtschaftssubjekt es sich handelt: eine Unternehmung oder einen Haushalt,

- welche Restriktionen sein Handeln begrenzen (beim Unternehmen etwa technologische Zusammenhänge zwischen den Mengen eingesetzter Produktionsfaktoren und der Produktmenge), und

- welches Ziel das Wirtschaftssubjekt verfolgt (z.B. Maximierung des Gewinns).

Da wir nach stabilen Verhaltensmustern suchen, ist eine solche Theorie dann besonders wertvoll, wenn sie **eindeutige** Beziehungen zwischen den für den Handelnden exogenen Größen (z.B. Preisen) und seinen Aktionen (z.B. der nachgefragten Menge eines Gutes) liefert. Wie später – in Abschnitt 2.3 – gezeigt werden wird, müssen wir dazu einige einschränkende Annahmen über die Ziele und die Beschränkungen treffen, unter denen sie agieren.

Im Ergebnis werden wir eine Verhaltenstheorie formulieren können, die es uns ermöglicht, zwar nicht alle, aber einen großen Ausschnitt aus allen realen Vorgängen auf Märkten konsistent zu erklären. Für die Fälle, in denen die entsprechenden Annahmen nicht erfüllt sind, trifft die Theorie keine Aussage. Dies ist aber kaum als Mangel der Theorie zu interpretieren, solange keine bessere Erklärung existiert.

1.3 Einige wichtige Begriffspaare

An dieser Stelle seien einige weitere Begriffspaare erläutert, die innerhalb der Mikroökonomik eine bedeutende Rolle spielen:

a) Einzelwirtschaftliche versus gesamtwirtschaftliche Betrachtung

Mit der **einzelwirtschaftlichen** Analyse erklärt man die Angebots- und Nachfragepläne eines einzelnen Haushalts oder einer Unternehmung mit Hilfe eines Rationalverhaltenskalküls: Das Wirtschaftssubjekt versucht, unter den gegebenen Restriktionen (z.B. Einkommensrestriktion) bestimmte Ziele bestmöglich zu erreichen. Die Pläne einer einzelnen Wirtschaftseinheit sind aber fast nie um ihrer selbst willen interessant, sondern lediglich in ihrem Zusammenwirken: In der **gesamtwirtschaftlichen** Betrachtung werden die Angebotspläne aller Hersteller eines bestimmten Gutes zum Marktangebot dieses Gutes zusammengefasst („aggregiert"), desgleichen die Nachfragepläne aller Konsumenten des Gutes zur Marktnachfrage.

Ein wesentlicher Unterschied zwischen beiden Vorgehensweisen ist: Für das einzelne Wirtschaftssubjekt sind die Preise exogen gegeben – vorausgesetzt, es ist nur einer von vielen Anbietern bzw. Nachfragern des Gutes –, die gesamtwirtschaftliche Analyse behandelt dagegen die Preise als endogen, d.h. mit ihr wird die relative Höhe des Preises bestimmt.

In diesem Buch werden in den Kapiteln 2 bis 4 die einzelwirtschaftlichen Grundlagen gelegt, auf denen dann die gesamtwirtschaftliche Analyse des Kapitels 5 aufbaut. Eine Zwitterstellung nehmen dabei die Abschnitte 3.3 und 3.4 (Monopol- und Oligopoltheorie) ein, die sowohl einzelwirtschaftliches Verhalten als auch die daraus resultierende Bestimmung der Marktpreise untersuchen.

b) Partial- versus Totalanalyse

Bei der **Partialanalyse** wird die Bestimmung des Preises eines einzelnen Gutes untersucht, etwa mit Hilfe eines Preis-Mengen-Diagramms. Dabei müssen die Verhältnisse auf anderen Märkten, vor allem die Preise anderer Güter, als konstant vorausgesetzt werden („ceteris-paribus-Klausel"). Diese Annahme ist dann verletzt, wenn der Preis des betrachteten Gutes Rückwirkungen auf Angebot und Nachfrage anderer Güter hat und deren Preisbildung beeinflusst. So hängen z.B. die Märkte für Automobile und Benzin miteinander zusammen. Korrekter, aber auch mathematisch anspruchsvoller ist die simultane Betrachtung aller Gütermärkte als miteinander verbundenes System (**Totalanalyse**). Man spricht von einem „allgemeinen" oder „totalen" Gleichgewicht, wenn sich Angebots- und Nachfragepläne auf allen Märkten gleichzeitig gerade entsprechen.

In diesem Buch wird die Partialanalyse im Rahmen der Monopol- und Oligopoltheorie (Abschnitte 3.3 und 3.4) zur Preiserklärung verwendet, während die Bestimmung der Preise auf Wettbewerbsmärkten in Kapitel 5 totalanalytisch erfolgt.

c) Positive versus normative Analyse

Die **positive** Analyse hat das Ziel, Vorgänge in der Realität zu erklären und die Ableitung von Prognosen zukünftiger Entwicklungen zu ermöglichen (wie wirkt sich etwa die Entdeckung neuer Rohölvorkommen auf die Nachfrage und den Preis von

Automobilen aus?). Positive Aussagen können grundsätzlich richtig oder falsch sein und eignen sich daher für eine empirische Überprüfung.

Die **normative** Analyse befasst sich demgegenüber mit der **Bewertung** realer oder theoretischer Phänomene. Es werden Kriterien dafür aufgestellt, wann eine bestimmte Zusammensetzung von Produktion und Konsum „gut" bzw. „besser" als eine andere ist. Diese Kriterien werden dazu herangezogen, etwa den Marktmechanismus mit anderen Verfahren zur Bestimmung, welche Güter in welchen Qualitäten hergestellt werden (z.B. politische Abstimmungen), zu vergleichen. Sie bilden daher eine wichtige Grundlage für die wirtschaftspolitische Beratung.

Natürlich können normative Kriterien nicht richtig oder falsch sein, sie können weder bewiesen noch widerlegt werden, jeder einzelne kann ihnen jedoch zustimmen oder sie ablehnen. Normative Ökonomik ist daher nur interessant, wenn die darin verwendeten Werturteile explizit gemacht werden. Handelt es sich überdies um allgemein akzeptierte Normen und werden aus ihnen auf logisch schlüssige Weise Aussagen über bestimmte Allokationsregeln abgeleitet, die nicht selbst-evident sind, so können sie zu einem Erkenntnisgewinn führen. Im Rahmen dieses einführenden Textes kommt die normative Analyse in Abschnitt 5.2 zur Anwendung.

d) Statische, intertemporale und dynamische Analyse

Die traditionelle Mikroökonomik ist **statisch**, d.h. man unterstellt, dass alle Handlungen an einem Zeitpunkt oder innerhalb einer bestimmten (kurzen) Zeitperiode stattfinden. Es werden keine Vorkehrungen für zukünftige Zeitabschnitte getroffen, d.h. alle verhalten sich so, als ob die Welt am Ende der betrachteten Periode unterginge. Sparen und Investieren haben also keine Grundlage.

Der Realität besser entspricht die Vorstellung, es gebe eine Abfolge von Perioden (endlich oder unendlich viele). Die **intertemporale** Theorie untersucht, wie die Wirtschaftssubjekte ihre Pläne für mehrere aufeinander folgende Perioden aufstellen und wie diese dann miteinander in Übereinstimmung gebracht werden. Sparen, Investieren, Kredit und Zins sind wesentliche Phänomene, die damit erfasst werden können.

Allerdings wird auch die Betrachtungsweise unterstellt, dass die Pläne zu Beginn des Planungszeitraums „ein für allemal" gemacht werden; eine echte Dynamik im Sinne einer Reaktion des Verhaltens auf Veränderungen von Marktdaten im Zeitablauf findet nicht statt. Diese ist vielmehr Gegenstand der **dynamischen** Analyse.

Da es sich bei diesem Buch um einen einführenden Text handelt, konzentriert es sich fast ausschließlich auf statische Analysen. Die einzige Ausnahme bildet der Abschnitt 4.5, in dem intertemporale Entscheidungen eines Haushalts untersucht werden.

1.4 Zum Aufbau des Buches

Der folgende Hauptteil des Buches ist in vier Kapitel gegliedert, deren Gegenstände anhand des Kreislauf-Modells in Abbildung 1.1 illustriert werden können.

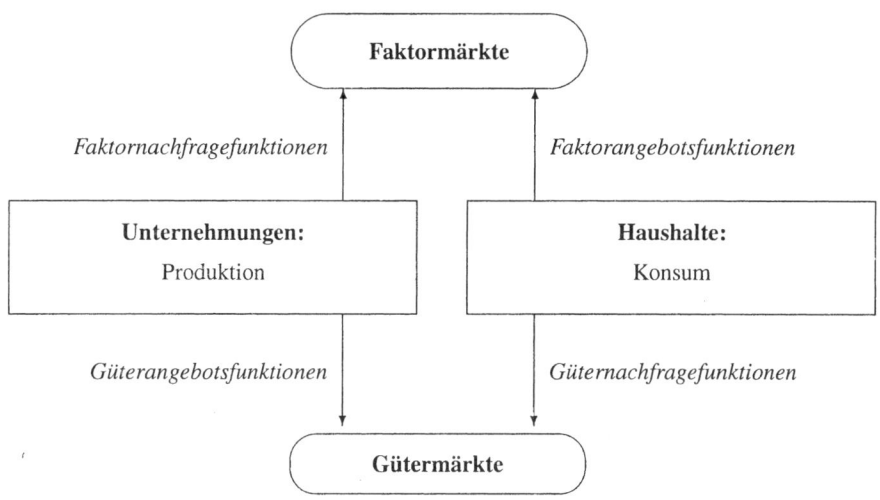

Abbildung 1.1. Wirtschaftssubjekte und Märkte

Kapitel 2 (Produktions- und Kostentheorie) legt die produktionstheoretischen Grundlagen, ohne die ein Verständnis des Verhaltens von Unternehmungen auf Märkten nicht möglich wäre. Die Produktionstheorie versucht, die ökonomisch relevanten Aspekte der technologischen Voraussetzungen von Produktion zu erfassen, die unabhängig vom Wirtschaftssystem gültig sind. Die Kostentheorie befasst sich darauf aufbauend mit dem kostenminimierenden Einsatz von Produktionsfaktoren, die auf Märkten eingekauft werden.

Kapitel 3 untersucht das Verhalten von gewinnmaximierenden Unternehmen auf Faktor- und Absatzmärkten, wobei bezüglich der Absatzmärkte drei verschiedene Marktformen nach einander behandelt werden: die vollkommene Konkurrenz, das Monopol und das Oligopol.

Kapitel 4 rückt den Konsumenten ins Blickfeld und behandelt eine Theorie des rationalen Verhaltens beim Kauf von Gütern und – daran anschließend – beim Angebot von Arbeit. In den beiden letzten Abschnitten des Kapitels wird die Analyse um zwei Aspekte erweitert: zunächst auf eine Zwei-Perioden-Welt, in der auch Spar- und Investitionsentscheidungen des Konsumenten untersucht werden können, und schließlich auf eine Welt, in der Unsicherheit herrscht und daher z.B. Versicherungsmärkte sinnvoll werden.

Kapitel 5 enthält eine gesamtwirtschaftliche Analyse einer Ökonomie, in der auf allen Märkten vollkommener Wettbewerb herrscht. Zunächst wird der Begriff eines totalen Gleichgewichts definiert und seine Eigenschaften untersucht. Im zweiten Teil des Kapitels wird ein Maß für den Vergleich von Allokationen aus normativer Sicht entwickelt und auf das Wettbewerbsmodell angewendet.

2

Produktions- und Kostentheorie

In Abschnitt 1.2 wurde erläutert, dass die Theorie des Verhaltens eines Wirtschaftssubjekts die beiden Grundelemente

- Ziele und
- Restriktionen

enthält. Während wir uns mit den Zielen einer Unternehmung erst im 3. Kapitel befassen werden, geht es in diesem Kapitel zunächst – nämlich in den Abschnitten 2.1 und 2.2 – lediglich um die Beschreibung ihrer Restriktionen. Diese werden durch die Produktionsmöglichkeiten bestimmt, die wiederum durch naturwissenschaftliche bzw. technische Zusammenhänge determiniert sind. Unser Ziel ist es im Folgenden, diese mit möglichst einfachen, aber flexiblen und aussagekräftigen theoretischen Konzepten darzustellen.

2.1 Produktionsprozesse

2.1.1 Einführung

Ein Gut kann durch mehrere Eigenschaften gekennzeichnet werden:

a) physische Eigenschaften,

b) den Ort, an dem es sich befindet,

c) die Periode bzw. den Zeitpunkt der Lieferung.

Zwei Gegenstände (oder Dienstleistungen) mit den gleichen physischen Eigenschaften an zwei unterschiedlichen Orten sind zwei unterschiedliche Güter. Ein Volkswagen in Wolfsburg unterscheidet sich von einem in Konstanz dadurch, dass Transportleistungen aufgewendet werden müssen, um ihn nach Konstanz zu schaffen. Entsprechend wird sich auch ein Volkswagen, der in diesem Jahr geliefert wird, von einem unterscheiden, der erst im nächsten Jahr zur Verfügung steht, denn letzterer kann erst vom nächsten Jahr an Leistungen abgeben.

Im Folgenden werden wir ein Gut meistens nur nach seinen physischen Eigenschaften unterscheiden. Dies impliziert, dass die in unserer Untersuchung betrachteten Güter sich alle zum selben Zeitpunkt am selben Ort befinden. Diese Einschränkungen sind wesentlich, da auf diese Weise von regionalen und vor allem von **zeitlichen** Aspekten der Produktion und des Konsums abgesehen wird. Fragen der zeitlichen Struktur der Konsum- und Investitionstätigkeit werden erst im 4. Kapitel angesprochen. Diese Vereinfachung dient dem didaktischen Zweck, die Analyse einfach zu halten, damit das Wesentliche klarer hervortritt.

In diesem Kapitel wollen wir uns zunächst mit der Beschreibung der technischen Bedingungen der Produktion befassen. Ausgangspunkt der Betrachtung ist die „Aktivität", die auch **Produktionsprozess** genannt wird. Mit einem Produktionsprozess kann man ein Gut oder gleichzeitig mehrere Güter herstellen. Wird mehr als ein Gut in einem Prozess hergestellt, so spricht man von **verbundener Produktion**. Zur Produktion werden gewöhnlich folgende Einsatzfaktoren (Inputs) benötigt:

1. Arbeit,

2. Boden,

3. Maschinen (Kapitalgüter),

4. Rohstoffe,

5. Energie.

Schließlich müssten wir strenggenommen berücksichtigen, dass die Produktion nicht zeitlos durchgeführt werden kann, sondern dass eine gewisse Zeit notwendig ist, um ein Produkt herzustellen. Davon wird hier jedoch abgesehen, d.h. der Einsatz von Inputs und die Entstehung von Outputs erfolgen gleichzeitig, auch wenn wir die Menge eines Faktors in Einsatzstunden messen.

Ein Produktionsprozess kann als ein Rezept aufgefasst werden, das angibt, welche Mengen an Inputs für eine bestimmte Menge eines Gutes (Outputs) bzw. bei verbundener Produktion für bestimmte Mengen mehrerer Güter benötigt werden.

Wir sehen im Folgenden der Einfachheit halber von verbundener Produktion ab und betrachten die Herstellung nur eines Gutes G_h. In der Realität wird in einem Produktionsprozess nicht nur eine Art Arbeit verwendet werden, sondern mehrere verschiedene. Das gleiche gilt für andere Typen von Inputs. Bei insgesamt k Inputs kann man einen Prozess durch einen Vektor mit $k+1$ Komponenten darstellen, wobei die erste Komponente (x_h) die Outputmenge des Gutes G_h und die übrigen k Komponenten $(a_{1h}, \ldots, a_{kh})$ die dafür benötigten Mengen der k Inputs angeben:

$$
a_h = \begin{bmatrix} x_h \\ a_{1h} \\ \cdot \\ \cdot \\ \cdot \\ a_{kh} \end{bmatrix} = \begin{bmatrix} \text{Output } G_h \\ \text{Input } 1 \\ \cdot \\ \cdot \\ \cdot \\ \text{Input } k \end{bmatrix}
$$

Wir interessieren uns im Rahmen der ökonomischen Analyse also nicht dafür, auf welche Weise man konkret die Inputs verwendet, um den Output zu erstellen – das ist Sache von Ingenieuren, Technikern und Organisationsspezialisten. Der eigentliche Vorgang der Produktion ist eine „Black Box", bei der uns Ökonomen nur interessiert, was hineingeht und was herauskommt.

Wenn wir eine Unternehmung für eine kurze Zeitspanne, etwa eine Stunde, beobachten, so können wir registrieren, welche Inputmengen die Unternehmung in dieser Zeit verbraucht und welche Outputmengen sie dabei erzeugt. Wir kennen dann einen zulässigen Produktionsprozess der Unternehmung. Um Aussagen über das ökonomisch relevante Verhalten einer Unternehmung treffen zu können, benötigen wir jedoch Informationen darüber, welche alternativen Produktionsprozesse die Unternehmung statt dessen auch hätte verwirklichen können. Diese Informationen, die z.B. eine Befragung der in der Firma tätigen Ingenieure liefern könnte, münden im Konzept der Technologie:

Definition:

Unter der **Technologie** einer Unternehmung verstehen wir die Menge aller zu einem Zeitpunkt bekannten und prinzipiell durchführbaren (also: zulässigen) Produktionsprozesse.

In diesem Kapitel interessieren wir uns zunächst für bestimmte Eigenschaften der Technologie einer Unternehmung. Dazu gehören folgende Fragen:

1. Wenn alle Inputs proportional verändert, also z.B. halbiert oder verdreifacht werden, wie ändert sich dann der Output – überproportional, proportional oder unterproportional?

   Hier geht es um die sogenannte **Skaleneigenschaft** eines Prozesses. Man spricht von

   - **zunehmenden Skalenerträgen** (increasing returns to scale) bei einer überproportionalen Veränderung der Outputmenge,

   - **konstanten Skalenerträgen** (constant returns to scale) bei einer proportionalen Veränderung der Outputmenge und

   - **abnehmenden Skalenerträgen** (decreasing returns to scale) bei einer unterproportionalen Veränderung der Outputmenge.

   Formal definieren wir den zweiten Begriff:

Definition:

Falls für jeden zulässigen Produktionsprozess a_h und jedes $\lambda > 0$ gilt, dass auch $\lambda \cdot a_h$ ein zulässiger Produktionsprozess ist, so liegen **konstante Skalenerträge** vor.

---

2. Falls es zur Herstellung der selben Outputmenge mehrere verschiedene zulässige Produktionsprozesse gibt, wovon hängt es dann ab, welchen Prozess die Unternehmung wählen wird? Eine erste Antwort auf diese Frage können wir schon im nächsten Abschnitt geben.

2.1.2 Technische Effizienz

Im Rahmen der ökonomischen Analyse interessieren wir uns nur für eine Teilmenge der Menge aller bekannten Prozesse, nämlich diejenigen, die bei knappen Faktoren überhaupt dafür in Frage kommen, von der Firma genutzt zu werden. Wir nennen diese Teilmenge die „effizienten" Produktionsprozesse und definieren diesen Begriff – auf einem Umweg – wie folgt:

Definition:

Ein Produktionsprozess a_h^0 heißt „**technisch ineffizient**", wenn es in der Technologie der Unternehmung zur gleichen Outputmenge x_h des Gutes G_h einen anderen Prozess a_h^1 gibt, für den gilt:

$$
a_h^1 =
\begin{bmatrix}
x_h \\
a_{1h}^1 \\
\cdot \\
\cdot \\
\cdot \\
\cdot \\
a_{kh}^1
\end{bmatrix}
\leq
\begin{bmatrix}
x_h \\
a_{1h}^0 \\
\cdot \\
\cdot \\
\cdot \\
\cdot \\
a_{kh}^0
\end{bmatrix}
= a_h^0; \tag{2.1}
$$

wobei das $\leq$ bedeutet, dass mindestens eine Komponente des Prozesses a_h^1 kleiner ist als die entsprechende von a_h^0 und keine größer.
Ein Prozess heißt „**technisch effizient**", wenn er nicht technisch ineffizient ist.

Wir wollen im Folgenden unterstellen, dass von der Menge der Prozesse, die in der Technologie einer Firma enthalten sind, **nur** die effizienten Prozesse eingesetzt werden. Diese Annahme kann auch aus einer übergeordneten Verhaltensannahme, nämlich der der Minimierung der Kosten abgeleitet werden, denn ein ineffizienter Prozess kann niemals der kostengünstigste sein, gleichgültig, wie hoch die Faktorpreise sind, solange sie positiv sind. Darauf werden wir im Detail später in diesem Kapitel zurückkommen. Auch die Annahme effizienter Produktion ist schon einschränkend, da sie unterstellt, dass das Problem der optimalen internen Organisation einer Unternehmung gelöst ist. Dieses keineswegs triviale Problem ist der Hauptgegenstand der

Delegationstheorie („Prinzipal-Agent-Theorie") bzw. bestimmten Feldern der Betriebswirtschaftslehre. Dass wir es hier ausklammern, ist vor allem deswegen bedeutend, weil wir damit einen Einfluss der Gestaltung des Wirtschaftssystems (etwa die Frage, ob auf den Gütermärkten Wettbewerb herrscht) auf die innere Organisation der Unternehmen vernachlässigen.

Von zwei effizienten Prozessen können wir nicht von vornherein sagen, welcher eingesetzt wird, weil dies von den Faktorpreisen abhängt. Benötigt man z.B. beim Prozess a_h^1 weniger Arbeit und mehr Maschinen als in a_h^2 , so wird der erste in einer Periode **hoher Löhne** dem zweiten vorgezogen werden. In einer Zeit, in der die Löhne relativ niedrig sind, wird man auf den zweiten Prozess zurückgreifen.

Der Begriff der Effizienz erlaubt folglich nicht, eine vollständige Rangordnung auf der Menge der bekannten Prozesse für ein Gut zu errichten, sondern lediglich eine **Teilordnung**. Wie aus dem letzten Beispiel deutlich wurde, benötigen wir weitere Informationen – dort war es die Höhe der Inputpreise –, um zu ermitteln, welcher der effizienten Prozesse bzw. in welcher Kombination diese verwendet werden sollen.

2.1.3 Graphische Darstellung der Prozesse eines Gutes

2.1.3.1 Additivität und Teilbarkeit

Um die Prozesse eines Gutes graphisch darstellen zu können, treffen wir nun die vereinfachende Annahme[1], dass zur Erzeugung des betrachteten Gutes nur **zwei** Inputs, z.B. Arbeits- und Maschinenstunden, benötigt werden.

Eine Technologie kann die folgenden Eigenschaften aufweisen:

Eigenschaft 2.1 (Teilbarkeit)

Ist a^j ein Prozess zur Herstellung von x_j Einheiten des Gutes, so gilt: wird das λ_j-fache aller Inputmengen des Prozesses a^j eingesetzt ($0 < \lambda_j \leq 1$), so erhält man $\lambda_j x_j$ Einheiten Output. Ist a^j ein zulässiger Produktionsprozess, so ist auch

$$\lambda_j a^j = \begin{bmatrix} \lambda_j x_j \\ \lambda_j a_1^j \\ \lambda_j a_2^j \end{bmatrix}$$

ein zulässiger Produktionsprozess.

Für zwei verschiedene Prozesse (also $j = 1, 2$) ist die Eigenschaft der Teilbarkeit in Abbildung 2.1 graphisch dargestellt, wobei a_1^j die Menge an Arbeit und a_2^j die Menge

---

[1]Im Folgenden lassen wir zur Vereinfachung der Notation den Index h des produzierten Gutes fort.

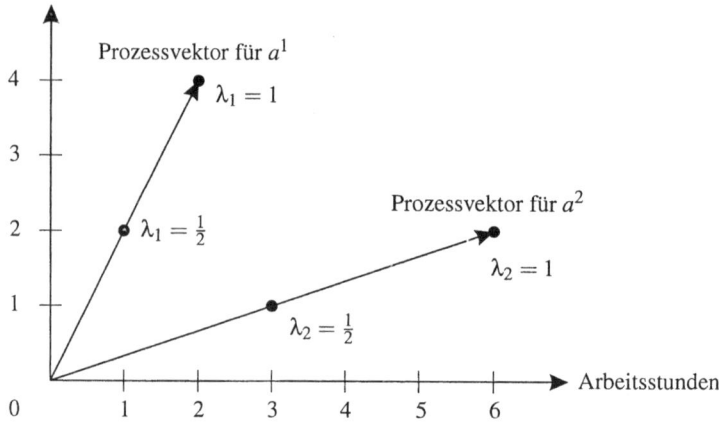

Abbildung 2.1. Teilbarkeit von Produktionsprozessen

an Maschinen für eine Produkteinheit bezeichnet. (Im Inputmengen-Diagramm sind natürlich jeweils nur die 2. und 3. Komponente der Prozessvektoren a^j dargestellt. Wir behalten dennoch die Bezeichnung a^j bei.) Es gilt hier

$$a^1 = \begin{bmatrix} 1 \\ 2 \\ 4 \end{bmatrix} \quad \text{und} \quad a^2 = \begin{bmatrix} 1 \\ 6 \\ 2 \end{bmatrix}.$$

Wenn dies die einzigen Prozesse zur Produktion einer Einheit des Gutes sind, so sind beide effizient.

Eigenschaft 2.2 (Additivität)

Sind zwei Prozesse a^1 und a^2 bekannt, so können sie auch gleichzeitig betrieben werden. Sind a^1 und a^2 zulässige Produktionsprozesse, so ist auch

$$a^1 + a^2 = \begin{bmatrix} x_1 + x_2 \\ a_1^1 + a_1^2 \\ a_2^1 + a_2^2 \end{bmatrix}.$$

ein zulässiger Produktionsprozess.

Additivität impliziert auch, dass ein ganzzahliges Vielfaches jedes zulässigen Prozesses a^1 betrieben werden kann, d.h. für $k \in \mathbb{N}$ ist

$$ka^1 = \begin{bmatrix} kx_1 \\ ka_1^1 \\ ka_2^1 \end{bmatrix}.$$

ein zulässiger Produktionsprozess.

Abbildung 2.2 illustriert die Eigenschaft der Additivität für den Fall $x_1 = x_2 = 1$. Die fett gedruckten Zahlen an den eingezeichneten Punkten geben die Outputmenge an, die man mit der jeweiligen Inputmengenkombination herstellen kann.

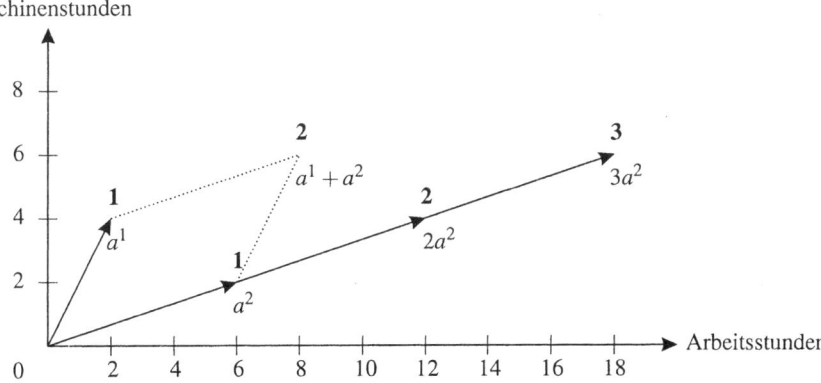

Abbildung 2.2. Additivität von Produktionsprozessen

Die beiden Eigenschaften der Additivität und der Teilbarkeit haben wichtige Auswirkungen, die in den beiden folgenden Sätzen beschrieben werden.

Satz 2.1

Additivität und Teilbarkeit implizieren konstante Skalenerträge.

Beweis:

Zu zeigen ist, dass für jeden beliebigen Produktionsprozess a^1 und für jede beliebige Zahl $\lambda > 0$ auch $\lambda \cdot a^1$ ein zulässiger Produktionsprozess ist. Teilbarkeit allein liefert uns das gewünschte Resultat für alle $\lambda \leq 1$. Ist dagegen $\lambda > 1$, so wählen wir eine **ganze** Zahl $k > \lambda$. Wegen der Additivität ist $k \cdot a^1$ ein zulässiger Produktionsprozess und folglich (wegen der Teilbarkeit) auch $\mu k a^1$, wobei $\mu = \frac{\lambda}{k} < 1$ ist. Einsetzen von $\frac{\lambda}{k}$ für μ ergibt somit, dass $\lambda \cdot a^1$ ein zulässiger Prozess ist. Das heißt, dass es wegen Teilbarkeit auch immer

möglich ist, nur einen Teil eines durch Addition entstandenen Produktions-
prozesses zu verwenden.

Satz 2.2

Liegen Additivität und Teilbarkeit vor und sind a^1 und a^2 zulässige
Produktionsprozesse, die denselben Output x liefern, dann ist für belie-
biges λ mit $0 < \lambda < 1$ auch

$$a := \lambda a^1 + (1 - \lambda)a^2 \qquad (2.2)$$

ein zulässiger Produktionsprozess zur Outputhöhe x.

Beweis:

Wegen der Teilbarkeit sind λa^1 sowie $(1 - \lambda)a^2$ zulässige Produktionsprozesse mit den Outputhöhen λx und $(1 - \lambda)x$. Additivität sagt dann aus,
dass beide Prozesse auch gleichzeitig betrieben werden können.

Satz 2.2 lässt sich graphisch veranschaulichen: Im Inputmengen-Diagramm in Abbildung 2.3 ist jeder Vektor a ein Punkt auf der Verbindungsgeraden zwischen den
Inputvektoren a^1 und a^2. Dieser ist für $\lambda = \frac{2}{3}$ eingesetzt. Man nennt den in (2.2)
definierten Vektor a auch eine „Linearkombination von a^1 und a^2".

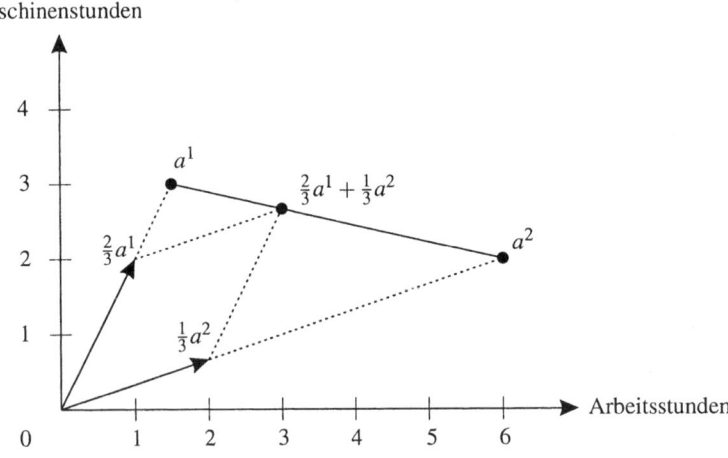

Abbildung 2.3. Linearkombination von Produktionsprozessen

2.1.3.2 Das Konzept der Isoquante

Ein wichtiges Konzept der Produktionstheorie ist das der „**Isoquante**":

Definition:[2]

> Eine Isoquante zur Outputmenge x ist definiert als der geometrische Ort aller derjenigen **effizienten** Inputkombinationen, für die sich gerade der gleiche Output x ergibt.

Für jede Ausstoßmenge ergibt sich natürlich eine andere Isoquante.

Sind z.B. zur Produktion **einer** Outputeinheit nur die zwei „reinen" Prozesse a^1 und a^2 bekannt und sind die Eigenschaften der Additivität und der Teilbarkeit erfüllt, so besteht die Isoquante für die Outputmenge $x = 1$ aus der Verbindungsstrecke zwischen a^1 und a^2 einschließlich der beiden Endpunkte. Die Isoquante für $x = 2$ ist die Verbindungsstrecke zwischen den Vektoren $2a^1$ und $2a^2$, usw.

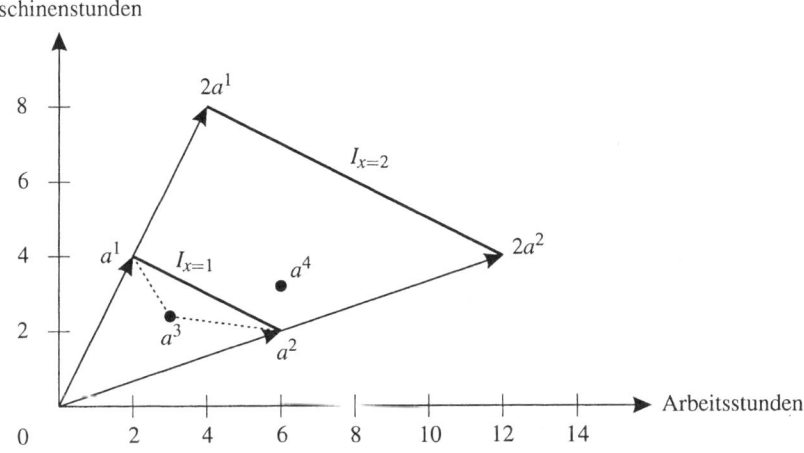

Abbildung 2.4. Zwei Isoquanten bei zwei Prozessen

Ist die Isoquante für den Ausstoß einer Einheit ermittelt, so kann man aus der graphischen Darstellung sofort ablesen, ob ein neuer Prozess

---

[2]Dies ist die 1. Definition, eine 2., leicht abgewandelte, folgt in Abschnitt 2.2.1.

$$a^3 = \begin{bmatrix} 1 \\ a_1^3 \\ a_2^3 \end{bmatrix} \quad \text{bzw.} \quad a_4 = \begin{bmatrix} 1 \\ a_1^4 \\ a_2^4 \end{bmatrix}$$

technisch effizient oder ineffizient ist: Liegt er **rechts oberhalb** der Isoquante $I_{x=1}$, so ist er ineffizient, da es möglich ist, eine Einheit Output mit geringeren Inputmengen herzustellen: a^4 ist ineffizient. Andernfalls ist der Vektor effizient und führt zu einer Veränderung der Isoquante.

Beispiel:

Der neue Prozess a^3 führt zu der gestrichelten Isoquante; alle Vektoren auf der Verbindungsstrecke zwischen a^1 und a^2 sind jetzt nicht mehr effizient.

Sind Additivität und Teilbarkeit erfüllt, so ist eine Isoquante grundsätzlich **konvex**. Diese Eigenschaft kann sehr leicht durch Widerspruch unter Verwendung von Satz 2.2 bewiesen werden. Ferner folgt aus der Definition der technischen Effizienz unmittelbar, dass eine Isoquante – als der geometrische Ort aller technisch effizienten Inputkombinationen zu einer bestimmten Outputmenge – **eine negative Steigung** haben muss.

2.2 Die Produktionsfunktion

Bisher wurde der Fall behandelt, dass zur Produktion einer bestimmten Outputhöhe endlich viele verschiedene effiziente Prozesse (und deren Linearkombinationen) bekannt sind. Die Isoquante zu dieser Outputmenge ist dann eine stückweise lineare Kurve mit endlich vielen Knickpunkten. Gibt es sehr viele effiziente Prozesse, so können wir die Isoquante durch eine durchgezogene Kurve approximieren, die überall differenzierbar ist (vgl. Abb. 2.5).

Der positive Quadrant ist zwischen den beiden äußeren (extremen) Prozessen mit Isoquanten unterschiedlicher Niveauhöhe besetzt. Sind alle Isoquanten eingezeichnet, so kann für jede effiziente Faktorkombination der mit ihr erreichbare Ausstoß aus der Zeichnung abgelesen werden. Diese Information wird in der **Produktionsfunktion** zusammengefasst:

Definition:

Die Produktionsfunktion ist eine Abbildung F, die jedem Vektor (K, L) von Mengen der Inputs Kapital (K) und Arbeit (L) die **maximale** Outputmenge x zuordnet, die mit dieser Faktorkombination hergestellt werden kann:

$$x = F(K, L) \tag{2.3}$$

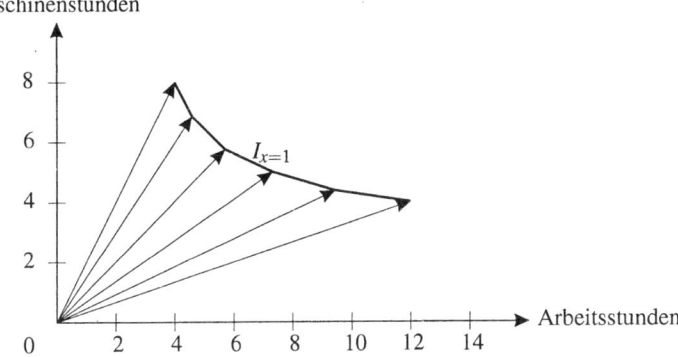

Abbildung 2.5. Isoquante für mehrere Produktionsprozesse

Hier werden nur die beiden Inputs Arbeit und Kapital berücksichtigt. Von der allgemeinen Darstellung der Produktionsprozesse wissen wir, dass in diesen nicht nur zwei, sondern k unterschiedliche Inputs benutzt werden können. Folglich lautet die allgemeine Form der Produktionsfunktion in diesem Fall

$$x = F(y_1, \dots, y_k), \tag{2.4}$$

wobei $y_j(j = 1, \dots, k)$ die Menge des j-ten Faktors angibt.

Man kann die berechtigte Frage stellen, warum überhaupt das Konzept der Produktionsfunktion eingeführt wird, wo doch die Vielfalt der Produktionsprozesse ein realistischeres Abbild der Realität bietet. Dazu gibt es vier Erklärungen:

1. Die Aktivitätsanalyse ist erst in den fünfziger Jahren entwickelt worden. Bis zu dieser Zeit haben die Ökonomen nahezu ausschließlich mit der Produktionsfunktion gearbeitet. Interessant ist, dass **Karl Marx** in seinen Reproduktionstableaus Produktionskoeffizienten verwendet und damit mit einer sehr einfachen Form der Aktivitäten gearbeitet hat.

2. Die Produktionsfunktion enthält approximativ die **gesamte Information** der großen Menge der Prozesse. Sie ist aber wesentlich leichter überschaubar als die Vielzahl der Prozesse.

3. Die Produktionsfunktion ist mathematisch wesentlich einfacher zu untersuchen, da wir die Methoden der Differentialrechnung verwenden können, falls wir Differenzierbarkeit der Funktion annehmen. Die wichtigsten Ergebnisse, die man mit der Produktionsfunktion ableiten kann, kann man jedoch auch – mit mathematisch aufwendigerem Instrumentarium – mittels der Aktivitätsanalyse ableiten.

4. Für empirische Untersuchungen muss man sich oft mit Annäherungen begnügen. Man verwendet daher oft das Konzept der Produktionsfunktion.

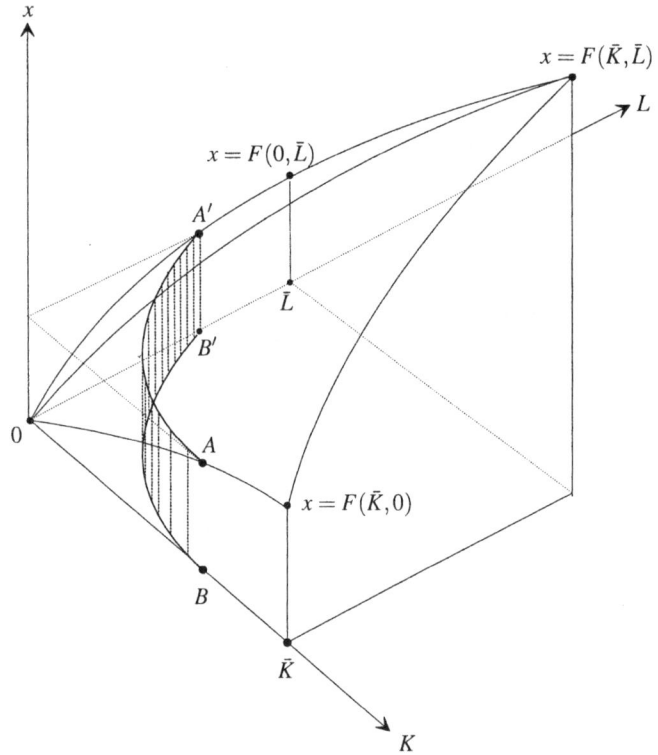

Abbildung 2.6. Herleitung der Isoquante BB' aus der Produktionsfunktion

Eine vollständige geometrische Darstellung der Produktionsfunktion $F(K,L)$ müsste dreidimensional sein, wie in Abbildung 2.6 gezeichnet: zwei Koordinaten für die Inputs K und L und eine für den Output x. Um eine zweidimensionale Darstellung auf Tafel oder Papier zu ermöglichen, lässt man gewöhnlich die Outputdimension weg und verwendet das Inputmengen-Diagramm. Der Output wird durch die Angabe der Isoquanten berücksichtigt. Diese entsprechen den Höhenlinien auf einer Wanderkarte: In Abbildung 2.6 wird gezeigt, wie die Punkte gleichen Outputs (gleicher Höhe), nämlich der Kurvenzug AA', auf die Ebene projiziert werden und dann die Isoquante BB' ergeben. Wird dies für eine ausgewählte Menge von Outputhöhen durchgeführt, so erhält man die in Abbildung 2.7 abgebildete Isoquantenschar. Wegen der Definition der technischen Effizienz ist jede Isoquante von links nach rechts streng fallend. Weiter rechts oben liegende Isoquanten gehören zu höheren Outputniveaus.

In der **Produktionstheorie** wird untersucht, wie sich das Outputniveau $x = F(K,L)$ ändert, wenn die Faktoreinsatzmengen K und L variiert werden (Abbildung 2.7). Insbesondere interessiert man sich für die Auswirkungen von

- Änderungen nur eines Inputs bei Konstanz des anderen, d.h. Bewegungen parallel zu einer Achse, z.B. von Punkt A nach B (Abschnitt 2.2.2),

- proportionalen Änderungen von K und L, d.h. Bewegungen entlang eines Fahrstrahls vom Ursprung, z.B. von A nach C (Abschnitt 2.2.3).

Daneben untersucht man auch noch,

- in welchem Verhältnis die Produktionsfaktoren bei **Konstanz des Outputs** gegeneinander substituiert werden können. Hierbei handelt es sich um Bewegungen entlang einer Isoquante, z.B. von Punkt A nach D (Abschnitt 2.2.5).

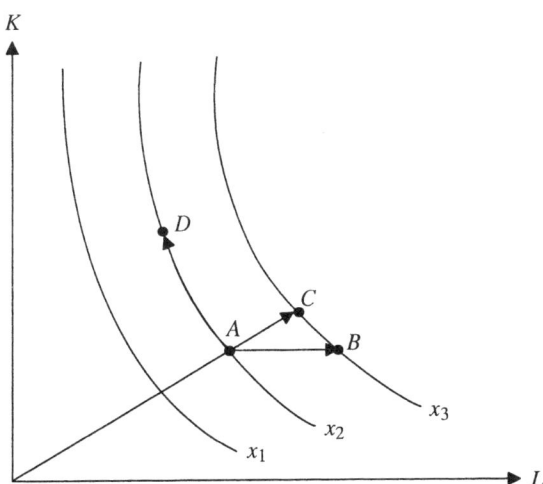

Abbildung 2.7. Änderung des Outputniveaus bei Variation der Inputmengen

2.2.1 Zwei Isoquantendefinitionen

Oben haben wir eine Definition des Begriffs einer Isoquante kennen gelernt:

Definition 1:

Die Isoquante zur Outputhöhe $\bar{x}$ ist die Menge aller **technisch effizienten** Inputkombinationen (K, L) zur Herstellung von $\bar{x}$ Einheiten des Outputs.

Technische Effizienz verlangt, dass es nicht möglich ist, **den gleichen Output** mit einer geringeren Menge eines Inputs (bei Konstanz des anderen) herzustellen.

Jetzt wollen wir eine zweite Definition einführen, die hinfort verwendet werden soll:

Definition 2:

Die Isoquante zur Outputhöhe $\bar{x}$ ist die Menge derjenigen Inputkombinationen (K, L), deren **maximaler Output** $F(K, L)$ gleich $\bar{x}$ ist.

Hier muss also ausgeschlossen sein, dass man mit **den gleichen Inputs** einen höheren Output als $\bar{x}$ erzielen kann. Den maximalen Output liest man an der Produktionsfunktion ab.

Ein Unterschied besteht also in jenen Fällen, in denen man zwar mit der selben Inputkombination (K, L) nicht mehr Output als $\bar{x}$ erzeugen kann, andererseits aber die Menge $\bar{x}$ auch mit einer geringeren Menge eines Inputs herstellbar ist. Die Produktionsfunktion hat dabei die Eigenschaft, dass ein höherer Einsatz **eines** Faktors isoliert keinen Outputzuwachs bedeutet, d.h. die Grenzproduktivität eines Faktors (vgl. Abschnitt 2.2.2) ist null.

Beispiel:

Zur Herstellung einer Einheit Output (x=1) gebe es nur einen effizienten Produktionsprozess, nämlich

$$a = \begin{bmatrix} 1 \\ L^* \\ K^* \end{bmatrix} \begin{matrix} \\ \text{Arbeitsstunden} \\ \text{Maschinenstunden} \end{matrix}$$

Ferner weise die Technologie konstante Skalenerträge auf, d.h. proportionale Erhöhung beider Faktoren bewirke eine Outputsteigerung im selben Verhältnis. Die Technologie heißt linear-limitational.

Nach Definition 1 besteht jede Isoquante nur aus einem Punkt, denn die einzige technisch effiziente Faktorkombination zur Herstellung von $\bar{x}$ Einheiten des Produkts ist $J^1(\bar{x}) = (L^* \cdot \bar{x}, K^* \cdot \bar{x})$. Alle diese Punkte liegen auf einem Fahrstrahl durch den Ursprung (s. Abbildung 2.8a).

Um Definition 2 anzuwenden, muss zunächst die **Produktionsfunktion** ermittelt werden, die die obige Technologie darstellt. Zu jeder beliebigen Inputkombination (K, L) ist der maximale Output gesucht.

$$F(K, L) = max\ x \tag{2.5}$$

unter der Nebenbedingung

$$x \cdot \begin{bmatrix} L^* \\ K^* \end{bmatrix} \leq \begin{bmatrix} L \\ K \end{bmatrix} \tag{2.6}$$

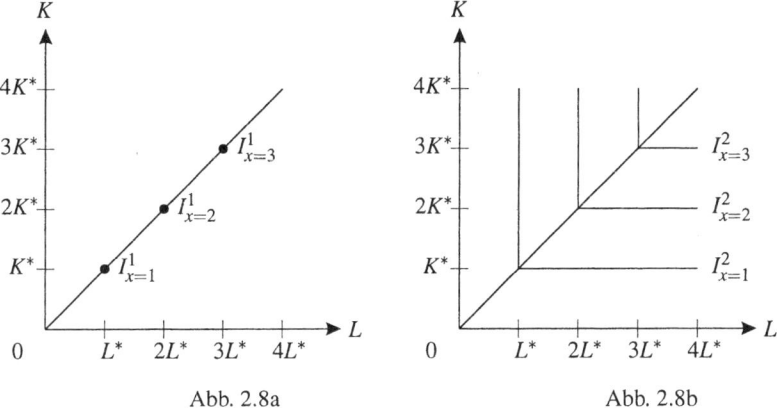

Abb. 2.8a   Abb. 2.8b

Abbildung 2.8. Unterschiedliche Isoquantendefinition am Beispiel einer linear-limitationalen Produktionsfunktion

Die Nebenbedingung kann man umformen zu

$$x \leq \frac{L}{L^*} \tag{2.7a}$$

$$x \leq \frac{K}{K^*} \tag{2.7b}$$

Da x beide Ungleichungen erfüllen muss, gilt

$$x \leq \min\left[\frac{L}{L^*}, \frac{K}{K^*}\right], \tag{2.8}$$

und der größte Wert für x, der diese Ungleichungen erfüllt, ist offensichtlich derjenige, bei dem das Gleichheitszeichen gilt. Die Produktionsfunktion lautet daher

$$F(K,L) = \min\left[\frac{L}{L^*}, \frac{K}{K^*}\right]. \tag{2.9}$$

Sucht man die Menge aller Inputkombinationen (K,L), so dass

$$\min\left[\frac{L}{L^*}, \frac{K}{K^*}\right] = \bar{x}$$

gilt (Definition 2 der Isoquante), so umfasst diese sowohl den effizienten Punkt $(L = \bar{x} \cdot L^*, K = \bar{x} \cdot K^*)$ als auch alle Punkte, bei denen nur **ein** Faktoreinsatz größer ist, also

$$J^2(\bar{x}) = \{(K,L) | L = \bar{x} \cdot L^*, K \geq \bar{x} \cdot K^* \text{ oder } K = \bar{x} \cdot K^*, L > \bar{x} \cdot L^*\},$$

so dass sich die L-förmige Kurve ergibt, die in Abbildung 2.8b eingezeichnet ist. Im folgenden werden wir stets die zweite Definition verwenden, da sie eine engere Beziehung zum Konzept der Produktionsfunktion hat.

2.2.2 Änderung des Outputs bei Änderung nur eines Inputs

Im Folgenden verwenden wir die

Annahme 2.1

Die Produktionsfunktion F ist zweimal stetig differenzierbar.

Wir schreiben dann $\partial F/\partial L$ für die partielle Ableitung nach dem Faktor Arbeit (L) bei Konstanthalten des Faktors Kapital (K).

Will man wissen, wie sich der Output verändert, wenn nur die Menge eines Faktors, z.B. der Arbeitsstunden, erhöht wird, so kann man vom totalen Differential der Produktionsfunktion ausgehen, das die Outputänderung bei kleinen Variationen **beider** Faktoren beschreibt,

$$dx = \frac{\partial F}{\partial L} \cdot dL + \frac{\partial F}{\partial K} \cdot dK$$

und dK gleich Null setzen. Das Ergebnis,

$$dx|_{dK=0} = \frac{\partial F}{\partial L} \cdot dL,$$

bezeichnet man als das **Grenzprodukt des Faktors Arbeit** (in Einheiten des Produkts). Der Quotient

$$\frac{dx}{dL}\bigg|_{dK=0} = \frac{\partial F}{\partial L} = F_L$$

wird als **Grenzproduktivität der Arbeit** bezeichnet. Man erhält sie, wie man sieht, aus der **partiellen** Ableitung der Produktionsfunktion nach L. Analog gibt die partielle Ableitung von F nach K,

$$\frac{\partial F}{\partial K} = F_K$$

die Grenzproduktivität des Kapitals an, also das Verhältnis, in dem sich Output und Kapitaleinsatz bei Konstanz des Arbeitseinsatzes ändern.

Im Folgenden werden wir generell davon ausgehen, dass im Falle einer stetig differenzierbaren Produktionsfunktion immer $F_L > 0$ und $F_K > 0$ gilt. Dies impliziert, dass die Isoquanten der Produktionsfunktion immer eine endliche negative Steigung aufweisen.

F_L und F_K sind ihrerseits wieder Funktionen beider Faktoreinsatzmengen:

$$F_L = F_L(K,L), \tag{2.10}$$

$$F_K = F_K(K,L). \tag{2.11}$$

Leitet man (2.10) und (2.11) ihrerseits nach L und K ab, so erhält man die Matrix der zweiten Ableitungen der Produktionsfunktion,

$$\begin{bmatrix} F_{LL} & F_{LK} \\ F_{KL} & F_{KK} \end{bmatrix}.$$

Diese Werte geben an, wie sich die Grenzproduktivitäten ändern, wenn der betreffende oder der jeweils andere Faktor variiert wird. Ist F zweimal stetig differenzierbar, so gilt $F_{LK} = F_{KL}$. Dieser Ausdruck ist im Vorzeichen unbestimmt. In der Regel ist jedoch davon auszugehen, dass er positiv ist, d.h. der marginale Beitrag eines Produktionsfaktors zur Produktion ist umso größer, je mehr vom anderen Faktor eingesetzt wird – es liegen Komplementaritäten zwischen den Faktoren vor. Die Ausdrücke F_{LL} und F_{KK} sind **negativ**, falls das sogenannte „Gesetz des abnehmenden Ertragszuwachses (oder Grenzertrags)" gilt, was üblicherweise unterstellt wird.

2.2.3 Änderung des Outputs bei proportionaler Änderung beider Faktoren

Bei der Darstellung der Produktionsprozesse hatten wir schon die **Skaleneigenschaften** angesprochen. Verändert man alle Inputs proportional, so kann sich der Output entweder überproportional, proportional oder unterproportional (bei Vorliegen zunehmender, konstanter bzw. abnehmender Skalenerträge) verändern. Diese Unterscheidung können wir auf die Produktionsfunktion übertragen. Es sei b der Proportionalitätsfaktor, $b > 1$.

Definition:

Falls für alle $K, L > 0$ und alle $b > 1$ gilt: $F(bK, bL) \begin{Bmatrix} > \\ = \\ < \end{Bmatrix} b \cdot F(K, L),$

so weist die Produktionsfunktion $\begin{Bmatrix} \text{zunehmende} \\ \text{konstante} \\ \text{abnehmende} \end{Bmatrix}$ Skalenerträge auf.

(2.12)

Geht man von einem Inputmengenvektor $(\bar{K}, \bar{L})$ aus und variiert man beide Inputs proportional, so bedeutet das eine Bewegung entlang eines Fahrstrahls vom Ursprung mit der Steigung $(\bar{K}/\bar{L})$. Das Faktoreinsatzverhältnis (die **Faktorintensität**) bleibt dabei also konstant. Abbildung 2.9 gibt folglich an, wie sich der Output dabei in den drei oben genannten Fällen ändert. Die eingezeichneten Kurven heißen „Niveauertragskurven".

Wie bedeutend sind die einzelnen Formen von Skalenerträgen in der Realität? Hierzu stellen wir zunächst fest, dass abnehmende Skalenerträge eine Verletzung der oben definierten Eigenschaft der Additivität darstellen. Additivität scheint jedoch eine triviale Eigenschaft jeder Technologie zu sein, sofern alle Produktionsfaktoren tatsächlich explizit aufgeführt sind. Ein Beispiel möge das illustrieren: Wenn in 2 Fertigungshallen mit 10 Maschinen und 50 Arbeitern 100 PCs hergestellt werden

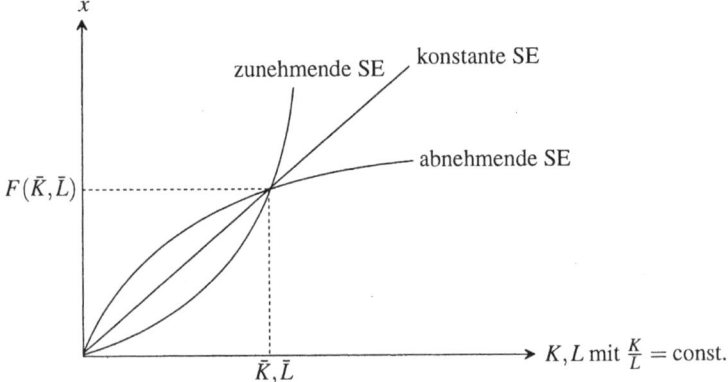

Abbildung 2.9. Niveauertragskurven bei verschiedenen Skaleneigenschaften

können, woran könnte es dann scheitern, dass in 4 Fertigungshallen mit 20 Maschinen und 100 Arbeitern 200 PCs hergestellt werden? Allenfalls daran, dass die Unternehmung über ein Grundstück verfügt, auf dem nur zwei Fertigungshallen Platz haben und nicht deren vier. Dies bedeutet jedoch, dass der Produktionsfaktor Boden bei der Beschreibung der Produktionstechnologie vergessen worden ist.

Zunehmende Skalenerträge wiederum implizieren eine Verletzung der Eigenschaft der Teilbarkeit. Diese kann in der Realität durchaus vorkommen, wenn etwa in unserem obigen Beispiel jede der 10 Maschinen eine spezielle Funktion hat, die man weder ohne diese Maschine noch mit einer kleineren Maschine erzielen kann. Dann ist es eben nicht möglich, mit 5 Maschinen und 25 Arbeitern in einer Fertigungshalle 50 PCs herzustellen. Anders ausgedrückt, spiegeln zunehmende Skalenerträge die Vorteile der Massenproduktion wider.

Wir stellen somit fest: Bei vollständiger Auflistung aller Produktionsfaktoren sind die Skalenerträge in der Realität entweder konstant oder zunehmend.

Analog zum Begriff der Elastizität einer Angebots- und Nachfragefunktion lassen sich für eine Produktionsfunktion zwei verschiedene Elastizitätskonzepte definieren, die **Skalenelastizität** und die **partielle Produktionselastizität**:

Definition:

Die **Skalenelastizität** gibt die relative Änderung der Outputmenge dividiert durch die relative Änderung der Inputmengen bei festem Einsatzverhältnis an.

Die Formel der Skalenelastizität an einem Punkt (K, L) ist

$$\varepsilon_{xb} = \frac{dx/x}{db/b} = \frac{dx/db}{x/b} = \left.\frac{\partial F(bK,bL)/\partial b}{x/b}\right|_{b=1} \cdot \qquad (2.13)$$

Dabei gilt das letzte Gleichheitszeichen nur, wenn der Bruch an der Stelle $b = 1$ bewertet wird, da $F(bK,bL) = x$ nur für $b = 1$ gilt.

In Abbildung 2.9 lässt sie sich aus dem Verhältnis

$$\varepsilon_{xb} = \frac{\text{Steigung der Niveauertragskurve im Punkt } ((K,L),x)}{\text{Steigung des Strahls vom Ursprung durch } ((K,L),x)}$$

ablesen. Dabei gilt:

$$\varepsilon_{xb} \begin{cases} > 1 & \text{zunehmende} \\ = 1 \quad \text{für} \quad \text{konstante} \\ < 1 & \text{abnehmende} \end{cases} \text{Skalenerträge}$$

Definition:

Die **partielle Produktionselastizität** gibt die relative Änderung der Outputmenge dividiert durch die relative Änderung **einer** Inputmenge bei Konstanz der anderen an.

Die partiellen Produktionselastizitäten der Arbeit und des Kapitals sind

$$\varepsilon_{xL} = \frac{\partial F(K,L)/\partial L}{x/L} = \frac{L \cdot F_L}{x} \qquad (2.14)$$

$$\varepsilon_{xK} = \frac{\partial F(K,L)/\partial K}{x/K} = \frac{K \cdot F_K}{x}. \qquad (2.15)$$

Aus (2.13) ergibt sich

$$\varepsilon_{xb} = \frac{1}{x} \cdot \left[\frac{\partial F(bK,bL)}{\partial (bK)} \cdot \frac{\partial (bK)}{\partial b} + \frac{\partial F(bK,bL)}{\partial (bL)} \cdot \frac{\partial (bL)}{\partial b} \right]\Bigg|_{b=1}$$

$$= \frac{1}{x} \cdot (K \cdot F_K + L \cdot F_L) = \varepsilon_{xK} + \varepsilon_{xL}. \qquad (2.16)$$

Man sieht also, dass die Skalenelastizität gleich der Summe der partiellen Produktionselastizitäten der einzelnen Faktoren ist.

2.2.4 Der Spezialfall homogener Produktionsfunktionen

Ein häufig untersuchter Spezialfall ist der „homogener" Produktionsfunktionen, die wie folgt definiert sind:

Definition:

Eine Produktionsfunktion heißt **homogen vom Grade** ρ, falls für alle Inputmengenkombinationen (K,L) und alle Zahlen $b > 0$ gilt:

$$F(bK,bL) = b^\rho \cdot F(K,L). \qquad (2.17)$$

Wir erkennen daraus die folgenden Zusammenhänge zwischen Homogenitätsgrad und Skalenerträgen:

1. Ist F homogen vom Grade 1 („linear-homogen"), so liegen konstante Skalenerträge vor **und umgekehrt**.

2. Ist F homogen vom Grade $\rho > 1$ ($\rho < 1$), so liegen zunehmende (abnehmende) Skalenerträge vor.

Beweis:

ad 1.: Vergleiche (2.17) für $\rho = 1$ mit (2.12).

ad 2.: Aus (2.17) für $\rho > 1$ und $b > 1$ folgt (2.12 (obere Zeile)); aus (2.17) mit $\rho < 1$ und $b > 1$ folgt (2.12 (untere Zeile)). In den beiden letzten Fällen gilt jedoch die Umkehrung **nicht**, da aus (2.12) nicht folgt, dass F überhaupt homogen ist.

Eine wichtige Eigenschaft homogener Funktionen ist die Gültigkeit des **Euler-Theorems**. Um dieses herzuleiten, differenziert man die Definitionsgleichung (2.17), die ja für alle $b > 0$ erfüllt ist, nach b:

$$\frac{\partial F}{\partial (bK)} \cdot \frac{\partial (bK)}{\partial b} + \frac{\partial F}{\partial (bL)} \cdot \frac{\partial (bL)}{\partial b} = \rho \cdot b^{\rho-1} \cdot F(K,L). \qquad (2.18)$$

An der Stelle b=1 ergibt sich

$$K \cdot F_K + L \cdot F_L = \rho \cdot F(K,L) = \rho \cdot x. \qquad (2.19)$$

Folglich ist die Summe der Faktormengen, bewertet mit ihren Grenzproduktivitäten, gleich der ρ-fachen Produktmenge, wobei ρ der Homogenitätsgrad ist. (Durch Vergleich mit (2.16) erkennt man, dass der Homogenitätsgrad ρ gleich der Skalenelastizität ε_{xb} ist.) Diese **Eulersche Gleichung** (2.19) hat eine große Rolle in der Theorie der Einkommensverteilung gespielt, die uns in Abschnitt 3.2.6 beschäftigen wird. Um es kurz vorwegzunehmen: Werden die Besitzer der Produktionsfaktoren in Einheiten des Produkts entlohnt, und zwar gemäß ihrer Grenzproduktivität, so schöpfen die Faktorentgelte das Produkt genau aus, falls konstante Skalenerträge ($\rho = 1$) vorliegen („Ausschöpfungstheorem"), sie übertreffen das Produkt bei Homogenität vom Grad $\rho > 1$ und erreichen es nicht bei Homogenität vom Grad $\rho < 1$.

Differenzieren wir ferner (2.17) partiell nach den Faktormengen L und K, so erhalten wir

$$\frac{\partial F(bK,bL)}{\partial L} = \frac{\partial F(bK,bL)}{\partial(bL)} \cdot b = b^\rho \cdot \frac{\partial F(K,L)}{\partial L} \qquad (2.20)$$

$$\frac{\partial F(bK,bL)}{\partial K} = \frac{\partial F(bK,bL)}{\partial(bK)} \cdot b = b^\rho \cdot \frac{\partial F(K,L)}{\partial K}. \qquad (2.21)$$

Dividieren wir den zweiten und dritten Term jeweils durch b, so erhalten wir

$$\frac{\partial F(bK,bL)}{\partial(bL)} = b^{\rho-1} \cdot \frac{\partial F(K,L)}{\partial L}, \qquad (2.22)$$

$$\frac{\partial F(bK,bL)}{\partial(bK)} = b^{\rho-1} \cdot \frac{\partial F(K,L)}{\partial K}. \qquad (2.23)$$

Die partiellen Ableitungen einer stetig differenzierbaren Produktionsfunktion, die homogen vom Grade ρ ist, sind also ihrerseits homogene Funktionen vom Grade $\rho - 1$.

Durch Anwendung des Euler-Theorems auf die partielle Ableitung F_L ergibt sich also:

$$L \cdot F_{LL} + K \cdot F_{LK} = (\rho - 1) \cdot F_L.$$

Bei konstanten Skalenerträgen ist $\rho = 1$, und folglich ist F_{LK} genau dann positiv, wenn F_{LL} negativ ist. Aus abnehmenden Ertragszuwächsen folgt hier also Komplementarität der beiden Produktionsfaktoren.

Dividiert man (2.20) durch (2.21) und verwendet (2.22) und (2.23), so ergibt sich, dass sich das **Verhältnis** der Grenzproduktivitäten entlang eines Fahrstrahls vom Ursprung nicht ändert, falls die Produktionsfunktion homogen ist:

$$\frac{\partial F(bK,bL)/\partial L}{\partial F(bK,bL)/\partial K} = \frac{\partial F(bK,bL)/\partial(bL)}{\partial F(bK,bL)/\partial(bK)} = \frac{b^{\rho-1}F_L(K,L)}{b^{\rho-1}F_K(K,L)} = \frac{F_L}{F_K}. \qquad (2.24)$$

2.2.5 Verhältnis der Faktormengen bei Konstanz des Outputs

Betrachten wir nun die Substitution zwischen den Inputs entlang einer Isoquante zur Outputhöhe $\bar{x}$. Aus der Produktionsfunktion

$$\bar{x} = F(K,L) \qquad (2.25)$$

lässt sich durch Auflösen nach K die **Isoquantenfunktion** ableiten:

$$K = K(L|\bar{x}). \qquad (2.26)$$

Wir interessieren uns vor allem für das **Verhältnis**, in dem Arbeit durch Kapital substituiert werden kann, also die Isoquantensteigung dK/dL. Ausgehend vom totalen Differential der Produktionsfunktion gilt:

$$dF(K,L) = F_L \cdot dL + F_K \cdot dK \qquad (2.27)$$

Da $F(K,L) = $ const. ist $dF(K,L) = 0$, und daher

$$-\left.\frac{dK}{dL}\right|_{x=\text{const.}} = \frac{F_L}{F_K}. \tag{2.28}$$

Auf der linken Seite von (2.28) steht der Absolutbetrag der Isoquantensteigung, der auch **Grenzrate der technischen Substitution** genannt wird. Diese ist gleich dem Verhältnis der Grenzproduktivitäten der beiden Faktoren.

Unter Verwendung von (2.24) wissen wir damit, dass **homogene Produktionsfunktionen** sich durch identische Isoquantensteigungen entlang eines jeden Fahrstrahls vom Ursprung auszeichnen.

Die **Krümmung** einer Isoquante ergibt sich aus der zweiten Ableitung der Isoquantenfunktion (2.26), also

$$
\begin{aligned}
\left.\frac{d^2K}{dL^2}\right|_{x=\text{const.}} &= \left.\frac{d}{dL}\left(\frac{dK}{dL}\right)\right|_{x=\text{const.}} = \frac{d}{dL}\left(-\frac{F_L}{F_K}\right) = -\frac{d}{dL}\cdot\left(\frac{F_L(L,K(L))}{F_K(L,K(L))}\right) \\
&= -\frac{1}{F_K^2}\cdot\left[F_K\left(F_{LL} + F_{LK}\frac{dK}{dL}\right) - F_L\left(F_{KL} + F_{KK}\frac{dK}{dL}\right)\right] \\
&= -\frac{1}{F_K}\cdot\left[F_{LL} - 2F_{LK}\left(\frac{F_L}{F_K}\right) + F_{KK}\left(\frac{F_L}{F_K}\right)^2\right] > 0, \tag{2.29}
\end{aligned}
$$

falls $F_{LL}, F_{KK} < 0$ und $F_{LK} > 0$, wie oben unterstellt wurde. Die angegebenen Vorzeichen der 2. Ableitungen sind daher **hinreichend** für eine **abnehmende Grenzrate der Substitution**, die sich graphisch in **konvex** zum Ursprung verlaufenden Isoquanten äußert.

Ein Maß für die Stärke der Isoquantenkrümmung und damit für die Schwierigkeit bzw. Leichtigkeit, einen Faktor durch den anderen zu substituieren, ist die **Substitutionselastizität**. Sie ist für jede Faktormengenkombination (K,L) definiert als das Verhältnis zwischen relativer Änderung der Kapitalintensität K/L und der relativen Änderung der Grenzrate der Substitution,

$$\sigma_{KL} = \frac{d\left(\frac{K}{L}\right)/\frac{K}{L}}{d\left(\frac{F_L}{F_K}\right)/\frac{F_L}{F_K}}. \tag{2.30}$$

Leichter interpretierbar ist ihr Kehrwert, der aussagt, um wieviel die Grenzrate der Substitution sich prozentual verändert, wenn die Kapitalintensität K/L um ein Prozent variiert wird. Sind die Isoquanten linear, so liegt vollständige gegenseitige Substituierbarkeit der Faktoren Arbeit und Kapital vor, d.h. man kann die Kapitalintensität beliebig verändern, ohne dass sich die Grenzrate der Substitution ändert: Der Kehrwert ist null, und folglich ist σ_{KL} unendlich für beliebige (K,L)-Kombinationen (Abbildung 2.10a).

Ist die Isoquante dagegen stark gekrümmt, so hat schon eine geringe Änderung der Kapitalintensität einen starken Einfluss auf die Isoquantensteigung, d.h. die Grenzrate der Substitution. Der Kehrwert ist groß, und σ_{KL} ist daher gering (Abbildung 2.10b).

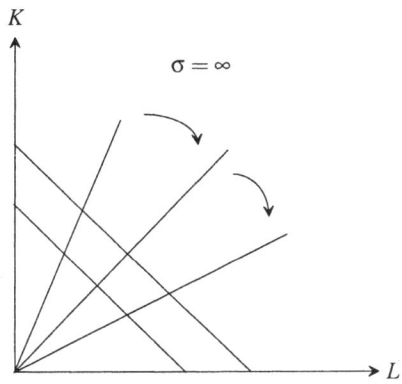 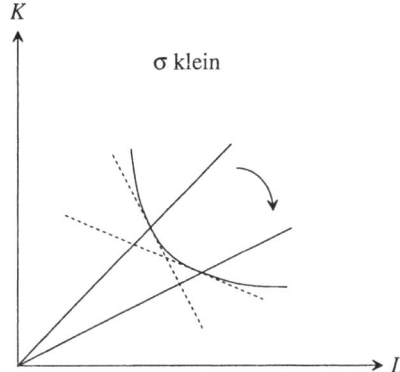

Abb. 2.10a: Vollständige Substituierbarkeit   Abb. 2.10b: Geringe Substituierbarkeit

Abbildung 2.10. Substitutionselastizität und Verlauf der Isoquanten

Der Wert von σ_{KL} hängt im Allgemeinen davon ab, an welchem Punkt der Isoquante er gemessen wird. Jedoch gibt es eine Klasse von Produktionsfunktionen mit überall gleich hoher Substitutionselastizität, die sogenannten CES („constant elasticity of substitution")-Funktionen. Eine Untergruppe der CES-Funktionen mit einem konstanten σ **von** 1 sind die **Cobb-Douglas**-Produktionsfunktionen, deren Formel lautet:

$$x = F(K,L) = A \cdot K^{\alpha} \cdot L^{\beta}, \quad \alpha, \beta > 0. \tag{2.31}$$

Dieser Funktionstyp ist, wie sich leicht zeigen lässt, homogen vom Grade

$$\rho = \alpha + \beta.$$

Dabei sind α und β die partiellen Produktionselastizitäten der Faktoren Kapital und Arbeit.

2.3 Kostenminimierung

Die in den beiden ersten Abschnitten dieses Kapitels dargestellte Produktionstheorie ist in jedem Wirtschaftssystem gültig. In einigen Wirtschaftssystemen orientieren sich die Produzenten bei der Wahl ihrer Produktionsprozesse an den Preisen, die sie für die von ihnen hergestellten Güter erzielen und die sie für die eingesetzten Inputs bezahlen müssen. Dies trifft für Marktwirtschaften mit öffentlichem Eigentum (etwa wie im früheren Jugoslawien) oder natürlich auch mit privatem Eigentum zu.

In Kapitel 3 werden wir begründen, dass es sinnvoll ist anzunehmen, dass die betrachtete Unternehmung das Ziel der Gewinnmaximierung verfolgt. Da der Gewinn als die Differenz zwischen Erlösen und Kosten definiert ist, lässt sich die Maximierung des Gewinns einer Unternehmung analytisch in zwei Schritte zerlegen („zweistufige Optimierung"):

1. die Wahl der Inputmengen so, dass bei gegebener Outputmenge (bzw. für eine Mehr-Produkt-Unternehmung: bei gegebenem Vektor von Outputmengen) die Kosten der Herstellung dieser Menge möglichst gering sind,

2. die Wahl der gewinnmaximierenden Outputmenge.

In den restlichen Abschnitten dieses Kapitels wenden wir uns dem 1. Teilproblem zu, nämlich dem Ziel der Minimierung der Kosten der Produktion einer bestimmten Produktmenge. Dabei werden wir allerdings nicht alle Kosten berücksichtigen, sondern nur diejenigen, die ein Produzent

1. selbst verursacht **und**

2. selbst trägt.

Ausgeklammert wird also z.B. die Luft- und Wasserverschmutzung, die ein Industrieunternehmen verursacht, deren Beseitigung aber nicht im vollen Umfang von ihm getragen wird. Diese Art von Kosten nennt man **externe Kosten**. Sie spielen in der Wohlfahrtstheorie und bei wirtschaftspolitischen Überlegungen eine bedeutende Rolle.

Zusätzlich treffen wir die Annahme, dass ein Produzent

1) von jedem Input zu einem gegebenem Preis so viele Einheiten kaufen kann, wie er möchte, d.h. der Preis eines Inputs ist unabhängig von der nachgefragten Menge **dieses** Produzenten. Das setzt voraus, dass der Produzent auf den Faktormärkten Mengenanpasser ist.

2) die Inputs zur Zeit ihrer Verwendung kaufen kann.

Die zuletzt genannte Annahme wirkt auf den ersten Blick wenig restriktiv; sie ist aber notwendig, um die statische Betrachtungsweise verwenden zu können. Hier sind ja alle Größen auf den Zeitpunkt bzw. die Periode bezogen.

Eine Bestandsgröße bei der Produktion ist die Zahl der Maschinen, die an einem Stichtag verfügbar ist, eine andere die Zahl der Fabrikgebäude. Betrachten wir nun eine Periode, so wären die Kosten der Produktion extrem hoch, wenn die Maschinen und Gebäude selbst als Inputs angesehen und ihre Werte als Kosten eingesetzt würden. Realistischer ist es, jeweils nur die **Leistungen** dieser Güter als Inputs zu betrachten. Dann ist es aber zweckmäßig, die unter b) genannte Annahme zu treffen. Konkret sagt diese nämlich aus, dass es zum Beispiel einen Markt gibt, auf dem **Dienstleistungen von Maschinen** zu bestimmten Preisen gehandelt werden („Leasingmarkt"), und einen anderen, auf dem die Vermietung von Fabrikgebäuden gehandelt wird. Die Kosten einer Firma für Kapitalgüter bestehen daher nur aus den Ausgaben für deren Dienstleistungen.

2.3.1 Die Isokostengerade und die kostenminimale Faktorkombination

Im Folgenden wird der Einfachheit halber die Kostentheorie für den Fall von nur **zwei Faktoren**, Arbeits- und Maschinenstunden, und an Hand einer Produktionsfunktion

$$x = F(K, L) \qquad (2.3)$$

dargestellt. Die gesamten Kosten sind dann, falls w den Lohnsatz und r die Maschinenmiete (je Stunde) bezeichnen,

$$C = wL + rK. \qquad (2.32)$$

Ist für die Unternehmung (etwa aufgrund von Liquiditätsüberlegungen) die Höhe der Kosten mit C^0 gegeben, so ist

$$C^0 = wL + rK.$$

Dies ist bei gegebenen Inputpreisen eine Geradengleichung

$$K = \frac{C^0}{r} - \frac{w}{r}L. \qquad (2.33)$$

Diese Gerade wird die **Iso-Kostengerade** (zur Kostenhöhe C^0) genannt, da alle Inputkombinationen, die diese Gleichung erfüllen, die gleichen Kosten ergeben. Die **Steigung** der Iso-Kostengeraden ist gleich dem Verhältnis der beiden Faktorpreise,

$$\tan \alpha = \frac{w}{r}. \qquad (2.34)$$

Erhöht man die Kosten von C^0 auf C^1, so verschiebt sich die Iso-Kostengerade **parallel** nach oben.

Im Inputmengen-Diagramm (s. Abb. 2.11) kann man mit Hilfe der Iso-Kostengeraden und der **Isoquanten** die maximale Produktionsmenge bei gegebenen Kosten C^0 sowie die minimalen Kosten für gegebenes Outputniveau x (Isoquante I_1) direkt ablesen.

Man erkennt, dass für die Faktorkombination, die die **minimalen Kosten** bei vorgegebener Ausbringungsmenge verursacht, das Verhältnis der Faktorpreise gleich der Steigung der betreffenden Isoquante in diesem Punkt ist, also

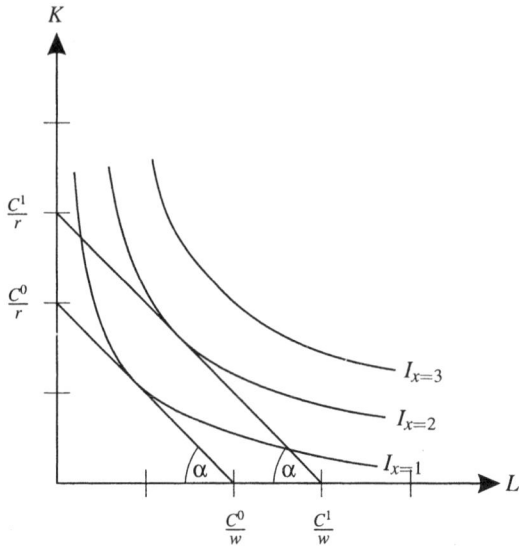

Abbildung 2.11. Outputmaximierung bei verschiedenen Kostenniveaus

$$-\frac{dK}{dL} = \frac{F_L}{F_K} = \frac{w}{r}. \tag{2.35}$$

Würden sich bei der Faktorkombination, die die minimalen Kosten bei vorgegebener Ausbringungsmenge verursacht, Isokostengerade und Isoquante schneiden, so gäbe es auf der selben Isoquante Punkte, die auf niedrigeren Isokostengeraden liegen, so dass man die gleiche Produktmenge zu geringeren Kosten hätte herstellen können. Somit kann eine Faktorkombination, bei der sich Isokostengerade und Isoquante schneiden, nicht das Kostenminimum darstellen.

2.3.2 Ausstoßmaximierung bei vorgegebenen Kosten

Während bislang vorwiegend graphisch argumentiert wurde, soll nun noch algebraisch bewiesen werden, dass für die maximale Ausstoßmenge bei gegebenen Kosten die Bedingung (2.35) gelten muss.

Formal lautet die Aufgabenstellung

$$F(K,L) = Max!$$

unter der Nebenbedingung

$$C^0 = wL + rK.$$

Zur Lösung verwenden wir das **Lagrange-Verfahren**[3]. Die Lagrange-Funktion lautet in diesem Fall:

$$Z(K,L,\lambda) = F(K,L) + \lambda(C^0 - wL - rK), \quad \lambda \geq 0.$$

Notwendige Bedingungen für ein inneres Maximum von Z (d.h. ein Maximum bei positiven Werten von K und L) erhält man durch Nullsetzen der ersten Ableitungen

$$\frac{\partial Z}{\partial L} = F_L - \lambda w = 0, \qquad (2.36a)$$

$$\frac{\partial Z}{\partial K} = F_K - \lambda r = 0, \qquad (2.36b)$$

$$\frac{\partial Z}{\partial \lambda} = C^0 - wL - rK = 0, \qquad (2.36c)$$

Aus den ersten beiden Gleichungen folgt sofort

$$\frac{w}{r} = \frac{F_L}{F_K} = -\frac{dK}{dL}. \qquad (2.37)$$

Gleichung (2.37) ist ein zentrales Ergebnis der Kostentheorie.

Um zu ermitteln, ob es sich bei der Lösung des Gleichungssystems (2.36a) - (2.36c) tatsächlich um ein **Maximum** der Zielfunktion unter der Nebenbedingung handelt, berufen wir uns zunächst auf den folgenden Satz[4]:

Satz 2.3

Falls der Vektor x^* (hier (K^*, L^*)) die notwendigen Bedingungen 1. Ordnung erfüllt, die Zielfunktion quasikonkav und die Menge zulässiger Lösungen konvex ist, so ist x^* ein absolutes beschränktes Maximum.

Zum besseren Verständnis des Satzes sei zunächst der Begriff einer „konvexen Menge" erläutert: Eine Menge X aus einem n-dimensionalen euklidischen Raum $\mathbb{R}^n$ heißt „konvexe Menge", wenn folgendes gilt: Falls die Punkte x und y Elemente von X sind, so sind es auch alle Punkte z auf der Verbindungsgeraden zwischen x und y; vgl. dazu Abbildung 2.12.

Eine Funktion heißt quasikonkav, wenn ihre oberen Niveaumengen konvex sind. Eine obere Niveaumenge zu einem Punkt x des Definitionsbereichs ist die Menge aller Punkte des Definitionsbereichs, deren Funktionswerte mindestens so groß sind wie an der Stelle x.

Abbildungen 2.13a und b illustrieren Satz 2.3: In der linken Abbildung sind die Voraussetzungen des Satzes verletzt: Die zulässige Lösungsmenge ist nicht-konvex, und

---

[3] S. etwa A.C. Chiang, Fundamental Methods of Mathematical Economics, McGraw-Hill, 3. Aufl. 1988, S. 372 ff.
[4] S. etwa A.C. Chiang, op. cit., S. 398.

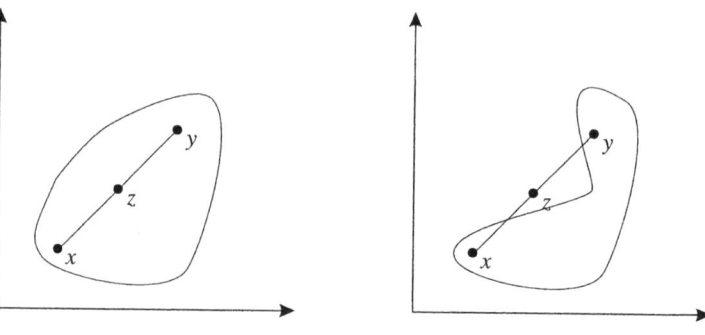

Abb. 2.12a: Konvexe Menge   Abb. 2.12b: Nicht-konvexe Menge

Abbildung 2.12. Konvexe und nicht-konvexe Menge im Raum $\mathbb{R}^2$.

das gleiche gilt für die obere Niveaumenge der Zielfunktion zu Punkt P. Punkt P ist zwar ein Tangentialpunkt zwischen der Restriktion und der Niveaulinie der Zielfunktion (angedeutet durch die gemeinsame Tangente) und damit ein relatives (oder: lokales) Maximum, aber kein absolutes (oder: globales), denn Punkt Q ist ebenfalls in der Lösungsmenge, liegt aber auf einer höheren Niveaulinie der Zielfunktion, was durch den nach rechts oben gerichteten Pfeil angedeutet ist.

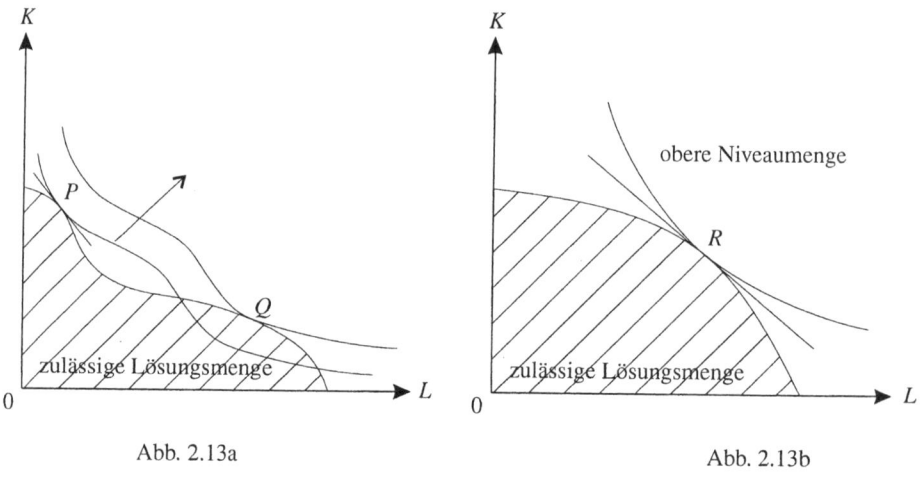

Abb. 2.13a   Abb. 2.13b

Abbildung 2.13. Illustration von Satz 2.3

In der rechten Abbildung sind dagegen beide Voraussetzungen erfüllt. Die gemeinsame Tangente an die Restriktion und die Niveaulinie der Zielfunktion in Punkt R hat die Eigenschaft, dass die gesamte Lösungsmenge unterhalb von ihr liegt und die gesamte obere Niveaumenge der Zielfunktion zu R über ihr. Somit gibt es in der Lösungsmenge keinen Punkt mit einem höheren Funktionswert als an Punkt R, und R ist ein absolutes Maximum.

Um Satz 2.3 auf unser Problem der Ausstoßmaximierung bei vorgegebenen Kosten anwenden zu können, müssen wir folglich überprüfen, ob

1) die Zielfunktion, d.h. die Produktionsfunktion F quasikonkav und

2) die Menge zulässiger Lösungen konvex ist.

ad 1) Eine Funktion heißt quasikonkav, wenn ihre oberen Niveaumengen konvex sind. Für eine Produktionsfunktion F entspricht eine solche obere Niveaumenge $\{(K,L) : F(K,L) \geq x^0\}$ graphisch genau der Fläche oberhalb der Isoquanten zum Outputniveau x^0. Setzen wir also voraus, dass die Isoquanten konvex sind, so ist die Produktionsfunktion quasikonkav (vgl. Abbildung 2.13), was zumindest bei konstanten Skalenerträgen immer der Fall ist (Satz 2.2).

ad 2) Die Menge zulässiger Lösungen $\{(K,L) : K,L \geq 0, w \cdot L + r \cdot K \leq C^0\}$ ist, graphisch ausgedrückt, das Dreieck unterhalb der Budgetgeraden und oberhalb der Achsen. Dieses ist offensichtlich konvex.

Damit sind die Bedingungen 1. Ordnung auch hinreichend für ein Maximum, sofern die Isoquanten konvex zum Ursprung verlaufen.

2.3.3 Kostenminimierung bei gegebener Produktmenge

Analog zum obigen Problem fragen wir jetzt nach der Inputmengenkombination, die die Kosten für gegebene Ausstoßmenge **minimiert**. Formal lautet dieses Problem:

$$C = wL + rK = \text{Min!}$$

unter der Nebenbedingung

$$F(K,L) = x^0.$$

Die notwendigen Bedingungen für ein inneres Kostenminimum erhält man durch Nullsetzen der partiellen Ableitung der Lagrange-Funktion

$$Z(K,L,\mu) = wL + rK - \mu(F(K,L) - x^0), \tag{2.38}$$

nämlich

$$\frac{\partial Z}{\partial L} = w - \mu F_L = 0, \tag{2.39a}$$

$$\frac{\partial Z}{\partial K} = r - \mu F_K = 0, \tag{2.39b}$$

$$\frac{\partial Z}{\partial \mu} = -F(K,L) + x^0 = 0, \tag{2.39c}$$

wobei aus den ersten beiden Gleichungen wiederum folgt:

$$\frac{w}{r} = \frac{F_L}{F_K} = -\frac{dK}{dL}.$$ (2.37)

Um uns plausibel zu machen, dass (2.37) eine notwendige Bedingung für ein Kostenminimum ist, nehmen wir an, sie sei verletzt. Ohne Einschränkung der Allgemeinheit gelte $w/r > F_L/F_K$ oder wegen (2.28)

$$w/r > -dK/dL$$ (2.40)

Dabei bezeichnen dK und dL kleine Änderungen der Faktormengen, die die Outputmenge nicht verändern. Wir können dann zeigen, dass eine Erhöhung des Kapitaleinsatzes (d$K > 0$) bei gleichzeitiger Senkung des Arbeitseinsatzes (d$L < 0$) die Kosten verringern kann. Multipliziert man nämlich beide Seiten von (2.40) mit dem Hauptnenner ($r \cdot dL$) und beachtet, dass d$L < 0$ ist, so dreht sich das Vorzeichen um, und wir erhalten:

$$w \cdot dL < -r \cdot dK$$ (2.41)

Die Änderung der Gesamtkosten ergeben sich aber aus dem totalen Differential der Kostengleichung (2.32) als d$C = w \cdot dL + r \cdot dK < 0$ wegen (2.41), womit gezeigt ist, dass die angenommene Substitution von Arbeit durch Kapital die Kosten senkt und daher zuvor kein Kostenminimum vorgelegen haben kann.

Wir überprüfen noch, ob die Erfüllung der Bedingungen 1. Ordnung hinreichend für das Vorliegen eines absoluten Minimums ist, und berufen uns dabei auf folgenden Satz[5]:

Satz 2.4

Falls der Vektor x^* die notwendigen Bedingungen 1. Ordnung erfüllt, die Zielfunktion quasikonvex und die Menge der zulässigen Lösungen konvex ist, ist x^* ein absolutes beschränktes Minimum.

Die Überprüfung der Voraussetzungen ergibt:

1) die Zielfunktion, d.h. die Kostenfunktion, ist linear und damit quasikonvex, da für jedes (K^*, L^*) die untere Niveaumenge,

$$\{(K,L) : w \cdot L + r \cdot K \leqq w \cdot L^* + r \cdot K^*\},$$

konvex ist.

2) Die Menge zulässiger Lösungen, d.h. die Menge aller (K,L) mit $F(K,L) \geq x^0$, ist die Menge aller Faktorkombinationen auf oder oberhalb der Isoquanten zu x^0, und diese ist konvex, falls die Isoquante konvex zum Ursprung verläuft.

---
[5]S. etwa A.C. Chiang, op. cit., S. 398.

Damit sind wiederum die Bedingungen 1. Ordnung hinreichend für ein Kostenminimum, falls die Isoquanten konvex zum Ursprung sind.

Wir stellen fest, dass wir für die Existenz einer inneren Lösung des Kostenminimierungs-Problems zwar Annahmen über das Substitutionsverhältnis zwischen den Faktoren bei konstantem Output („abnehmende Grenzrate der technischen Substitution"), aber keine Annahmen über die Art der Skalenerträgen treffen müssen.

Als **Ergebnis** der letzten beiden Abschnitte können wir festhalten, dass das **optimale Inputmengenverhältnis** durch die folgenden vier miteinander äquivalenten Aussagen gekennzeichnet ist:

1. es maximiert den Ausstoß bei gegebenen Kosten,
2. es minimiert die Kosten für gegebenen Ausstoß,
3. die Grenzrate der Substitution (also das Verhältnis der Grenzproduktivitäten der Faktoren) ist gleich dem Faktorpreisverhältnis,
4. die Iso-Kostengerade tangiert die Isoquante.

2.3.4 Exkurs: Aktivitätsanalyse und Kostenminimierung

Sind die **Preise** für je eine Einheit der k verschiedenen Inputs, $w_1, ..., w_k$, bekannt, so können wir die Produktionskosten für jeden Prozess berechnen. Für den Prozess

$$a^j = \begin{bmatrix} x_j \\ a_i^j \\ \cdot \\ \cdot \\ a_k^j \end{bmatrix}$$

ergeben sich folgende Kosten:

$$C_j(x_j) = a_1^j w_1 + a_2^j w_2 + \cdots + a_k^j w_k = \sum_{h=1}^{k} a_h^j w_h. \tag{2.42}$$

Stehen dem Produzenten mehrere Prozesse a^j ($j = 1, ..., n$) zur selben Outputmenge x zur Verfügung, so wird er denjenigen Prozess a^m wählen, für den die Kosten am geringsten sind:

$$C_m(x) = \sum_{h=1}^{k} a_h^m w_h = \underset{j=1,...,n}{\text{Min}} \sum_{h=1}^{k} a_h^j w_h. \tag{2.43}$$

Die **minimalen Kosten** einer bestimmten Outputmenge x sind bei gegebenen Produktionskoeffizienten eine **Funktion der Preise der Faktoren**. Ändern sich die Preise, so muss neu entschieden werden, welcher Prozess benutzt wird. Da in den einzelnen Prozessen unterschiedliche Mengen der verschiedenen Inputs verwendet werden, folgt sofort, dass sich bei einer Variation der Faktorpreise die Nachfrage nach den einzelnen Inputs ändert, sofern genügend Substitutionsmöglichkeiten bestehen. Im Allgemeinen können wir erwarten, dass die Inputs, die relativ teurer geworden sind, durch relativ verbilligte **substituiert** werden.

Wie wir in Abschnitt 2.2.1 festgestellt haben, können wir eine solche Technologie im Fall zweier Inputs durch

$$x = F(K,L) = \min\left(\frac{L}{L^*}, \frac{K}{K^*}\right)$$

ausdrücken, deren Isoquanten L-förmig sind. Ihre Steigung beträgt entweder ∞ (für $K/L > K^*/L^*$) oder 0 (für $K/L < K^*/L^*$) oder sie ist nicht definiert (im Knickpunkt, der allein technisch effizient ist). Die Marginalbedingung (2.37) kann also nicht exakt erfüllt sein.

Die Minimalkostenkombination ist dennoch leicht zu finden, da es zu jedem Output nur eine effiziente Inputkombination gibt und bei positiven Faktorpreisen jede ineffiziente Kombination teurer sein muss als diese effiziente.

Dennoch suchen wir nach einer Modifikation der Regel (2.37), die auch auf nicht differenzierbare Isoquanten anwendbar ist, z.B. für den Fall stückweise linearer Isoquanten (Abbildung 2.14).

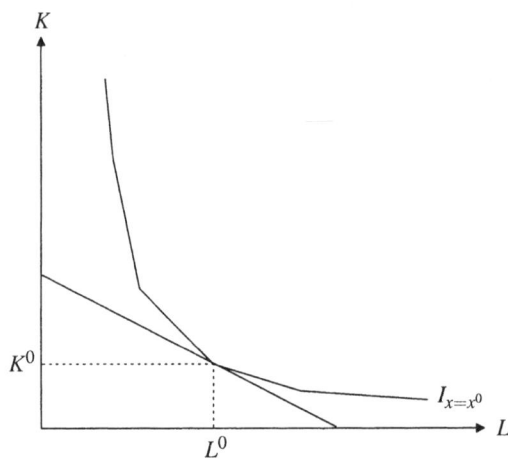

Abbildung 2.14. Minimalkostenkombination bei nicht differenzierbarer Produktionsfunktion

In diesem Fall ist die niedrigste Isokostengerade offensichtlich in dem Punkt (K^0, L^0) erreicht, für den gilt:

$$-\frac{dK}{dL}\left\{{\geq \atop \leq}\right\}\frac{w}{r} \quad \text{für alle Punkte auf } J(\bar{x})\left\{{\text{links oberhalb} \atop \text{rechts unterhalb}}\right\} \text{von } (K^0, L^0),$$

sofern die Grenzrate der Substitution dK/dL definiert ist.

2.3.5 Bedingte Faktornachfragefunktionen und ihre Eigenschaften

Die notwendigen Bedingungen 1. Ordnung für eine kostenminimale Faktorkombination bei gegebenem Outputniveau, (2.37) und (2.39c), stellen ein System von zwei Gleichungen in zwei Unbekannten, K und L, dar, deren Werte jeweils von den unabhängigen Parametern des Optimierungsproblem, nämlich der Outputmenge x und den Faktorpreisen w und r abhängen. Falls die Isoquanten **strikt konvex** verlaufen, hat das Gleichungssystem für einen gegebenen Vektor der exogenen Parameter (x, r, w) eine **eindeutige** Lösung, und wir können aus ihm bei Kenntnis der Produktionsfunktion $F(K, L)$ die optimalen Werte des Faktoreinsatzes K und L bestimmen. Diese hängen funktional von den exogenen Parametern ab, so dass wir schreiben können:

$$L = L(x, r, w) \tag{2.44}$$

$$K = K(x, r, w) \tag{2.45}$$

Die Funktionen in (2.44) und (2.45) nennt man „bedingte Faktornachfragefunktionen". Der Name bezieht sich darauf, dass sie unter der Bedingung abgeleitet wurden, dass die Firma die spezielle Outputmenge x produziert. Für eine Reihe von Firmen kann das Marktverhalten vollständig durch die bedingten Faktornachfragefunktionen beschrieben werden, nämlich für diejenigen Firmen, die ihre Ausbringungsmenge nicht selbst wählen können, sondern eine exogene Nachfrage befriedigen müssen. Dies trifft in erster Linie auf Versorgungsunternehmen wie z.B. Krankenhäuser und Nahverkehrsunternehmen zu.

2.3.5.1 Allgemeines zur Komparativen Statik

Für die empirische Testbarkeit einer Theorie kommt der so genannten **komparativen Statik** eine entscheidende Rolle zu. Man kann die empirische Gültigkeit einer Theorie nicht anhand der Gültigkeit der zu Grunde liegenden Annahmen testen, sondern stets nur anhand der aus ihnen folgenden Hypothesen.

Unterscheiden wir die Variablen eines Modells in erklärende (zum Beispiel p, Preis) und erklärte Variablen (zum Beispiel x, Angebotsmenge), so gilt $x = f(p)$ („Angebotsfunktion"). Da wir zu einer bestimmten Konstellation der erklärenden Variablen immer nur **einen** Wert der erklärten Variablen erhalten, liefert uns dies noch keine Grundlage für eine empirische Überprüfung, denn in der Regel macht eine Theorie keine Aussage über die genaue Funktionsform eines Zusammenhangs (wie etwa, dass die Angebotsfunktion $f(p) = 5p$ laute). Viel häufiger sind Aussagen der Form: Die angebotene Menge steigt mit dem Preis, also

$$\frac{dx}{dp} = f'(p) > 0.$$

Um für eine solche Aussage einen Falsifikationsversuch starten zu können, benötigt man zumindest zwei Beobachtungen: Ist in der Situation mit dem höheren Preis die angebotene Menge kleiner, so ist die Aussage falsifiziert.

Gegenstand der komparativen Statik ist es nun, eben solche Zusammenhänge zwischen erklärenden und erklärten Variablen aus den Annahmen der Theorie abzuleiten, damit diese einer empirischen Prüfung unterzogen werden können. Zusammenfassend lässt sich daher sagen, dass durch die komparative Statik ökonomische Modelle potenziell empirisch testbar gemacht werden.[6]

Zur komparativen Statik gibt es drei Vorgehensweisen:

1. die Differenzenmethode,

2. die Cramersche Regel und

3. die Anwendung des „Envelope-Theorems",

von denen die erste auf beliebige Änderungen der exogenen Variablen anwendbar ist, die beiden übrigen auf extrem kleine („infinitesimale") Änderungen.

Während das Envelope-Theorem Gegenstand eines späteren Abschnitts (2.4.2) sein wird, können wir hier die ersten beiden Methoden einführen.

2.3.5.2 Komparative Statik der bedingten Faktornachfrage mit der Differenzenmethode

Hierzu müssen wir unterstellen, dass die Unternehmung in den zwei betrachteten Situationen die gleiche Outputmenge x herstellt. In der Ausgangssituation, die durch den Faktorpreis-Vektor (r^0, w^0) gekennzeichnet ist, minimiere sie ihre Kosten durch Wahl der Faktormengenkombination (K^0, L^0), in der anderen Situation (r^1, w^1) durch die Wahl von (K^1, L^1).

Dies bedeutet, dass in der Situation (r^0, w^0) das tatsächlich gewählte Inputbündel (K^0, L^0) keine höheren Kosten verursacht hat als irgend ein anderes Inputbündel, mit dem die Outputmenge x möglich gewesen wäre, darunter auch (K^1, L^1), und umgekehrt für die Situation (r^1, w^1). Formal gesehen erhalten wir die folgenden Ungleichungen, die auch als „Schwaches Axiom der Kostenminimierung" bekannt sind:

$$C^{00} = w^0 \cdot L^0 + r^0 \cdot K^0 \leq w^0 \cdot L^1 + r^0 \cdot K^1 = C^{10} \tag{2.46}$$

$$C^{11} = w^1 \cdot L^1 + r^1 \cdot K^1 \leq w^1 \cdot L^0 + r^1 \cdot K^0 = C^{01} \tag{2.47}$$

Graphisch sind die Isokostengeraden zu den Kostenniveaus C^{00}, C^{11}, C^{10} und C^{01} in Abbildung 2.15 dargestellt.

Die Ungleichungen (2.46) und (2.47) kann man auch wie folgt umschreiben

$$-w^0 \cdot \triangle L - r^0 \cdot \triangle K \leq 0 \tag{2.48a}$$

$$+w^1 \cdot \triangle L + r^1 \cdot \triangle K \leq 0, \tag{2.48b}$$

---

[6]Der Begriff potenziell bezieht sich darauf, dass selbstverständlich alle erklärenden und erklärten Variablen prinzipiell beobachtbar und messbar sein müssen.

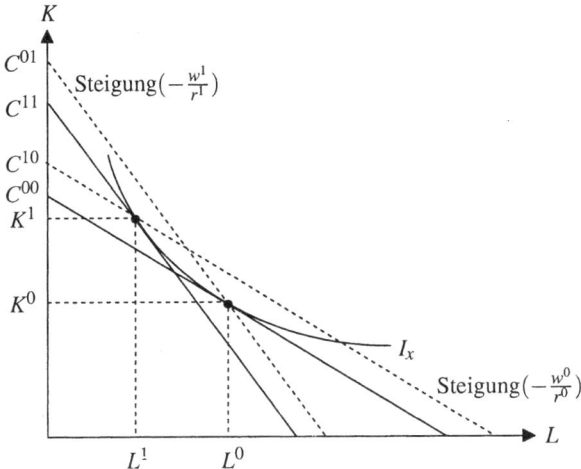

Abbildung 2.15. Illustration des „Schwachen Axioms der Kostenminimierung"

wobei $\triangle L$ für $(L^1 - L^0)$ und $\triangle K$ für $(K^1 - K^0)$ steht. Addition dieser beiden Ungleichungen ergibt mit der Kurzschreibweise $\triangle w$ für $(w^1 - w^0)$ und $\triangle r$ für $(r^1 - r^0)$ die sog. „Korrelationsaussage":

$$\Delta w \cdot \Delta L + \Delta r \cdot \Delta K \leq 0 \qquad (2.49)$$

Aus der Korrelationsaussage folgt: Wenn sich bei konstantem Kapitalnutzungspreis ($\triangle r = 0$) der Lohnsatz erhöht ($\triangle w > 0$), so darf der Arbeitseinsatz nicht zunehmen ($\triangle L \leq 0$), und umgekehrt, d.h. die bedingte Faktornachfrage ist nicht zunehmend im eigenen Faktorpreis: $\frac{\Delta L}{\Delta w} \leq 0$ und analog $\frac{\Delta K}{\Delta r} \leq 0$.

Abbildung 2.16 illustriert diesen Zusammenhang. Erhöht sich das Preisverhältnis w/r z.B. durch einen Anstieg des Lohnsatzes w von w^0 auf w^1, so verläuft die Isokostengerade nun steiler als vorher. Aufgrund dieser Änderung verlagert sich die kostenminimierende Inputmengenkombination bei gegebener Outputmenge $\bar{x}$ von P^0 auf P^1, so dass aufgrund der Lohnerhöhung **Arbeitsstunden durch Maschinenstunden substituiert** werden.

Daraus folgt: Wenn sich cet. par. der Lohnsatz erhöht ($\triangle w > 0$), so darf der Arbeitseinsatz nicht zunehmen ($\triangle L \leq 0$), d.h. ein Anstieg des Faktorpreisverhältnisses w/r führt zu Konstanz oder Zunahme der Kapitalintensität K/L.

Bemerkung:

Da die Korrelationsaussage logisch aus der Verhaltenshypothese der Kostenminimierung abgeleitet wurde, kann ihre empirische Gültigkeit auch als Test dafür verwendet werden, ob sich eine Unternehmung, die in zwei Situatio-

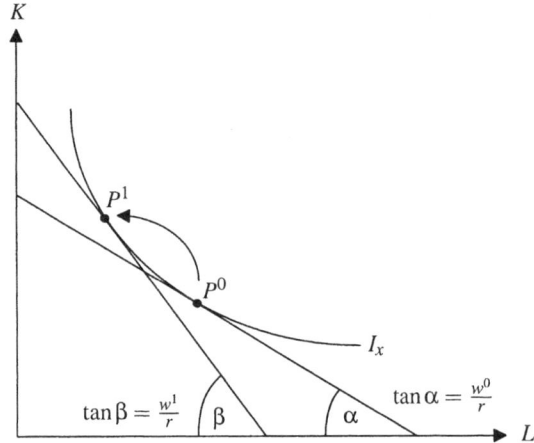

Abbildung 2.16. Kostenminimierung vor und nach einem Lohnsatzanstieg

nen die gleiche Outputmenge produziert hat, tatsächlich kostenminimierend verhalten hat. Ist die Korrelationsaussage nämlich durch das Verhalten einer Firma empirisch verletzt, so kann sie sich also nicht (immer) kostenminimierend verhalten haben.

2.3.5.3 Komparative Statik der bedingten Faktornachfrage mit der Cramerschen Regel

Wir gehen vom Gleichungssystem (2.39a) - (2.39c) aus, das die notwendigen Bedingungen für ein Kostenminimum bei gegebenen Werten der exogenen Größen (x, r, w) enthält. Da diese Gleichungen für jeden beliebigen Wert dieser Variablen gelten, muss sich für jede Gleichung die rechte und die linke Seite in gleichem Ausmaß ändern, wenn sich eine der exogenen Größen ändert. Wir können also für Änderungen von w folgern:

$$1 - \mu F_{LL}\frac{\partial L}{\partial w} - \mu F_{LK}\frac{\partial K}{\partial w} - F_L\frac{\partial \mu}{\partial w} = 0 \qquad (2.50)$$

$$0 - \mu F_{LK}\frac{\partial L}{\partial w} - \mu F_{KK}\frac{\partial K}{\partial w} - F_K\frac{\partial \mu}{\partial w} = 0 \qquad (2.51)$$

$$-F_L\frac{\partial L}{\partial w} - F_K\frac{\partial K}{\partial w} + 0 = 0 \qquad (2.52)$$

oder, in Matrixschreibweise:

$$\begin{pmatrix} \mu F_{LL} & \mu F_{LK} & F_L \\ \mu F_{LK} & \mu F_{KK} & F_K \\ F_L & F_K & 0 \end{pmatrix} \begin{pmatrix} \partial L/\partial w \\ \partial K/\partial w \\ \partial \mu/\partial w \end{pmatrix} = \begin{pmatrix} 1 \\ 0 \\ 0 \end{pmatrix}. \qquad (2.53)$$

Nach der Cramerschen Regel[7] hat dieses Gleichungssystem z.B. bezüglich der ersten Unbekannten, $\partial L/\partial w$, die Lösung:

$$\frac{\partial L}{\partial w} = \frac{\det \begin{pmatrix} 1 & \mu F_{LK} & F_L \\ 0 & \mu F_{KK} & F_K \\ 0 & F_K & 0 \end{pmatrix}}{H}, \tag{2.54}$$

wobei H die Determinante von der Matrix auf der linken Seite von (2.53), der sogenannten „geränderten Hesse-Matrix" ist. Sie hat wegen der Bedingungen 2. Ordnung für die Minimierung ein positives Vorzeichen. Die Determinante im Zähler lässt sich leicht berechnen als $-F_K^2 < 0$, so dass für den gesuchten Ausdruck gilt:

$$\frac{\partial L}{\partial w} = -\frac{F_K^2}{H} < 0. \tag{2.55}$$

Analog lässt sich zeigen:

$$\frac{\partial K}{\partial w} = \frac{F_L F_K}{H} > 0. \tag{2.56}$$

Daraus folgt, dass die bedingte Faktornachfrage fallend im eigenen und steigend im anderen Faktorpreis ist. Abbildung 2.16 illustriert diesen Zusammenhang.

2.4 Die langfristige Kostenfunktion

2.4.1 Die langfristige Kostenfunktion bei variablen Faktorpreisen

2.4.1.1 Kostenminimierung und Kostenfunktion

Bislang haben wir für eine vorgegebene Kostenhöhe die outputmaximierende und für ein vorgegebenes Outputniveau die kostenminimierende Faktormengenkombination gesucht. Im ersten Fall ließen sich K und L aus den beiden Gleichungen (2.36c) und (2.37), im zweiten Fall aus (2.37) und (2.39c) bestimmen. (2.36c) bzw. (2.39c) legten dabei jeweils das **Niveau** der Kosten bzw. der Produktion fest, während (2.37) die Bedingung für die optimale **Einsatzrelation** der Faktoren Kapital und Arbeit ist. Betrachtet man (2.37) für sich genommen, so stellt sie für **gegebene** Faktorpreise eine Gleichung in zwei Variablen dar, nämlich K und L, die wir in die Funktion

$$K = g(L|r, w) \tag{2.57}$$

umformen können. Diese Kurve ist der geometrische Ort **aller** kostenminimierenden Faktorkombinationen zu alternativen Outputniveaus und wird **Expansionspfad** genannt (Abbildung 2.17). Eine Firma, die beliebige Produktmengen grundsätzlich

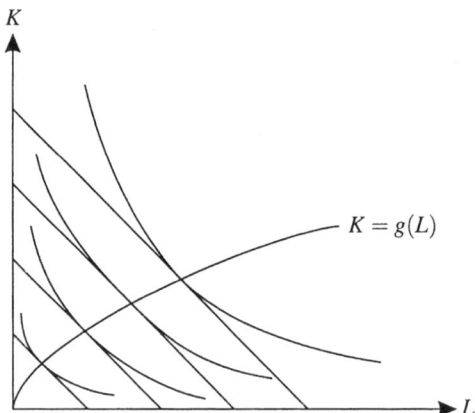

Abbildung 2.17. Expansionspfad

kostenminimierend herstellt, wird sich also immer auf dem Expansionspfad befinden. Für jede Faktorpreiskombination (r, w) lässt sich ein Expansionspfad ermitteln.

Jeder Punkt des Expansionspfads entspricht einem bestimmten Outputniveau (einer Isoquante) und andererseits einem Kostenniveau (einer Isokostengeraden), nämlich den **minimalen** Kosten zur Herstellung dieser Outputmenge. Nun kann man diese beiden Größen zueinander in Beziehung setzen und erhält dadurch die **langfristige Kostenfunktion**.

Definition „langfristige Kostenfunktion":

Die langfristige Kostenfunktion gibt zu jeder Outputmenge und jedem Faktorpreisvektor an, wie hoch die **minimalen** Kosten sind, um die betreffende Outputmenge bei den gegebenen Preisen zu produzieren. Mathematisch ist sie definiert durch:

$$C(x, r, w) = \min_{\{K, L | F(K,L)=x\}} r \cdot K + w \cdot L \qquad (2.58)$$

Während die **Kostengleichung** $C = r \cdot K + w \cdot L$ von den eingesetzten Faktor**mengen** und ihren Preisen abhängt, hängt die Kosten**funktion** nicht von den Faktormengen ab, da sie so definiert ist, dass diese optimal gewählt werden. Unabhängige Variablen sind hier daher Faktor**preise** und Produkt**menge**.

Die Kostenfunktion gehört zur Gruppe der sog. indirekten Zielfunktionen oder „Optimalwertfunktionen", da sie den Zielwert eines Optimierungsproblems als Funktion exogener Parameter darstellen. Ihr Wert hängt nicht von den Größen ab, über die optimiert wird, denn diese sind ja endogen.

---

[7]S. etwa A.C. Chiang, op. cit., S. 107 ff.

Eigenschaften der Kostenfunktion:

1. Für gegebene Werte x, w nimmt $C(r|x, w)$ in r zu, falls das optimale $K > 0$ ist.
2. Für gegebene Werte r, w nimmt $C(x|r, w)$ in x zu (s. Abb. 2.18b).
3. Für gegebenes x ist C linear-homogen in (r, w), d.h. für $t > 0$ gilt:

$$C(tr, tw|x) = t \cdot C(r, w|x).$$

4. Für gegebenes x ist C konkav in (r, w).

Erläuterung zu 1.: (s. Abb. 2.18a)

Durch den Anstieg von r (von r^0 auf r^1) dreht sich die Isokostengerade zum Kostenniveau C^0 um ihren Abszissenschnittpunkt gegen den Uhrzeigersinn. Die neue durchgezogene Isokostengerade hat keinen Punkt mit der Isoquante x mehr gemeinsam. Will man diese erreichen, muss man höhere Kosten C^1 aufwenden (gestrichelte Isokostengerade).

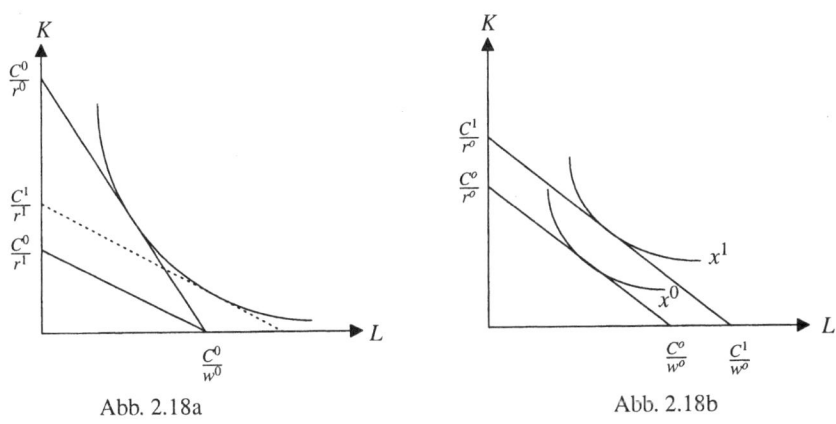

Abb. 2.18a   Abb. 2.18b

Abbildung 2.18. Eigenschaften der Kostenfunktion

Beweis zu 3.:

Eine Ver-t-fachung aller Faktorpreise ändert die Lage der Isokostenkurve nicht. Folglich bleibt die Minimalkostenkombination K^*, L^* für gegebenes x erhalten, und es gilt:

$$C(x, tr, tw) = tw \cdot L^* + tr \cdot K^* = t \cdot (wL^* + rK^*) = t \cdot C(x, r, w). \qquad \square$$

Die Eigenschaft der Konkavität von C in (r, w) kann man wie folgt graphisch veranschaulichen:

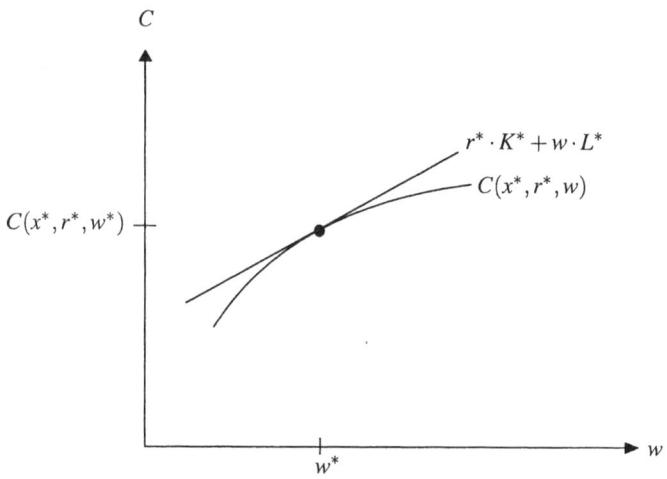

Abbildung 2.19. Illustration von Eigenschaft 4

Wir wollen zeigen, dass C für gegebenes r, x konkav in w ist und stellen dazu C als Funktion von w für festes r, x (also r^*, x^*) dar. Es sei (K^*, L^*) der kostenminimierende Inputvektor zum Lohnsatz w^*. Nun ändere sich dieser auf einen beliebigen anderen Wert w. Falls die Unternehmung ihr Inputbündel (K^*, L^*) beibehält, so bewegen sich die Kosten entlang der eingezeichneten Geraden („passive Kostenfunktion")

$$r^* \cdot K^* + w \cdot L^*.$$

Die tatsächlich minimierenden Kosten der Firma, wenn sie ihre Faktornachfrage entsprechend anpasst (d.h. bei $w > w^*$ weniger und bei $w < w^*$ mehr Arbeit einsetzt), können daher allenfalls darunter liegen. Folglich liegt der Graph von $C(x^*, r^*, w)$ nirgendwo oberhalb der passiven Kostenfunktion. Dies impliziert, dass C konkav in w ist. $\square$

Ökonomisch kann man sich den konkaven Verlauf der Kostenfunktion bezüglich des Arguments w wie folgt erklären: Bei kleinem Wert des Lohnsatzes w wird eine große Menge des Faktors Arbeit eingesetzt. Eine Verteuerung dieses Faktors steigert daher die Kosten erheblich. Anders sieht es bei großem Wert von w und folglich geringerem Arbeitseinsatz aus: Hier reagieren die Minimalkosten weniger stark auf einen Anstieg des Lohnsatzes, d.h. die Kurve wird flacher.

Die Kostenfunktion spielt eine wichtige Rolle in der sog. **Dualitätstheorie**. Diese besagt, dass zu jeder Produktionsfunktion die zugehörige Kostenfunktion eindeutig bestimmbar ist **und umgekehrt**, d.h. kennt man die Kostenfunktion, so kennt man auch die zugrundeliegende Produktionsfunktion. Mit anderen Worten, Produktionsfunktion und Kostenfunktion enthalten dieselbe Information. Diese Eigenschaft ist vor allem für die empirische Wirtschaftsforschung wichtig, da man Produktionsfunktionen (aus ökonometrischen Gründen, die hier nicht näher erläutert werden können) nicht direkt aus Daten ermitteln kann. Wohl aber lässt sich die Kostenfunktion unter bestimmten Voraussetzungen (d.h. wenn die Firma ihre Outputmenge nicht selbst wählen kann) empirisch ermitteln und daraus die Produktionsfunktion indirekt erschließen.

2.4.1.2 Ein Algorithmus zur Ermittlung der Kostenfunktion

Im Folgenden wird gezeigt, wie man rechnerisch die langfristige Kostenfunktion bestimmen kann, wenn man

- die Produktionsfunktion (2.3)

- den Expansionspfad (2.57)

- und die Kostengleichung (2.32)

als Ausgangspunkt nimmt.

Um die gesuchte Beziehung zwischen x, r, w einerseits und C andererseits abzuleiten, setzen wir die Gleichung für den Expansionspfad, (2.57), in die **Produktionsfunktion** ein:

$$x = F(K,L) = F[g(L|r,w),L] := G(L|r,w), \qquad (2.59)$$

und erhalten die bedingten Faktornachfragefunktionen

$$L = G^{-1}(x|r,w) = L(x,r,w) \qquad (2.60)$$
$$K = g(L|r,w) = g\left[G^{-1}(x|r,w)\right] = K(x,r,w) \qquad (2.61)$$

Mit diesen beiden Gleichungen können wir die langfristige Kostenfunktion als Beziehung zwischen den minimalen Kosten und der Outputmenge sowie den Faktorpreisen darstellen:

$$C = w \cdot L + r \cdot K = w \cdot G^{-1}(x|r,w) + r \cdot g\left[G^{-1}(x|r,w)\right]$$
$$= w \cdot L(x,r,w) + r \cdot K(x,r,w) = C(x,r,w) \qquad (2.62)$$

Exkurs: Rechenbeispiel

Wir wollen den dargestellten Algorithmus an einem Rechenbeispiel veranschaulichen. Gegeben sei die Cobb-Douglas-Produktionsfunktion

$$x = A \cdot L^\alpha \cdot K^\beta.$$

Die Bedingung (2.37) für die Minimalkostenkombination lautet:

$$\frac{F_L}{F_K} = \frac{A \cdot \alpha L^{\alpha-1} \cdot K^\beta}{A \cdot \beta L^\alpha \cdot K^{\beta-1}} = \frac{\alpha}{\beta} \cdot \frac{K}{L} = \frac{w}{r}. \qquad (2.37')$$

Daraus ergibt sich die Gleichung für den Expansionspfad:

$$K = g(L|r,w) = \frac{w}{r} \cdot \frac{\beta}{\alpha} \cdot L. \qquad (2.57')$$

Eingesetzt in die Produktionsfunktion ergibt sich:

$$x = A \cdot L^\alpha \cdot \left(\frac{w}{r} \cdot \frac{\beta}{\alpha} \cdot L \right)^\beta = A \cdot L^{\alpha+\beta} \cdot \left(\frac{w}{r} \right)^\beta \cdot \left(\frac{\beta}{\alpha} \right)^\beta. \qquad (2.59')$$

Um nach L auflösen zu können, potenzieren wir beide Seiten mit $\frac{1}{\alpha+\beta}$.

$$x^{\frac{1}{\alpha+\beta}} = A^{\frac{1}{\alpha+\beta}} \cdot L \cdot \left(\frac{w}{r} \right)^{\frac{\beta}{\alpha+\beta}} \cdot \left(\frac{\beta}{\alpha} \right)^{\frac{\beta}{\alpha+\beta}}.$$

Daraus ergibt sich für L:

$$L = \left(\frac{1}{A} \right)^{\frac{1}{\alpha+\beta}} \cdot x^{\frac{1}{\alpha+\beta}} \cdot r^{\frac{\beta}{\alpha+\beta}} \cdot w^{\frac{-\beta}{\alpha+\beta}} \cdot \alpha^{\frac{\beta}{\alpha+\beta}} \cdot \beta^{\frac{-\beta}{\alpha+\beta}}. \qquad (2.60')$$

Wir setzen zunächst (2.57′) und dann (2.60′) in die Kostengleichung ein:

$$C(x|r,w) = wL + rK = wL + r \cdot \frac{w}{r} \cdot \frac{\beta}{\alpha} \cdot L = \frac{w \cdot L}{\alpha} \cdot (\alpha+\beta)$$

$$= x^{\frac{1}{\alpha+\beta}} \left(\frac{1}{A} \right)^{\frac{1}{\alpha+\beta}} \cdot r^{\frac{\beta}{\alpha+\beta}} \cdot w^{\frac{\alpha}{\alpha+\beta}} \cdot \alpha^{\frac{-\alpha}{\alpha+\beta}} \cdot \beta^{\frac{-\beta}{\alpha+\beta}} (\alpha+\beta)$$

$$= (\alpha+\beta) \cdot \left[x \cdot \left(\frac{1}{A} \right) \cdot r^\beta \cdot w^\alpha \cdot \alpha^{-\alpha} \cdot \beta^{-\beta} \right]^{\frac{1}{\alpha+\beta}}. \qquad (2.62')$$

2.4.2 Das Envelope-Theorem

Das Envelope-Theorem ist ein wichtiger mathematischer Hilfssatz in der modernen mikroökonomischen Theorie, weil es die Ableitung komparativ-statischer Aussagen erheblich vereinfacht. Es gilt generell für alle Optimalwertfunktionen, also auch für die Kostenfunktion, und wird hier in zwei Fassungen vorgestellt: für Optimierungsprobleme ohne und mit Nebenbedingung.

2.4.2.1 Optimierung ohne Nebenbedingung

Gegeben sei ein Maximierungsproblem[8] in zwei Variablen, x_1 und x_2, dessen Zielfunktion f außerdem noch von einem exogenen Parameter α abhänge. Das Problem laute also:

$$\underset{x_1,x_2}{\text{Max}}\, f(x_1,x_2,\alpha), \tag{2.63}$$

und aus den notwendigen Bedingungen 1. Ordnung für ein (inneres) Maximum,

$$\frac{\partial f(x_1,x_2,\alpha)}{\partial x_1} = 0 \tag{2.64}$$

$$\frac{\partial f(x_1,x_2,\alpha)}{\partial x_2} = 0 \tag{2.65}$$

lassen sich die Lösungswerte der Aktionsparameter als Funktionen des exogenen Parameters α ermitteln:

$$x_1^* = x_1(\alpha) \tag{2.66}$$

$$x_2^* = x_2(\alpha) \tag{2.67}$$

Setzt man diese wiederum in die Zielfunktion (2.63) ein, so erhält man die „Optimalwertfunktion"

$$\Phi(\alpha) := f[x_1(\alpha),x_2(\alpha),\alpha] \tag{2.68}$$

Wir interessieren uns dafür, wie der **Optimalwert** von f auf eine Variation des exogenen Parameters α reagiert und bilden dazu die erste Ableitung von Φ nach α:

$$\frac{d\Phi(\alpha)}{d\alpha} = \frac{\partial f(x_1^*,x_2^*,\alpha)}{\partial x_1} \cdot \frac{dx_1}{d\alpha} + \frac{\partial f(x_1^*,x_2^*,\alpha)}{\partial x_2} \cdot \frac{dx_2}{d\alpha} + \frac{\partial f(x_1^*,x_2^*,\alpha)}{\partial \alpha} \tag{2.69}$$

welche sich nach Einsetzen von (2.64) und (2.65) zu

$$\frac{d\Phi(\alpha)}{d\alpha} = \frac{\partial f(x_1^*,x_2^*,\alpha)}{\partial \alpha} \tag{2.70}$$

vereinfacht.

Gleichung (2.69) sagt aus, dass eine Änderung des exogenen Parameters zwei Auswirkungen auf den Maximalwert Φ der Zielfunktion f hat:

---

[8]Für Minimierungsprobleme gelten alle Aussagen analog.

1. einen direkten Effekt (letzter Term auf der rechten Seite) und

2. einen indirekten Effekt über eine Anpassung der Instrumentvariablen x_1 und x_2 (die ersten beiden Terme auf der rechten Seite). Dieser Effekt ist jedoch wegen (2.64) und (2.65) null, da x_1 und x_2 **optimal** gewählt sind und daher an der Grenze keinen Einfluss auf den Wert von f haben.

Die Aussage des Envelope-Theorems:

„Wenn wir die Wirkung einer Änderung eines exogenen Parameters α auf eine Optimalwertfunktion ermitteln wollen, brauchen wir nur die direkten Effekte zu berücksichtigen. Die indirekten Effekte verschwinden, weil wir uns in einem Optimum befinden."

Die rechte Seite von Gleichung (2.70) entspricht gerade der Ableitung der Zielfunktion (2.63) nach dem exogenen Parameter bewertet an der Stelle $x = x(\alpha)$. Man kann daher für die Ableitung der Optimalwertfunktion $\Phi(\alpha)$ nach dem Parameter α auch schreiben

$$\frac{d\Phi(\alpha)}{d\alpha} = \left.\frac{df(x_1, x_2, \alpha)}{d\alpha}\right|_{x=x(\alpha)} \tag{2.71}$$

und die Aussage des Envelope-Theorems alternativ folgendermaßen formulieren:

Die Aussage des Envelope-Theorems:

„Die Auswirkung einer Änderung eines exogenen Parameters α auf den Optimalwert der Zielfunktion kann man an der Ableitung der Zielfunktion nach dem Parameter bewertet am Optimum (d.h. an der Stelle $x = x(\alpha)$) ablesen."

2.4.2.2 Optimierung mit Nebenbedingungen

Das Envelope-Theorem gilt vollkommen analog auch für Maximierungsprobleme mit Nebenbedingungen. Sei z.B. das folgende Problem gegeben

$$\max_{x_1, x_2} = f(x_1, x_2, \alpha) \quad \text{u.d.Nb.:} \quad g(x_1, x_2) = \beta. \tag{2.72}$$

so lautet die zugehörige Lagrange-Funktion

$$Z(x_1, x_2, \mu) = f(x_1, x_2, \alpha) + \mu[\beta - g(x_1, x_2)]. \tag{2.73}$$

Aus den notwendigen Bedingungen erster Ordnung

$$\frac{\partial Z}{\partial x_1} = \frac{\partial f(x_1, x_2, \alpha)}{\partial x_1} - \mu \frac{\partial g(x_1, x_2)}{\partial x_1} = 0 \tag{2.74}$$

$$\frac{\partial Z}{\partial x_2} = \frac{\partial f(x_1, x_2, \alpha)}{\partial x_2} - \mu \frac{\partial g(x_1, x_2)}{\partial x_2} = 0 \tag{2.75}$$

$$\frac{\partial Z}{\partial \mu} = \beta - g(x_1, x_2) = 0 \tag{2.76}$$

lassen sich die Lösungswerte der Aktionsparameter als Funktionen der exogenen Parameter α, β ermitteln:

$$x_1^* = x_1(\alpha, \beta) \tag{2.77}$$

$$x_2^* = x_2(\alpha, \beta) \tag{2.78}$$

$$\mu^* = \mu(\alpha, \beta) \tag{2.79}$$

Setzt man diese in die Lagrange-Funktion (2.73) ein, so erhält man wiederum die „Optimalwertfunktion"

$$\Phi(\alpha, \beta) = f(x_1(\alpha, \beta), x_2(\alpha, \beta), \alpha) + \mu(\alpha, \beta) [\beta - g(x_1(\alpha, \beta), x_2(\alpha, \beta))] \tag{2.80}$$

die sich wegen (2.76) zu

$$\Phi(\alpha, \beta) = f(x_1(\alpha, \beta), x_2(\alpha, \beta), \alpha) \tag{2.81}$$

vereinfacht.

Wir interessieren uns wiederum dafür, wie die Optimalwertfunktion auf eine Variation der exogenen Parameter α und β reagiert. Wir bilden zunächst die erste Ableitung von (2.80) nach α:

$$
\begin{aligned}
\frac{d\Phi(\alpha, \beta)}{d\alpha} &= \frac{\partial f(x_1^*, x_2^*, \alpha)}{\partial x_1} \frac{\partial x_1}{\partial \alpha} + \frac{\partial f(x_1^*, x_2^*, \alpha)}{\partial x_2} \frac{\partial x_2}{\partial \alpha} + \frac{\partial f(x_1^*, x_2^*, \alpha)}{\partial \alpha} \\
&\quad - \mu^* \frac{\partial g(x_1^*, x_2^*)}{\partial x_1} \frac{\partial x_1}{\partial \alpha} - \mu^* \frac{\partial g(x_1^*, x_2^*)}{\partial x_2} \frac{\partial x_2}{\partial \alpha} + \frac{\partial \mu^*}{\partial \alpha} (\beta - g(x_1^*, x_2^*)) \\
&= \left[\frac{\partial f(x_1^*, x_2^*, \alpha)}{\partial x_1} - \mu^* \frac{\partial g(x_1^*, x_2^*)}{\partial x_1} \right] \frac{\partial x_1}{\partial \alpha} \\
&\quad + \left[\frac{\partial f(x_1^*, x_2^*, \alpha)}{\partial x_2} - \mu^* \frac{\partial g(x_1^*, x_2^*)}{\partial x_2} \right] \frac{\partial x_2}{\partial \alpha} \\
&\quad + \frac{\partial f(x_1^*, x_2^*, \alpha)}{\partial \alpha} + \frac{\partial \mu^*}{\partial \alpha} [\beta - g(x_1^*, x_2^*)] \\
&= \frac{\partial f(x_1^*, x_2^*, \alpha)}{\partial \alpha}. \tag{2.82}
\end{aligned}
$$

Dabei ist die erste eckige Klammer wegen (2.74), die zweite wegen (2.75) und die dritte wegen (2.76) null.

Man erkennt wiederum, dass die rechte Seite von Gleichung (2.82) gerade der Ableitung der Zielfunktion (2.73) bewertet an der Stelle $x = x(\alpha, \beta)$ entspricht. Man kann daher für die Ableitung der Optimalwertfunktion nach α auch schreiben

$$\frac{d\Phi(\alpha,\beta)}{d\alpha} = \frac{dZ(x_1,x_2,\alpha,\beta)}{d\alpha}\bigg|_{x=x(\alpha,\beta)} = \frac{df(x_1,x_2,\alpha)}{d\alpha}\bigg|_{x=x(\alpha,\beta)} \qquad (2.83)$$

Der Effekt von β ergibt sich wie folgt:

$$\begin{aligned}
\frac{d\Phi(\alpha,\beta)}{d\beta} &= \frac{\partial f(x_1^*,x_2^*,\alpha)}{\partial x_1}\frac{\partial x_1}{\partial \beta} + \frac{\partial f(x_1^*,x_2^*,\alpha)}{\partial x_2}\frac{\partial x_2}{\partial \beta} + \frac{\partial \mu^*}{\partial \beta}(\beta - g(x_1^*,x_2^*)) \\
&\quad + \mu^*\left(1 - \frac{\partial g(x_1^*,x_2^*)}{\partial x_1}\frac{\partial x_1}{\partial \beta} - \frac{\partial g(x_1^*,x_2^*)}{\partial x_2}\frac{\partial x_2}{\partial \beta}\right) \\
&= \left[\frac{\partial f(x_1^*,x_2^*,\alpha)}{\partial x_1} - \mu^*\frac{\partial g(x_1^*,x_2^*)}{\partial x_1}\right]\frac{\partial x_1}{\partial \beta} \\
&\quad + \left[\frac{\partial f(x_1^*,x_2^*,\alpha)}{\partial x_2} - \mu^*\frac{\partial g(x_1^*,x_2^*)}{\partial x_2}\right]\frac{\partial x_2}{\partial \beta} \\
&\quad + \frac{\partial \mu^*}{\partial \beta}[\beta - g(x_1^*,x_2^*)] + \mu^* \\
&= \mu^* \qquad\qquad\qquad\qquad\qquad\qquad\qquad\qquad\qquad\qquad (2.84)
\end{aligned}$$

Dabei ist die erste eckige Klammer wegen (2.74), die zweite wegen (2.75) und die dritte wegen (2.76) null.

Man erkennt wiederum, dass die rechte Seite von Gleichung (2.84) gerade der Ableitung der Zielfunktion (2.73) bewertet an der Stelle $x = x(\alpha,\beta), \mu = \mu(\alpha,\beta)$ entspricht. Man kann daher für die Ableitung der Optimalwertfunktion nach β auch schreiben

$$\frac{d\Phi(\alpha,\beta)}{d\beta} = \frac{dZ(x_1,x_2,\alpha,\beta)}{d\beta}\bigg|_{\substack{x=x(\alpha,\beta)\\ \mu=\mu(\alpha,\beta)}} = \mu\big|_{\substack{x=x(\alpha,\beta)\\ \mu=\mu(\alpha,\beta)}} = \mu(\alpha,\beta) \qquad (2.85)$$

2.4.2.3 Anwendung des Envelope-Theorems auf Kostenfunktionen

Die Interpretation von (2.85) ist: Der Wert des Lagrange-Multiplikators in der Optimallösung, $\mu(\alpha,\beta) = \mu^*$, zeigt an, um wieviel der Optimalwert der Zielfunktion sich verändert, wenn der Parameter β in der Nebenbedingung um eine Einheit erhöht wird. Handelt es sich etwa bei Φ um eine Kostenfunktion und bei der Nebenbedingung um eine Isoquante ($\beta = \bar{x}$), so gibt der Lagrange-Multiplikator μ^* an, um wieviel Euro die Minimalkosten stiegen, wenn die Firma eine zusätzliche Outputeinheit produzieren müsste. μ^* lässt sich also als „Grenzkosten" interpretieren.

Eine weitere wichtige Anwendung des Envelope-Theorems auf Kostenfunktionen besteht darin, dass man aus der Ableitung der Kostenfunktion (2.62) nach den Faktorpreisen die bedingten Faktornachfragefunktionen gewinnen kann.

„ Shephards Lemma":

$$\frac{\partial C(x,r,w)}{\partial r} = K(x,r,w) \qquad (2.86a)$$

$$\frac{\partial C(x,r,w)}{\partial w} = L(x,r,w) \qquad (2.86b)$$

Will man also wissen, um welchen Betrag die Minimalkosten der Produktion von x Outputeinheiten steigen, wenn z.b. der Lohnsatz w um eine Einheit erhöht wird, so lautet die Antwort: um die Anzahl der Arbeitsstunden, die im Kostenminimum zur Produktion von x verwendet werden.

Weiterhin kann man zeigen, dass die bedingte Faktornachfrage fallend im eigenen Preis sein muss. Differenziert man nämlich (2.86a) partiell nach r, so erhält man

$$\frac{\partial K(x,r,w)}{\partial r} = \frac{\partial^2 C(x,r,w)}{\partial r^2} \leq 0, \qquad (2.87)$$

da die Kostenfunktion, wie oben gezeigt wurde, konkav in den Faktorpreisen ist. Völlig analog folgt aus (2.86b)

$$\frac{\partial L(x,r,w)}{\partial w} = \frac{\partial^2 C(x,r,w)}{\partial w^2} \leq 0. \qquad (2.88)$$

Bemerkung:

Der amerikanische Mikroökonom Eugene Silberberg, der diese Zusammenhänge entdeckte, gab seinem Aufsatz im *Journal of Economic Theory* den bewusst doppeldeutigen Untertitel „How to Do Economics on The Back of an Envelope"!

2.4.3 Die langfristige Kostenfunktion bei festen Faktorpreisen

Im folgenden interessieren wir uns ausschließlich für die Frage, welcher Zusammenhang zwischen der **Outputmenge** und den Minimalkosten ihrer Herstellung besteht. Die Faktorpreise werden dabei als fest vorgegeben betrachtet und brauchen daher nicht mehr explizit als Argumente der Kostenfunktion aufgeführt zu werden. Anstelle von $C(x, \bar{r}, \bar{w})$ können wir also fortan einfach $C(x)$ schreiben.[9]

2.4.3.1 Kostenverlauf bei homogener Produktionsfunktion

Die Form der **Produktionsfunktion** bestimmt die Form der Kostenfunktion. Die Form der langfristigen Kostenfunktion wollen wir jetzt für **homogene** Produktionsfunktionen ableiten.

---

[9]Mathematisch korrekt müssten wir ein neues Symbol für diese Variante der Kostenfunktion verwenden. Zur Vereinfachung der Notation bleiben wir jedoch bei C.

Im Abschnitt 2.2 wurde an Hand von Gleichung (2.24) gezeigt, dass für homogene Produktionsfunktionen die Grenzrate der Substitution entlang eines Fahrstrahls aus dem Ursprung **konstant** ist. Für die kostenminimale Input-Kombination gilt

$$\frac{\bar{w}}{\bar{r}} = \frac{F_L}{F_K}. \tag{2.37}$$

Da w/r annahmegemäß konstant ist, muss auch F_L/F_K konstant bleiben, wenn die Outputmenge bei weiterhin kostenminimaler Produktion erhöht wird. Dies geschieht bei homogenen Produktionsfunktionen jedoch gerade auf einem Fahrstrahl durch den Ursprung. Folglich ist in diesem Fall der Expansionspfad eine **Gerade**.

Es seien K^* und L^* die Mengen der Inputs, die zur Erstellung **einer Einheit** des Outputs benötigt werden:

$$1 = F(K^*, L^*).$$

Da das Inputverhältnis für kostenminimale Produktion aller Ausstoßmengen konstant ist, gilt:

$$L = bL^* \quad \text{und} \quad K = bK^*.$$

Je größer der Proportionalitätsfaktor b ist, desto mehr wird produziert, und es gilt, da L^* und K^* konstant sind,

$$x = F(K, L) = F(bK^*, bL^*) = b^\rho \cdot F(K^*, L^*) = b^\rho \cdot 1$$

wegen der Definition der Homogenität sowie von K^*, L^*. Nach b aufgelöst, ergibt sich:

$$b = x^{\frac{1}{\rho}}. \tag{2.89}$$

Andererseits gilt für die Kostengleichung

$$C(x) = \bar{w}L + \bar{r}K = \bar{w}bL^* + \bar{r}bK^* = b(\bar{w}L^* + \bar{r}K^*) = b \cdot C(1) \equiv b \cdot C^*, \tag{2.90}$$

wenn man C^* für die Minimalkosten der Herstellung **einer** Outputeinheit schreibt.

Setzt man (2.89) in die Kostengleichung (2.90) ein, so ergibt sich

$$C(x) = C^* \cdot x^{\frac{1}{\rho}}. \tag{2.91}$$

Dieser Ausdruck ist die Kostenkurve für homogene Produktionsfunktionen. Sie gibt für jede Outputmenge die **minimalen** Kosten zu ihrer Erstellung an. Sie beginnt im Nullpunkt, da

$$C(0) = C^* \cdot 0^{\frac{1}{\rho}} = 0.$$

Da C^* eine Konstante ist, ist die Kostenfunktion homogen vom Grade $1/\rho$ im Output, d.h. die Kosten steigen mit dem Output

- unterproportional bei zunehmenden Skalenerträgen ($\rho > 1$),

- proportional bei konstanten Skalenerträgen   ($\rho = 1$),

- überproportional bei abnehmenden Skalenerträgen ($\rho < 1$).

2.4.3.2 Grenzkosten und Durchschnittskosten

Allgemeine Eigenschaften

Die erste Ableitung der Kostenfunktion,

$$C'(x) = \frac{dC}{dx} \tag{2.92}$$

bezeichnet man als **Grenzkosten**. Sie geben an, in welchem Verhältnis die Kosten steigen, wenn der Output erhöht wird, und sind auch als **Kosten einer zusätzlichen (marginalen) Produkteinheit** interpretierbar.

Dividiert man die Gesamtkosten C durch die Ausbringungsmenge x, so erhält man die **Durchschnittskosten** („average costs") oder **Stückkosten**,

$$A(x) = \frac{C(x)}{x}. \tag{2.93}$$

Falls auch bei Produktion von null positive Kosten in Höhe von a entstehen, so kann man weiter zwischen „**durchschnittliche variable Kosten**"

$$AV(x) = \frac{C(x) - a}{x} \tag{2.94}$$

und „**durchschnittliche fixe Kosten**"

$$AF(x) = \frac{a}{x} \tag{2.95}$$

unterscheiden. $A(x)$ selbst wird darum oft auch als „**durchschnittliche totale Kosten**" bezeichnet.

Wir suchen nun eine Beziehung zwischen den Durchschnittskosten und den Grenzkosten.

Will man wissen, wie sich die Durchschnittskosten ändern, wenn die Ausbringungsmenge variiert, so muss man die erste Ableitung von $A(x)$ nach x betrachten:

$$A'(x) = \frac{dA(x)}{dx} = \frac{d}{dx}\left(\frac{C(x)}{x}\right) = \frac{xC'(x) - C(x)}{x^2} \tag{2.96}$$

$$= \frac{1}{x}(C'(x) - A(x)) \begin{Bmatrix} > \\ = \\ < \end{Bmatrix} 0 \text{ für } C'(x) \begin{Bmatrix} > \\ = \\ < \end{Bmatrix} A(x).$$

Die Durchschnittskosten steigen (sinken) also so lange, wie sie kleiner (größer) sind als die Grenzkosten, und sie bleiben konstant, wenn sie gerade gleich den Grenzkosten sind (vgl. Abbildung 2.20). Die ökonomische Erklärung für diesen Zusammenhang ist die, dass der Durchschnitt angehoben (gesenkt) wird, wenn die zusätzlich produzierte Einheit teurer (billiger) ist als die bisher schon produzierten Einheiten.

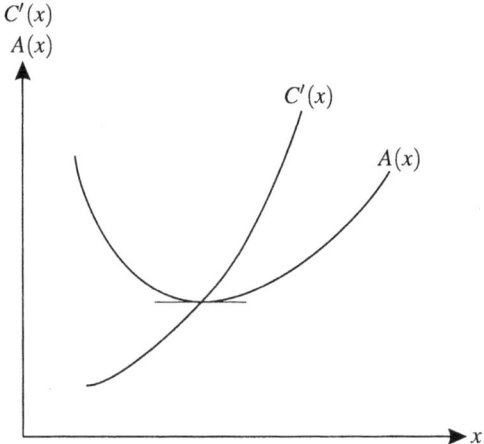

Abbildung 2.20. Verlauf der Grenz- und Durchschnittskostenkurven

Bemerkung:

Die hier abgeleitete Relation gilt nicht nur für die Kostenfunktion, sondern ganz allgemein für jede Funktion, also z.B. auch für die Ertragsfunktion (d.h. dort für die Beziehung zwischen Durchschnittsertrag und Grenzertrag).

Besonderheiten bei homogener Produktionsfunktion

Die Gestalt der Grenz- und Durchschnittskostenkurven für **homogene** Produktionsfunktionen kann man ermitteln, indem man die Definitionen (2.92) und (2.93) auf die Kostenfunktion (2.91) anwendet. Für die Grenzkosten erhalten wir

$$C'(x) = \frac{1}{\rho} C^* \cdot x^{\left(\frac{1}{\rho}-1\right)} > 0 \text{ für alle } x > 0. \tag{2.97}$$

Der Verlauf der Grenzkostenkurve ergibt sich aus der zweiten Ableitung der Kostenfunktion,

$$C''(x) = \frac{1}{\rho}\left(\frac{1}{\rho}-1\right) C \cdot x^{\left(\frac{1}{\rho}-2\right)} \gtreqless 0, \quad \text{falls} \quad \frac{1}{\rho} \gtreqless 1, \quad \text{bzw.} \quad \rho \lesseqgtr 1. \tag{2.98}$$

Für die Durchschnittskosten erhalten wir

$$A(x) = \frac{C^* \cdot x^{\frac{1}{\rho}}}{x} = C^* \cdot x^{\left(\frac{1}{\rho}-1\right)} = \rho \cdot C'(x) \gtreqless C'(x), \quad \text{falls} \quad \rho \gtreqless 1. \tag{2.99}$$

Diese allgemeinen Gleichungen wenden wir im folgenden Kasten auf die verschiedenen Formen von Skalenerträgen an, indem wir den entsprechenden Wert von ρ einsetzen.

1. Konstante Skalenerträge: $\rho = 1$

$$C(x) = C^* \cdot x \qquad\qquad A(x) = C^* = C'(x)$$
$$C'(x) = C^* = \text{const.} \qquad A'(x) = 0$$
$$C''(x) = 0$$

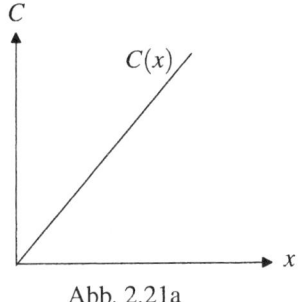

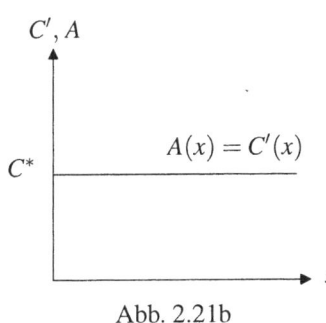

Abb. 2.21a   Abb. 2.21b

Abbildung 2.21: Die Kostenfunktionen bei konstanten Skalenerträgen

2. Abnehmende Skalenerträge: $\rho < 1$

$$C(x) = C^* \cdot x^{\frac{1}{\rho}}$$
$$C'(x) = \frac{C^*}{\rho} x^{\frac{1}{\rho}-1} \qquad\qquad A(x) = C^* x^{\frac{1}{\rho}-1} < C'(x)$$
$$C''(x) = \frac{(1-\rho)C^*}{\rho^2} x^{\frac{1}{\rho}-2} > 0 \qquad A'(x) = \frac{(1-\rho)C^*}{\rho} x^{\frac{1}{\rho}-2} > 0$$

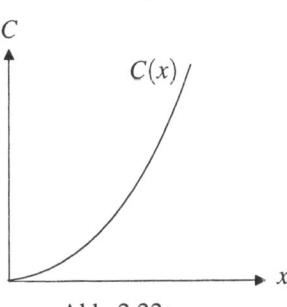

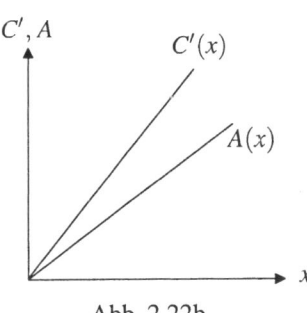

Abb. 2.22a   Abb. 2.22b

Abbildung 2.22: Die Kostenfunktionen bei abnehmenden Skalenerträgen

3. Zunehmende Skalenerträge: $\rho > 1$

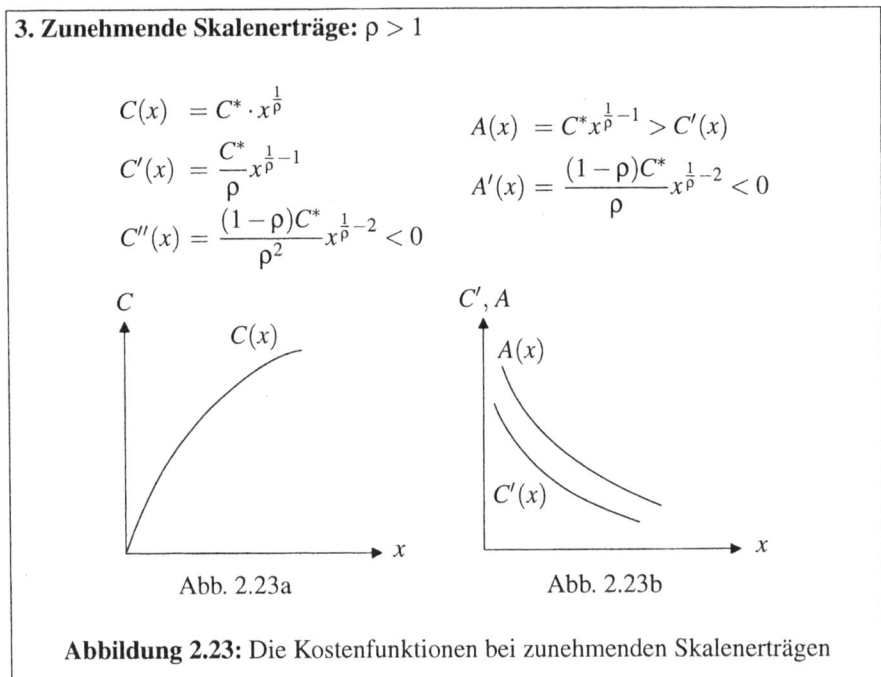

$$C(x) = C^* \cdot x^{\frac{1}{\rho}}$$

$$C'(x) = \frac{C^*}{\rho}x^{\frac{1}{\rho}-1}$$

$$C''(x) = \frac{(1-\rho)C^*}{\rho^2}x^{\frac{1}{\rho}-2} < 0$$

$$A(x) = C^* x^{\frac{1}{\rho}-1} > C'(x)$$

$$A'(x) = \frac{(1-\rho)C^*}{\rho}x^{\frac{1}{\rho}-2} < 0$$

Abb. 2.23a   Abb. 2.23b

Abbildung 2.23: Die Kostenfunktionen bei zunehmenden Skalenerträgen

2.4.3.3 Die Kostenfunktion bei ertragsgesetzlicher Produktionsfunktion

Gelegentlich wird zusätzlich ein Typus langfristiger Kostenfunktionen dargestellt, der nicht aus einer homogenen, aber aus einer **homothetischen** Produktionsfunktion abgeleitet werden kann: Diese zeichnet sich ebenfalls dadurch aus, dass der Expansionspfad ein Strahl durch den Ursprung ist, ohne dass die Skalenelastizität überall gleich groß ist. Vielmehr betrachten wir den Fall, bei dem entlang des Strahls zunächst zunehmende, später abnehmende Skalenerträge vorliegen („Ertragsgesetz").

Analog zu Abbildung 2.9 ist dieser Zusammenhang zwischen Ausbringungsmenge x und dem Niveauparameter b im 3. Quadranten des unteren Koordinatensystems in Abbildung 2.24 dargestellt.[10] Durch Spiegelung an der Kostengeraden $C = b \cdot C^*$ im 2. Quadranten und der 45°-Achse im 4. Quadranten lässt sich daraus im 1. Quadranten die Kostenfunktion konstruieren.

Bei der Niveauertragsfunktion $x(b)$ ist berücksichtigt, dass mit den ersten b^f Einheiten beider Produktionsfaktoren noch kein Output produziert wird. Die mit ihnen verbundenen Kosten C^f sind also Fixkosten.

---

[10]Dies wird sofort klar, wenn Sie den 3. Quadranten auf dem Kopf stehend betrachten.

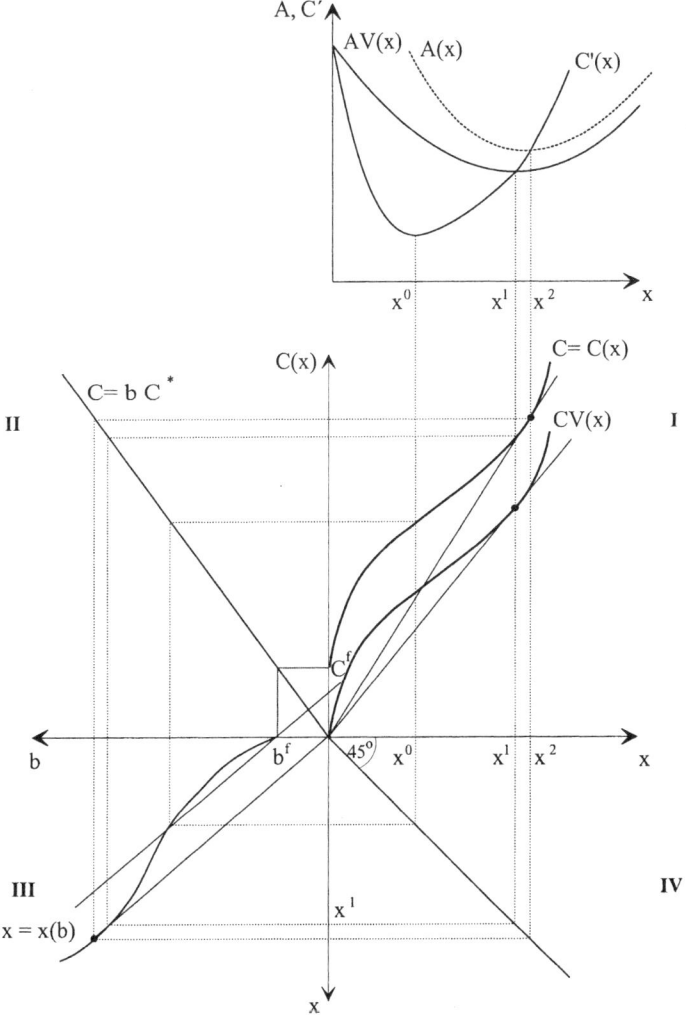

Abbildung 2.24. Konstruktion der Kostenfunktion $C(x)$

Die Kostenkurve $C(x)$ weist zunächst einen konkaven und später einen konvexen Verlauf auf. Ihre Steigung ist bei der Outputmenge x^0 am geringsten. Hier liegt also das Minimum der Grenzkosten (s. oberes Koordinatensystem).

Beim Outputniveau x^2 ist der Durchschnittsertrag am höchsten, was man im 3. Quadranten an der Steigung des Strahls vom Ursprung an die Niveauertragskurve $x(b)$ erkennt. Entsprechend sind bei diesem Outputniveau die Durchschnittskosten am geringsten, was im 1. Quadranten durch die Steigung des Strahls vom Ursprung an die Kostenkurve $C(x)$ deutlich wird. Im oberen Diagramm erreicht die Durchschnittskostenkurve $A(x)$ ihr Minimum bei diesem Outputniveau. Verschiebt man die Kostenkurve im 1. Quadranten um C^f parallel nach unten, so erhält man die Kurve der variablen Kosten, $CV(x)$. Auch hier ist das Outputniveau x^1 eingezeichnet, bei dem die entsprechende Durchschnittskostenkurve $AV(x)$ ihr Minimum hat.

Bemerkung 1:

> Im oberen Diagramm erkennt man, dass die Grenzkostenkurve beide Durchschnittskostenkurven in deren jeweiligem Minimum schneidet.

Bemerkung 2:

> Die im 1. Quadranten dargestellte Kostenkurve wird in der Literatur häufig „U-förmige Kostenkurve" genannt, obwohl es genaugenommen die Durchschnittskosten sind, die U-förmig verlaufen.

Die Gesamtkostenfunktion, die dem dargestellten Kostenverlauf entspricht, wird algebraisch oft als Polynom 3. Grades ausgedrückt:

$$C(x) = a + bx - cx^2 + dx^3, \qquad a, b, c, d > 0, \tag{2.100}$$

so dass die Grenzkosten $C' = b - 2cx + 3dx^2$ wegen

$$C'' = -2c + 6dx$$

bis zur Ausbringungsmenge $x^0 = c/3d$ abnehmen und danach zunehmen.

2.5 Die kurzfristige Kostenfunktion

Bislang wurde angenommen, dass alle Produktionsfaktoren frei variierbar sind. Bei kurzfristiger Betrachtungsweise ist es jedoch möglich, dass sie Mengen**beschränkungen** unterliegen, und zwar

a) nach unten, etwa wenn ein Mietvertrag über eine Mindestmenge abgeschlossen worden ist, der nicht gekündigt werden kann,

b) nach oben, etwa weil kurzfristig keine zusätzlichen Einheiten unter Vertrag genommen werden können.

c) nach oben und unten.

Üblicherweise wird unterstellt, dass Kapital der beschränkte Faktor ist, was für Fabrikgebäude und große Produktionsanlagen sicher zutreffend ist. Allerdings kann wegen des umfassenden Kündigungsschutzes für Arbeitnehmer auch der Faktor Arbeit als zumindest nach unten relativ starr angesehen werden. Um die Analyse übersichtlich zu gestalten, wollen wir jedoch annehmen, die Arbeitsmenge L sei frei variierbar, die Menge an Kapital K unterliege jedoch Beschränkungen, und zwar werden wir alternativ drei Fälle behandeln:

a) K ist fest vorgegeben (Abschnitt 2.5.1),

b) K ist nur nach oben beschränkt (Abschnitt 2.5.2),

c) K ist nur nach unten beschränkt (Abschnitt 2.5.3).

In allen drei Fällen wird die Gestalt der Kostenfunktion unter Beschränkungen – also der **kurzfristigen Kostenfunktion** – unter der Annahme konstanter Skalenerträge ermittelt.

2.5.1 Kurzfristige Kostenfunktion bei festem Kapitaleinsatz

Wir setzen die Restriktion $K = K^0$ zunächst in die Produktionsfunktion ein:

$$x = F(K^0, L). \tag{2.101}$$

Da x nur von L abhängt und wegen $F_L > 0$ streng monoton steigend in L ist, besitzt F eine Umkehrfunktion

$$L = F^{-1}(x|K^0), \tag{2.102}$$

für deren erste Ableitung gilt:

$$\frac{dL}{dx} = (F^{-1})'(x) = \frac{1}{dx/dL} = \frac{1}{F_L(x|K^0)}. \tag{2.103}$$

Setzt man (2.102) gemeinsam mit der Restriktion $K = K^0$ in die Kostengleichung ein, so ergibt sich

$$C^k(x|K^0) = wL + rK^0 = wF^{-1}(x|K^0) + rK^0, \tag{2.104}$$

$$C^{k'}(x|K^0) = \frac{dC^k}{dx} = \frac{w}{F_L(x|K^0)} \tag{2.105}$$

$$C^{k''}(x|K^0) = \frac{d}{dL}\left(\frac{w}{F_L(x|K^0)}\right) \cdot \frac{dL}{dx} = \frac{-wF_{LL}}{(F_L)^2} \cdot \frac{1}{F_L} = -\frac{wF_{LL}}{(F_L)^3} > 0, \tag{2.106}$$

da wir $F_{LL} < 0$ angenommen haben. Die Grenzkosten sind also durchweg zunehmend. Die Form der Kostenfunktion C^k ist graphisch wie folgt dargestellt: Für $x = 0$ fallen Kosten in Höhe von rK^0 an, und C^k steigt überproportional an. Zwischen der kurzfristigen Kostenkurve $C^k(x|K^0)$ und der langfristigen $C(x)$ besteht nun der folgende Zusammenhang (vgl. Abb. 2.25a):

- Die kurzfristigen Kosten können nirgendwo geringer sein als die langfristigen, da hier ja eine zusätzliche Restriktion zu beachten ist.

- Die kurzfristigen Kosten sind aber bei dem Outputniveau x^0 mit dem langfristigen identisch, für das der Expansionspfad im Inputmengen-Diagramm die Horizontale $K = K^0$ schneidet, d.h. bei dem die kostenminimale Inputmengenkombination gerade K^0 Maschinenstunden enthält.

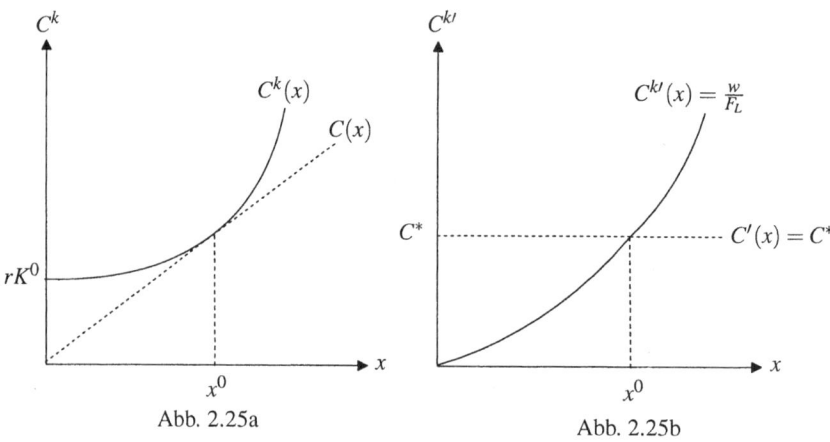

Abb. 2.25a

Abb. 2.25b

Abbildung 2.25. Die Form der kurzfristigen Kostenfunktion bei konstanten Skalenerträgen und $K = K^0$

2.5.2 Kurzfristige Kostenfunktion bei nach oben beschränktem Kapitaleinsatz

Die Restriktion laute nun $K \leq K^0$. Bis zu einer bestimmten Ausbringungsmenge ist diese Beschränkung nicht wirksam, da die kostenminimale Inputkombination einen Kapitaleinsatz von höchstens K^0 erfordert. Die maximale Ausbringungsmenge x^0, für die dies der Fall ist, ermittelt man als den Schnittpunkt des Expansionspfads mit der K^0-Horizontalen:

$$K^0 = g(L) \quad \text{bzw.} \quad L^0 := g^{-1}(K^0) \tag{2.107}$$
$$x^0 = F(K^0, L^0) = F(g^{-1}(K^0), K^0) \tag{2.108}$$

Die Kostenfunktion lässt sich dann in zwei Abschnitten errechnen (vgl. Abb. 2.26 und 2.27):

a) Ist $x \leq x^0$, so ist die kostenminimale Inputkombination realisierbar, und die kurzfristige Kostenfunktion stimmt mit der langfristigen überein:

$$C^k(x) = C(x) = C^* \cdot x,$$
$$C^{k\prime}(x) = C^* = \text{const.}$$

b) Ist $x > x^0$, so ist die Beschränkung bindend, d.h. es gilt $K = K^0$, und die Analyse unter 1. ist anwendbar, d.h. (2.104) und (2.105) sind gültig.

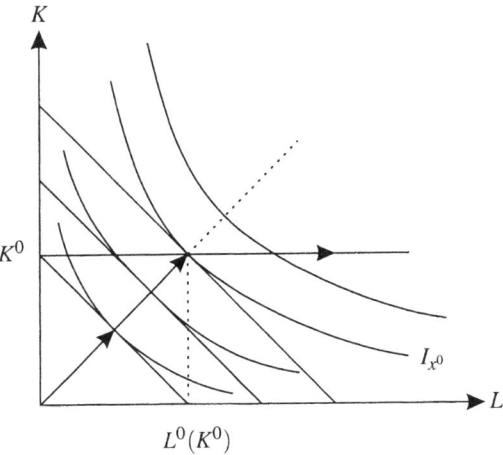

Abbildung 2.26. Herleitung der kurzfristigen Kostenfunktion bei konstanten Skalenerträgen und nach oben beschränktem Kapitaleinsatz

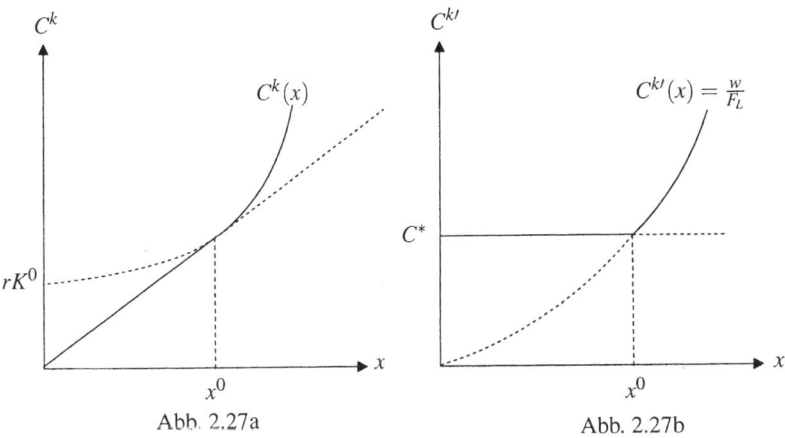

Abb. 2.27a   Abb. 2.27b

Abbildung 2.27. Die Form der kurzfristigen Kostenfunktion bei konstanten Skalenerträgen und nach oben beschränktem Kapitaleinsatz $K \leq K^0$

2.5.3 Kurzfristige Kostenfunktion bei nach unten beschränktem Kapitaleinsatz

Lautet die Restriktion $K \geq K^0$, so lässt sich mit x^0 aus (2.108) die folgende Unterscheidung treffen:

a) Ist $x < x^0$, so ist die Beschränkung bindend, d.h. es gilt $K = K^0$, und es gelten die Bedingungen (2.104) bis (2.106).

b) Für $x \geq x^0$ ist die kostenminimale Inputkombination realisierbar, und die kurz-fristige Kostenfunktion stimmt mit der langfristigen überein. Abbildung 2.28 enthält die Kostenfunktion und die Grenzkosten für diesen Fall.

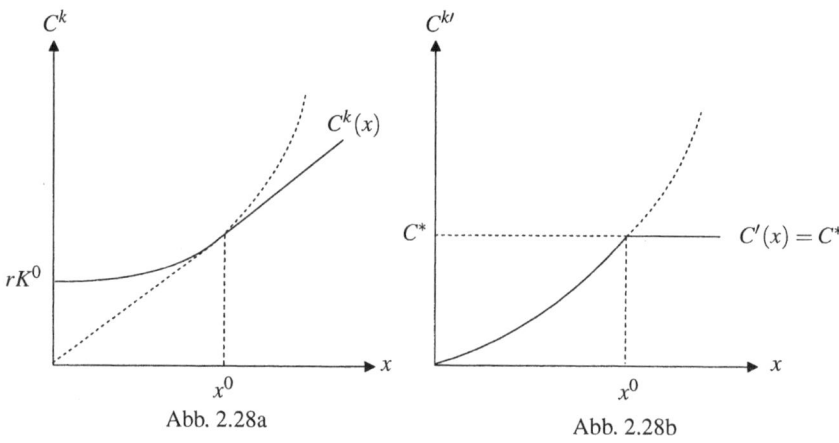

Abb. 2.28a   Abb. 2.28b

Abbildung 2.28. Die Form der kurzfristigen Kostenfunktion bei konstanten Skalenerträgen und nach unten beschränktem Kapitaleinsatz $K \geq K^0$

2.6 Exkurs: Die Kostenfunktion einer Unternehmung mit mehreren Produktionsstätten

Wir betrachten eine Unternehmung, die über n identische Produktionsstätten (Betriebe) verfügt. Die Kostenfunktion $\tilde{C}$ jedes Betriebs weise zwei Eigenschaften auf:

- Fixkosten in Höhe von a, die durch Stilllegung vermieden werden können,

- in der produzierten Menge x_j ($j = 1, \ldots, n$) steigende Grenzkosten.

Für die Unternehmung stellen sich daraus zwei Fragen:

1. In wie vielen Betrieben soll tatsächlich produziert werden?

2. Wie soll der Gesamtoutput x auf diese Betriebe aufgeteilt werden?

Um die Analyse einfach zu halten, beschränken wir uns auf den Fall von $n = 2$ Betrieben. Jeder Betrieb ($j = 1, 2$) habe die Kostenfunktion

$$\tilde{C}_j = \tilde{C}(x_j), \quad \tilde{C}(0) = 0, \quad \lim_{x_j \to 0} \tilde{C}(x_j) = a, \quad \tilde{C}'(x_j) > 0, \quad \tilde{C}''(x_j) > 0, \quad (2.109)$$

und es gelte

$$x = x_1 + x_2. \tag{2.110}$$

Für jede Outputmenge x gilt es zu unterscheiden zwischen

a) einer inneren Lösung mit $x_1, x_2 > 0$,

b) einer Randlösung mit $x_1 = 0$, $x_2 = x$.[11]

<u>Ad a)</u>   Wir setzen $x_2 = x - x_1$ und berechnen (mit „I" für innere Lösung):

$$C^I = \min_{x_1} C = \tilde{C}(x_1) + \tilde{C}(x - x_1)$$

$$\frac{\partial C}{\partial x_1} = \tilde{C}'(x_1) - \tilde{C}'(x_2) = 0$$

woraus wegen $\tilde{C}'' > 0$ folgt: $x_1 = x_2 = \frac{x}{2}$ sowie

$$C^I(x) = 2 \cdot \tilde{C}(\frac{x}{2}). \tag{2.111}$$

<u>Ad b)</u>   Wird nur in einem Betrieb produziert, so folgt (mit „R" für Randlösung):

$$C^R(x) = \tilde{C}(x) \tag{2.112}$$

Für die Kostenfunktion der Firma folgt daraus

$$C(x) = min[C^I(x), C^R(x)] = min[2\tilde{C}(\frac{x}{2}), \tilde{C}(x)].$$

Um zu ermitteln, wie die optimale Wahl der Anzahl der Betriebe von der Outputmenge abhängt, betrachten wir als konkretes Beispiel die quadratische Kostenfunktion

$$\tilde{C}(x_j) = \begin{cases} a + b \cdot x_j + c \cdot x_j^2 & \text{falls} & x_j > 0 \\ 0 & \text{falls} & x_j = 0 \end{cases} \tag{2.113}$$

Wegen

$$C^I(x) = 2 \cdot (a + b \cdot \frac{x}{2} + c \cdot \frac{x^2}{4}) = 2a + bx + \frac{c}{2} \cdot x^2$$

$$C^R(x) = a + bx + cx^2$$

lohnt es sich, in beiden Betrieben zu produzieren, falls

$$C^I(x) - C^R(x) = a - \frac{c}{2}x^2 < 0 \qquad \text{oder} \quad x > (2a/c)^{1/2}$$

---

[11]Der umgekehrte Fall $x_1 = x$, $x_2 = 0$ ist wegen identischer Kostenfunktionen der Betriebe analog.

Daher lautet die Kostenfunktion der Unternehmung

$$\tilde{C}(x) = \begin{cases} a + bx + cx^2 & \text{falls} \quad x \leq (2a/c)^{1/2} \\ 2a + bx + \frac{c}{2}x^2 & \text{sonst.} \end{cases}$$

Kleine Stückzahlen werden nur in einem Betrieb gefertigt, da man so die Fixkosten im 2. Betrieb einsparen kann, große Mengen dagegen gleichmäßig auf beide Betriebe verteilt, um die Kostenprogression so gut es geht zu vermeiden.

2.7 Übungsaufgaben

2.1. Betrachten Sie folgendes Kuchenrezept

200 g	Vollkorn-Weizenmehl
100 g	Butter
50 g	Honig
1 TL	Backpulver
1 TL	gemahlener Zimt
1 EL	Dickmilch
3	reife Bananen
100 g	Rosinen
2	Eier
1/2 TL	Salz
125 ccm	Wasser

Rosinen in Wasser aufkochen, Bananen mit der Gabel zerdrücken. Die Butter und den Honig mit der Dickmilch zu einer schaumigen Masse verrühren, Rosinen, Bananen und Eier hineingeben. Nach nochmaligem Verrühren die restlichen trockenen Zutaten hinzufügen und das Ganze noch einmal gut durchmischen. In einer Kastenform ca. 50-60 Min. im nicht vorgeheizten Ofen backen. (E-Herd: 160^0).

Inwiefern wird hierdurch ein Produktionsprozess beschrieben? Welche Angaben werden dazu nicht benötigt?

2.2. Eine Firma, die einen bestimmten Output in Höhe von x erstellen möchte, habe die Wahl zwischen mehreren Produktionsprozessen, wobei folgende Inputmengen benötigt werden:

Prozess	1	2	3	4	5	6	7
L (=Arbeitertage)	8	10	15	12	11	16	10
K (=Maschinentage)	12	13	6	8	7	6	11

Es gelten die Eigenschaften 2.1, „beliebige Teilbarkeit", und 2.2, „Additivität der Prozesse".

a) Tragen Sie die in der Tabelle gegebenen Produktionsprozesse in einem Inputmengen-Diagramm ab, und bestimmen Sie unter Verwendung der Annahmen A_1 und A_2 die Menge aller effizienten Produktionsprozesse.

b) Zeigen Sie, dass jeder Mischprozess, resultierend aus einer Linearkombination der Prozesse 1 und 3, ineffizient ist, wenn Sie die in dieser Aufgabe vorgegebene Technologie unterstellen.

c) Diskutieren Sie die Realitätsnähe der Eigenschaften 2.1 und 2.2.

2.3. a) Erläutern Sie das Konzept einer Produktionsfunktion.

b) Gegeben sei die Produktionsfunktion vom Cobb-Douglas-Typ $x = F(L,K) = A \cdot L^\alpha \cdot K^\beta$; $A, \alpha, \beta > 0$; $\alpha + \beta = 1$. Erläutern und überprüfen Sie die folgenden Eigenschaften der Funktion und errechnen Sie die entsprechenden Formeln:

- abnehmende Grenzproduktivität des Faktors Arbeit

- partielle Produktionselastizität der Arbeit

- Homogenität von F

- Skalenerträge

- Grenzrate der Substitution

c) Untersuchen Sie im Folgenden den Spezialfall $x = 6 \cdot L^{1/2} \cdot K^{1/2}$.

  1. Ermitteln Sie graphisch und analytisch die Isoquante für $x = 6$.

  2. Ermitteln Sie die Grenzrate der Substitution in Kapital und Arbeit für die Inputkombination $L = 1/2$, $K = 2$.

  3. Zeigen Sie anhand der Isoquante für $x = 6$, dass das Gesetz der abnehmenden Grenzrate der Substitution gültig ist.

2.4. Gegeben sei die Produktionsfunktion $x = F(K,L) = K^{1/2} \cdot L^{1/2}$.

a) Welche Form der Skalenerträge liegt hier vor?

b) Erläutern Sie den Unterschied zwischen lang- und kurzfristigen Kostenfunktionen.

c) Ermitteln Sie die bedingten Faktornachfragefunktionen $K(x,r,w)$ und $L(x,r,w)$, die langfristige Gesamtkostenfunktion sowie die dazugehörigen Durchschnitts- und Grenzkostenfunktionen. Stellen Sie diese Funktionen graphisch dar.

d) Bestimmen Sie für das langfristige Kostenminimierungsproblem die Formel für den Expansionspfad auf und stellen Sie diesen graphisch anhand von Isokostengeraden und Isoquanten dar!

e) Für den Fall, dass kurzfristig K unveränderlich vorgegeben ist, bestimmen Sie erneut die in c) ermittelten drei Kostenfunktionen, und zeichnen Sie den entsprechenden graphischen Verlauf auf.

f) Die Faktorpreise betragen $w = 1$ und $r = 4$. Bestimmen und vergleichen Sie die lang- und kurzfristigen Gesamt-, Durchschnitts- und Grenzkostenfunktionen. Gehen Sie dabei davon aus, dass kurzfristig $K = 2$ ist. Veranschaulichen Sie ihr Ergebnis in einer Graphik für die Gesamtkosten und einer Graphik für die Durchschnitts- und Grenzkosten. Wie hoch ist die Ausbringungsmenge, bei der die Kosten kurz- und langfristig gleich hoch sind?

2.5. a) Erläutern Sie die Aussage des Envelope-Theorems für Optimierungsprobleme mit und ohne Nebenbedingung.

b) Zeigen Sie unter Anwendung des Envelope-Theorems, dass der Wert des Lagrange-Multiplikators im Optimum des Kostenminimierungsproblems die Grenzkosten angibt.

c) Bestimmen Sie die in Aufgabe 2.4 c) ausgerechneten bedingten Faktornachfragefunktionen und die Grenzkosten mit Hilfe des Envelope-Theorems.

2.6. Gegeben sei die Produktionsfunktion $x = F(K, L) = a \cdot K + b \cdot L$. Die Faktorpreise w und r seien fest vorgegeben.

a) Welche Form der Skalenerträge liegt hier vor?

b) Ermitteln Sie die Minimalkostenkombination in Abhängigkeit von der Höhe der Faktorpreise und leiten Sie daraus die langfristige Kostenfunktion ab.

c) Ermitteln Sie die kurzfristige Kostenfunktion für festen Kapitaleinsatz K sowie den Verlauf der kurzfristigen Grenzkosten. Vergleichen Sie den Verlauf mit dem in Aufgabe 2.4 e). Inwiefern unterscheidet sich das Ergebnis? Warum ist dies der Fall?

2.7. Eine Unternehmung bestehe aus 2 Betrieben, von denen jeder mit folgender Kostenfunktion produziert:

$$\tilde{C}(x) = \begin{cases} x^2 + 5x + 16 & \text{falls} \quad x > 0 \\ 0 & \text{falls} \quad x = 0 \end{cases}$$

a) Nehmen Sie an, sie wolle insgesamt 10 Produkteinheiten herstellen. Ermitteln Sie, ob es vorteilhafter ist, in beiden Betrieben zu fertigen (und wenn ja, in welcher Aufteilung) oder einen still zu legen. Interpretieren Sie Ihr Ergebnis ökonomisch.

b) Ermitteln Sie, bis zu welcher Stückzahl nur in einem Betrieb produziert wird.

c) Bestimmen Sie die Kostenfunktion der Unternehmung.

Unternehmen und Märkte

3.1 Allgemeines zur Theorie der Unternehmung

3.1.1 Ziele der Unternehmung

Die in der mikroökonomischen Theorie am häufigsten unterstellte Zielsetzung der Unternehmung ist die **Gewinnmaximierung**. Der Gewinn wird als Differenz zwischen dem **Erlös** (oder synonym: **Umsatz**) und den Kosten definiert.

Die Annahme der Gewinnmaximierung ist einschränkend, denn in der Realität verfolgen die Unternehmer oft andere Ziele, z.B.

a) **Umsatzmaximierung**: Diese Verhaltensweise einer Unternehmung kann dadurch zustande kommen, dass die im Verkauf tätigen Mitarbeiter der Firma einen starken Einfluss auf die Unternehmenspolitik haben. Sind sie sogar prozentual am Umsatz beteiligt („Provision"), so haben sie einen zusätzlichen starken Anreiz, den Umsatz zu steigern;

b) **Marktanteilsstreben**: Diese Zielsetzung ist eine Variante der Umsatzmaximierung. Der Marktanteil wird als Gradmesser für die Bedeutung der Firma angesehen. Seine Maximierung wird vor allem von denjenigen Mitgliedern gefördert, die an einem **relativen Erfolg** im Vergleich zu anderen Firmen interessiert sind. Darüber hinaus kann ein hoher Marktanteil mit **Marktmacht** verbunden sein, d.h. mit der Fähigkeit, die Preisbildung auf dem Markt zu beeinflussen; (dies dient jedoch auch der langfristigen Gewinnmaximierung der Firma).

3.1.2 Die Erlösfunktion

Oben wurde bereits gesagt, dass der Gewinn einer Unternehmung als Differenz zwischen Verkaufserlösen und Produktionskosten definiert ist. Während die Kostenfunktion im 2. Kapitel dargestellt wurde, sollen nun einige allgemeine Eigenschaften der

Erlösfunktion abgeleitet werden. Diese gelten unabhängig von der Form des Marktes, auf dem die Unternehmung ihre Produkte anbietet, sie sind also weder auf die vollkommene Konkurrenz noch auf die Monopol- oder Oligopolsituation beschränkt.

Sei x die Menge, die die Unternehmung verkauft, dann ist der Erlös R („revenue") eine Funktion von x. Wir nehmen an, dass die Unternehmung für jede Einheit ihres Produktes den gleichen Preis verlangt. Folglich gilt für die **Erlösfunktion**

$$R = R(x) = p \cdot x. \tag{3.1}$$

In der Regel wird zwischen der Absatzmenge x und dem Preis p ein Zusammenhang bestehen, der sich in der **Nachfragefunktion für Produkte des betrachteten Unternehmens** äußert:

$$x = x(p). \tag{3.2}$$

Ist die Unternehmung z.B. der einzige Anbieter (Angebotsmonopol), so stimmt diese mit der Marktnachfrage überein (vgl. Abschnitt 3.3.1). Die Umkehrfunktion von (3.2),

$$p = p(x), \tag{3.3}$$

wird als **Preisabsatzfunktion** bezeichnet. Sie gibt für jede Absatzmenge den erzielbaren Preis an. Berücksichtigt man (3.3), so muss man für beliebige Marktformen statt (3.1) schreiben:

$$R = R(x) = p(x) \cdot x. \tag{3.4}$$

Erhöht der Unternehmer die Menge x, die er absetzt, so ergibt sich für die Änderung des Erlöses, also für den **Grenzerlös**

$$R'(x) = \frac{dR}{dx} = p + x \cdot \frac{dp}{dx} = p \cdot \left(1 + \frac{x}{p} \cdot \frac{dp}{dx}\right) = p \cdot (1 + \eta_{p,x}) \tag{3.5}$$

$$= p \cdot \left(1 + \frac{1}{\eta_{x,p}}\right) = p \cdot \left(1 - \frac{1}{|\eta_{x,p}|}\right)$$

wobei $\eta_{x,p}$ die Preiselastizität der Nachfragefunktion (3.2) ist und $\eta_{p,x}$ deren Kehrwert, die Elastizität der Preisabsatzfunktion (3.3). Gleichung (3.5) nennt sich nach ihren Entdeckern Luigi Amoroso (1886-1965) und Joan Robinson (1903-1983) „Amoroso-Robinson-Relation" und gibt den Zusammenhang zwischen dem Grenzerlös einer Unternehmung und dem Marktpreis an.

Allgemein folgt aus (3.5)

$$R'(x) = p \left(1 - \frac{1}{|\eta_{x,p}|}\right) \gtreqless 0, \quad \text{sofern} \quad \eta_{x,p} \lesseqgtr -1 \quad \text{also} \quad |\eta_{x,p}| \gtreqless 1 \tag{3.6}$$

Bei elastischer (unelastischer) Nachfrage erhöht (verringert) sich der **Gesamterlös** eines Unternehmers, wenn er die Absatzmenge erhöht.

In der Regel ist die Gesamtnachfrage eine fallende Funktion des Marktpreises. Setzen wir vollkommene Konkurrenz voraus, so ist der Absatzpreis jedoch für den **einzelnen Anbieter** gegeben, und er nimmt an, dass er zu diesem Preis so viele Einheiten absetzen kann, wie er möchte. Der Grund für diese Annahme ist, dass wir davon ausgehen, dass die Menge eines Anbieters im Verhältnis zur Gesamtnachfrage sehr klein ist.

Folglich ist die **individuelle Preisabsatzfunktion** eine **Horizontale**. Ihre Elastizität $\eta_{p,x}$ ist null (d.h. die Preiselastizität der Nachfrage ist $-\infty$), und somit gilt wegen (3.5)

$$R'(x) = p = \text{const.} \tag{3.7}$$

Abbildung 3.1. Individuelle Preisabsatzfunktion bei vollkommener Konkurrenz

3.1.3 Allgemeine Bedingungen für die Gewinnmaximierung

Der Gewinn ist algebraisch darstellbar als

$$\pi(x) = R(x) - C(x). \tag{3.8}$$

Eine notwendige Bedingung für ein inneres Maximum an der Stelle $x^\circ > 0$ ist, dass die 1. Ableitung von (3.8) null ist:

$$\frac{d\pi(x^\circ)}{dx} = R'(x^\circ) - C'(x^\circ) = 0 \text{ oder } R'(x^\circ) = C'(x^\circ), \tag{3.9}$$

der **Grenzerlös** muss also gleich den **Grenzkosten** sein. Wenn der Grenzerlös, d.h. der Erlös einer zusätzlich produzierten Einheit die Kosten der Produktion dieser Einheit übertrifft, so kann die Firma ihren Gewinn durch Ausdehnung der Produktion steigern. Im umgekehrten Fall kann sie ihn durch Verringerung der Produktion steigern. In beiden Fällen liegt das Gewinnmaximum nicht bei der Menge x°.

Bemerkung:

In der Regel können wir davon ausgehen, dass die Grenzkosten positiv sind ($C' > 0$). Folglich muss für das Gewinnmaximum gelten, dass auch der Grenzerlös positiv ist. Dies ist nach (3.6) erfüllt, wenn $\eta_{x,p} < -1$ bzw. $|\eta_{x,p}| > 1$ ist. Ein Unternehmer wird also im **elastischen** Bereich seiner Nachfragekurve seinen Gewinn maximieren.

Die Bedingung (3.9) sagt jedoch nur aus, dass die Gewinnfunktion im betreffenden Punkt x° stationär ist, d.h. eine Steigung von null aufweist.

Zusätzlich müssen wir ihre 2. Ableitung auf ihr Vorzeichen untersuchen, um festzustellen, ob ein lokales Gewinn**maximum** oder -**minimum** vorliegt. Für ein Maximum muss gelten:

$$\frac{d^2\pi(x^\circ)}{dx^2} = R''(x^\circ) - C''(x^\circ) \leq 0 \quad \text{oder} \quad R'' \leq C''. \tag{3.10}$$

Der Anstieg des Grenzerlöses darf im Optimum nicht größer als der der Grenzkosten sein.

Die Bedingung (3.10) heißt **notwendige Bedingung 2. Ordnung**. Ist sie für ein x, das (3.9) löst, als strikte Ungleichung erfüllt, so liegt auf jeden Fall ein **lokales** Gewinnmaximum vor (hinreichende Bedingung 2. Ordnung).

Sie ist jedoch nicht hinreichend für ein **globales** Gewinnmaximum. Zusätzlich muss sichergestellt sein, dass der Gewinn im Punkt x^0 größer ist als bei Einstellung der Produktion, damit es sich überhaupt lohnt, die Produktion aufrechtzuerhalten:

$$\pi(x^\circ) = R(x^\circ) - C(x^\circ) \geq \pi(0) = -C(0)$$

oder

$$R(x^\circ) \geq C(x^\circ) - C(0) = CV(x^\circ). \tag{3.11}$$

Der Erlös muss also die variablen Kosten decken. Sind die Fixkosten $C(0)$ gleich null, so muss folglich der Gewinn nicht-negativ sein, andernfalls darf der Gewinn auch negativ sein, jedoch im **Absolutbetrag kleiner als die Fixkosten**. Mit anderen Worten mindestens die variablen Kosten – die Kosten, die durch Einstellen der Produktion vermieden werden könnten – müssen gedeckt sein.

3.2 Vollkommene Konkurrenz

In diesem Abschnitt wenden wir die oben abgeleiteten allgemeinen Bedingungen für gewinnmaximierendes Verhalten der Unternehmung auf eine bestimmte Marktform an, nämlich die **vollkommene Konkurrenz**, die durch folgende Eigenschaften gekennzeichnet ist:

Annahme 3.1

Die betrachtete Industrie besteht aus **vielen kleinen Firmen**, die alle das (qualitativ) gleiche Produkt anbieten.

Annahme 3.2

Jede Unternehmung bietet einen so kleinen Anteil des Gesamtangebots an, dass sie den Preis nicht beeinflussen kann. Sie handelt daher als „Mengenanpasser".

Annahme 3.3

Die Zahl der Käufer ist groß. Kein Käufer kann den Preis des Produktes beeinflussen.

Annahme 3.4

Es herrscht vollkommene Markt**transparenz**, d.h. Qualitäten und Preise sind allen Marktteilnehmern zu jedem Zeitpunkt bekannt.

Diese Bedingungen sind in der Realität heute vor allem für organisierte Märkte wie Waren- und Aktienbörsen erfüllt.

In den nachfolgenden Abschnitten werden wir andere Marktformen zu Grunde legen. Die Ergebnisse dieses Abschnitts werden wir dabei als Referenz verwenden können, indem wir die Preise, Mengen und Gewinne anderer Marktformen mit denen vergleichen, die sich bei vollkommener Konkurrenz ergeben hätten. Ein solcher Vergleich ist im Hinblick auf staatliche Maßnahmen zur Förderung des Wettbewerbs sinnvoll. Auch wird die methodische Vorgehensweise zur Untersuchung unvollkommener Märkte ähnlich derjenigen bei vollkommener Konkurrenz sein.

3.2.1 Das Produktangebot eines Mengenanpassers bei gegebener Kostenfunktion

In diesem Abschnitt soll die **Angebotsfunktion** der Unternehmung für ihr Produkt ermittelt werden. Wir treffen dazu die folgenden zusätzlichen Annahmen:

Annahme 3.5

Die Unternehmung produziert nur ein Gut.

Annahme 3.6

Die produzierte Menge ist gleich dem Absatz, d.h. das Gut wird nicht gelagert.

Annahme 3.7

Die Unternehmung maximiert ihren Gewinn.

Wegen der vollkommenen Konkurrenz auf dem Produktmarkt ist die Preisabsatzfunktion der Firma eine Horizontale, der Preis ist nicht von der Absatzmenge abhängig, sondern exogen gegeben.

Wir gehen zunächst von dem bereits in Abschnitt 2.4.3 dargestellten Fall aus, dass die Inputpreise konstant sind:

$$w = \bar{w} \quad \text{und} \quad r = \bar{r}$$

und schreiben die Kostenfunktion wiederum nur in Abhängigkeit von x:

$$C = C(x, \bar{r}, \bar{w}) = C(x).$$

Man kann sich hier vorstellen, dass die Firmenleitung von der Produktionsabteilung die Information erhält, welche Kosten bei der Produktion der Menge x entstehen – also die Kostenfunktion – ohne dass die Produktionsabteilung jeden einzelnen Inputpreis mitteilt, und die Firmenleitung nun den Gewinn durch die optimale Wahl von x maximiert. Damit ergibt sich für die Gewinngleichung:

$$\pi(x) = p \cdot x - C(x). \tag{3.12}$$

Die notwendige Bedingung erster Ordnung für die gewinnmaximale Ausbringungsmenge x^0, (3.9), vereinfacht sich zu

$$\pi'(x^0) = p - C'(x^0) = 0 \quad \text{oder} \quad p = C'(x^0). \tag{3.13}$$

Die ökonomische Interpretation dieser Bedingung kann man sich dadurch verdeutlichen, dass man annimmt, der Preis sei entweder größer oder kleiner als die Grenzkosten. Im ersten Fall könnte man den Gewinn durch eine Ausdehnung der Produktion noch steigern, im zweiten Fall durch eine Einschränkung. Die notwendige Bedingung zweiter Ordnung, (3.10), wird zu

$$-C''(x^0) \le 0 \quad \text{oder} \quad C''(x^0) \ge 0, \tag{3.14}$$

d.h. die Grenzkosten müssen im Punkt x^0 steigend oder konstant sein.

(3.13) ist eine Beziehung zwischen dem Produktpreis p und der gewinnmaximalen Ausbringungsmenge x. Da p die unabhängige und x die abhängige Größe bei einer Angebotsfunktion ist, erhält man diese als Umkehrfunktion von (3.13):

$$x = g(p) = C'^{-1}(p). \tag{3.15}$$

Die Angebotsfunktion der Unternehmung bei vollkommener Konkurrenz ist also die Inverse der Grenzkostenfunktion, und zwar lediglich, soweit diese nicht fallend ist. Geometrisch stimmt daher die Angebotskurve mit dem aufsteigenden Ast der Grenzkostenkurve überein. Die Eigenschaften der Grenzkostenkurve übertragen sich auf die Angebotskurve: Steigt der Preis, so steigt die angebotene Menge.

Allerdings müssen wegen (3.11) wenigstens die variablen Stückkosten durch den Preis abgedeckt sein. Dies erkennt man, wenn man beide Seiten von (3.11) durch die Ausbringungsmenge x dividiert: $p \ge AV(x)$.

Die **kurzfristige** Angebotsfunktion beginnt daher im Schnittpunkt der Grenzkostenkurve mit der Kurve der variablen Durchschnittskosten, der gleichzeitig auch das Minimum der **variablen** Stückkosten ist (vgl. Abb. 3.2):

$$x^k(p) = \begin{cases} 0 & p < p^1 = \min\,[AV(x)] \\ g(p) & p \ge p^1 \end{cases}. \tag{3.16}$$

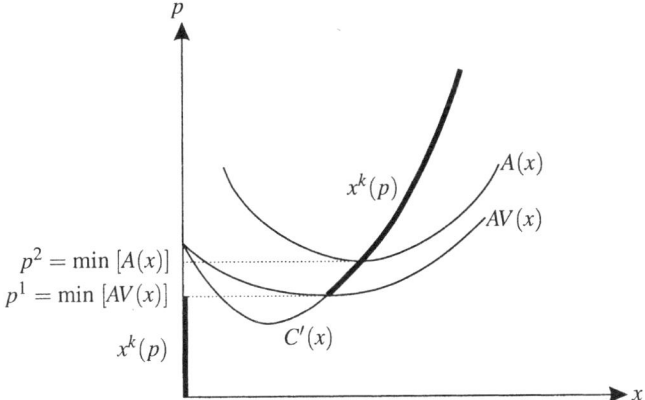

Abbildung 3.2. Kurzfristige Angebotsfunktion

Dabei kann der Teil der Kurve bis zum Minimum der Durchschnittskostenkurve nur **vorübergehend** ein Teil der Angebotskurve sein, da **langfristig** nicht nur die variablen, sondern die gesamten Durchschnittskosten vom Preis gedeckt werden müssen. Wir können daher festhalten: Die langfristige Angebotskurve beginnt im Schnittpunkt von Grenzkostenkurve und Durchschnittskostenkurve, der auch das Minimum der Durchschnittskostenkurve ist (vgl. Abb. 3.3):

$$x^1(p) = \begin{cases} 0 & p < p^2 = \min[A(x)] \\ g(p) & p \geq p^2 \end{cases}.$$
(3.17)

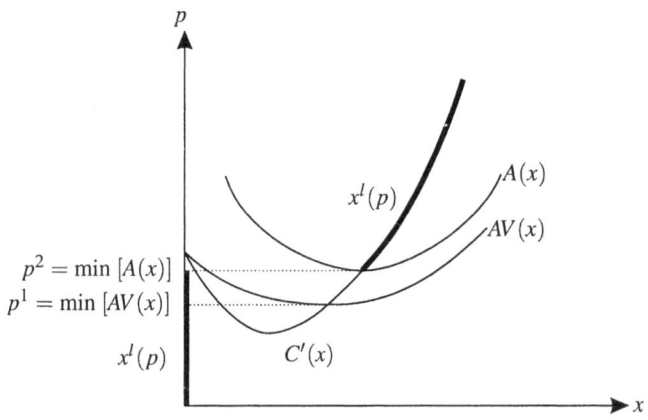

Abbildung 3.3. Langfristige Angebotsfunktion

Bemerkung:

> Die Unterscheidung zwischen kurzfristiger und langfristiger Angebotsfunktion wird zuweilen auf andere Weise getroffen, nämlich so, dass sich der Begriff der langfristigen Angebotsfunktion auf die **langfristigen** Grenzkosten, also auf die Grenzkosten der Kostenfunktion bei Variabilität aller Produktionsfaktoren, $C(x)$, bezieht und die kurzfristige Angebotsfunktion auf die kurzfristigen Grenzkosten, bei denen mindestens ein Faktor nicht vollkommen frei variiert werden kann (vgl. Abschnitt 2.5).

Bei linear-homogener Produktionsfunktion ist, wie unter 2.4.3.2 gezeigt, die langfristige Grenzkostenkurve eine Horizontale bei $C' = C^*$. Folglich ist auch das „langfristige" Angebot unendlich elastisch beim Preis von $p = C^*$. Darunter wird nichts angeboten, darüber so viel wie irgend möglich, d.h. in der Praxis bis zur Kapazitätsgrenze der Firma.

Ist die Produktionsfunktion homogen vom Grade größer als 1, so sind die Grenzkosten überall abnehmend, d.h. die notwendige Bedingung zweiter Ordnung (3.14) ist unerfüllbar. Es existiert kein Gewinnmaximum bei endlicher Absatzmenge; je mehr produziert und abgesetzt wird, desto größer wird der Gewinn. Der „langfristige" Fall liefert also nur dann eine wohldefinierte Angebots**funktion** (in dem Sinne, dass zu jedem Preis eindeutig die gewinnmaximale Absatzmenge festgelegt ist), falls der Homogenitätsgrad kleiner als 1 ist, also abnehmende Skalenerträge vorliegen.

Bislang sind wir von festen Faktorpreisen ausgegangen. Führt man die beschriebene Maximierung für jeden Vektor der Faktorpreise (r, w) durch, so erhält man die langfristige Angebotsfunktion in Abhängigkeit aller Preise, $x(p, r, w)$. Setzt man diese in die bedingten Faktornachfragefunktionen (2.44) und (2.45) ein, so erhält man die (unbedingten) Faktornachfragefunktionen:

$$L[x(p, r, w), r, w] = L(p, r, w) \tag{3.18}$$

$$K[x(p, r, w), r, w] = K(p, r, w) \tag{3.19}$$

3.2.2 Simultane Bestimmung von Produktangebot und Faktornachfrage

Im vorigen Abschnitt wurde das Verhalten einer gewinnmaximierenden Firma auf einem Konkurrenzmarkt in zwei Stufen analysiert: Auf der 1. Stufe wurde für jedes Outputniveau x die kostenminimale Inputkombination gesucht. Dies führte zur langfristigen Kostenfunktion $C(x, r, w)$. Auf der 2. Stufe wurde bei gegebener Kostenfunktion die gewinnmaximierende Outputmenge bestimmt. Im folgenden zeigen wir, wie die Gewinnmaximierung in einem einzigen Schritt durchgeführt werden kann. Wir versuchen also, **sowohl das Produktangebot als auch die Faktornachfrage** simultan in Abhängigkeit von den drei Marktpreisen p, r und w herzuleiten.

Formal handelt es sich um die Maximierung von

$$\pi(x, K, L) = px - rK - wL \tag{3.20}$$

unter der Nebenbedingung, dass die Werte von x, K und L die Gleichung der Produktionsfunktion

$$x = F(K, L) \tag{2.3}$$

erfüllen müssen. Eine mögliche Vorgehensweise wäre daher die Maximierung einer Lagrange-Funktion. Etwas einfacher ist dagegen die direkte Substitution von (2.3) in (3.20) zum Zwecke der Eliminierung der Variablen x und die Maximierung von

$$\pi(K, L) = pF(K, L) - rK - wL. \tag{3.21}$$

Die notwendigen Bedingungen 1. Ordnung für ein inneres Gewinnmaximum lauten:

$$\frac{\partial \pi}{\partial L} = pF_L(K, L) - w = 0 \quad \text{oder} \quad pF_L = w, \tag{3.22}$$

$$\frac{\partial \pi}{\partial K} = pF_K(K, L) - r = 0 \quad \text{oder} \quad pF_K = r. \tag{3.23}$$

F_L ist die Grenzproduktivität der Arbeit. Wird dieser Ausdruck mit dem Preis des Produktes p multipliziert, so erhält man gerade den Wert, der durch eine zusätzliche (marginale) Einheit Arbeit geschaffen wird. Dieser Wert wird **Wertgrenzproduktivität** genannt. Im Gewinnmaximum muss nach (3.22) die Wertgrenzproduktivität gerade gleich dem Preis einer Einheit Arbeit, also dem Faktorpreis sein. Nach (3.23) gilt die analoge Beziehung „Wertgrenzproduktivität gleich Faktorpreis" auch für den Faktor Maschinenstunden. Beide Gleichungen kann man durch den Produktpreis dividieren:

$$F_L = \frac{w}{p} \tag{3.24}$$

$$F_K = \frac{r}{p} \tag{3.25}$$

und erhält damit eine neue Interpretation des selben Sachverhalts. Im Gewinnmaximum entspricht die **(physische)** Grenzproduktivität jedes Faktors gerade seiner **Realentlohnung** (beides in Einheiten des hergestellten Gutes). Bildet man den Quotienten aus (3.22) und (3.23), so erhält man die bekannte Bedingung (2.37) für die Kostenminimierung, „Grenzrate der Faktorsubstitution gleich Faktorpreisverhältnis". Wir sehen also, dass Kostenminimierung eine **notwendige** Voraussetzung für Gewinnmaximierung ist.

Die notwendige Bedingung 2. Ordnung für ein **Maximum** des in (3.21) definierten Gewinns verlangt, dass die Hesse-Matrix der 2. partiellen Ableitungen,

$$\begin{pmatrix} pF_{LL} & pF_{KL} \\ pF_{LK} & pF_{KK} \end{pmatrix} = p \begin{pmatrix} F_{LL} & F_{KL} \\ F_{LK} & F_{KK} \end{pmatrix}$$

negativ semi-definit ist. Dazu müssen zum einen die Elemente auf der Hauptdiagonalen nicht positiv sein. Wegen $p > 0$ können wir also schreiben:

$$F_{LL}, F_{KK} \leq 0, \tag{3.26}$$

eine Forderung, die bei abnehmenden Grenzerträgen erfüllt ist. Zusätzlich muss die Determinante der Hesse'schen Matrix nichtnegativ sein,

$$H := p^2(F_{LL}F_{KK} - F_{KL}^2) \geq 0, \qquad \text{oder} \qquad F_{LL}F_{KK} \geq F_{KL}^2. \tag{3.27}$$

Diese Bedingung ist für jede Inputmengenkombination erfüllt, falls die Produktionsfunktion F **konkav** ist. Dies bedeutet für homogene Produktionsfunktionen, dass der Homogenitätsgrad höchstens 1 betragen darf („Nicht-zunehmende Skalenerträge"). Falls F sogar strikt konkav ist, so hat das Gleichungssystem (3.22) und (3.23) eine eindeutige Lösung in den beiden Unbekannten K und L, die wir dann in Abhängigkeit von den exogenen Parametern p, w und r darstellen können.

$$K = K(p, r, w), \tag{3.28}$$

$$L = L(p, r, w). \tag{3.29}$$

Diese beiden Gleichungen sind die **Faktornachfragefunktionen**. Setzt man sie in die Produktionsfunktion ein, so erhält man die **langfristige Angebotsfunktion**

$$x = F(K(p,r,w), L(p,r,w)) = x(p,r,w). \tag{3.30}$$

Beide Faktornachfragefunktionen und die Produktangebotsfunktion sind homogen vom Grade null im Preisvektor, d.h. es gilt:

$$K(\lambda p, \lambda r, \lambda w) = K(p,r,w) \tag{3.31}$$

$$L(\lambda p, \lambda r, \lambda w) = L(p,r,w) \tag{3.32}$$

$$x(\lambda p, \lambda r, \lambda w) = x(p,r,w) \tag{3.33}$$

Zum Beweis betrachten wir die Optimalbedingungen (3.24) und (3.25), deren rechte Seiten nur von den Preisrelationen abhängen. Multipliziert man alle Preise mit dem selben Faktor λ, so bleiben alle Preisrelationen gleich, und die selben optimalen Werte K^*, L^*, die vorher optimal waren, bleiben optimal. Genau dies drücken die Gleichungen (3.31) - (3.33) aus.

Abbildung 3.4 stellt die in diesem und im vorangegangenen Abschnitt dargestellten Vorgehensweisen bei der Gewinnmaximierung gegenüber.

3.2.3 Die Gewinnfunktion

Wir wollen nun – in Analogie zur Kostenfunktion aus Kapitel 2 – eine „Gewinnfunktion" definieren, die den maximal erreichbaren Gewinn einer Unternehmung als Funktion der exogenen Parameter, nämlich des Produktpreises p und der Faktorpreise w und r, darstellt und damit ebenfalls zur Gruppe der „indirekten Zielfunktionen" oder „Optimalwertfunktionen" gehört. Wie wir aus Abschnitt 2.4.2 bereits wissen, erlauben es diese Optimalwertfunktionen, die fundamentalen Ergebnisse der komparativen Statik mit wenig Aufwand abzuleiten.

Die Gewinnfunktion ist definiert durch die Gleichung

$$\pi(p,r,w) := \underset{K,L}{\text{Max}} \ [p \cdot F(K,L) - w \cdot L - r \cdot K] \tag{3.34}$$

$$= p \cdot F[K(p,r,w), L(p,r,w)] - r \cdot K(p,r,w) - w \cdot L(p,r,w).$$

Man erhält sie also, indem man die Faktornachfragefunktionen (3.28) und (3.29) in die Gewinngleichung (3.21) einsetzt. Sie ist allerdings nur bei abnehmenden Skalenerträgen eindeutig definiert.

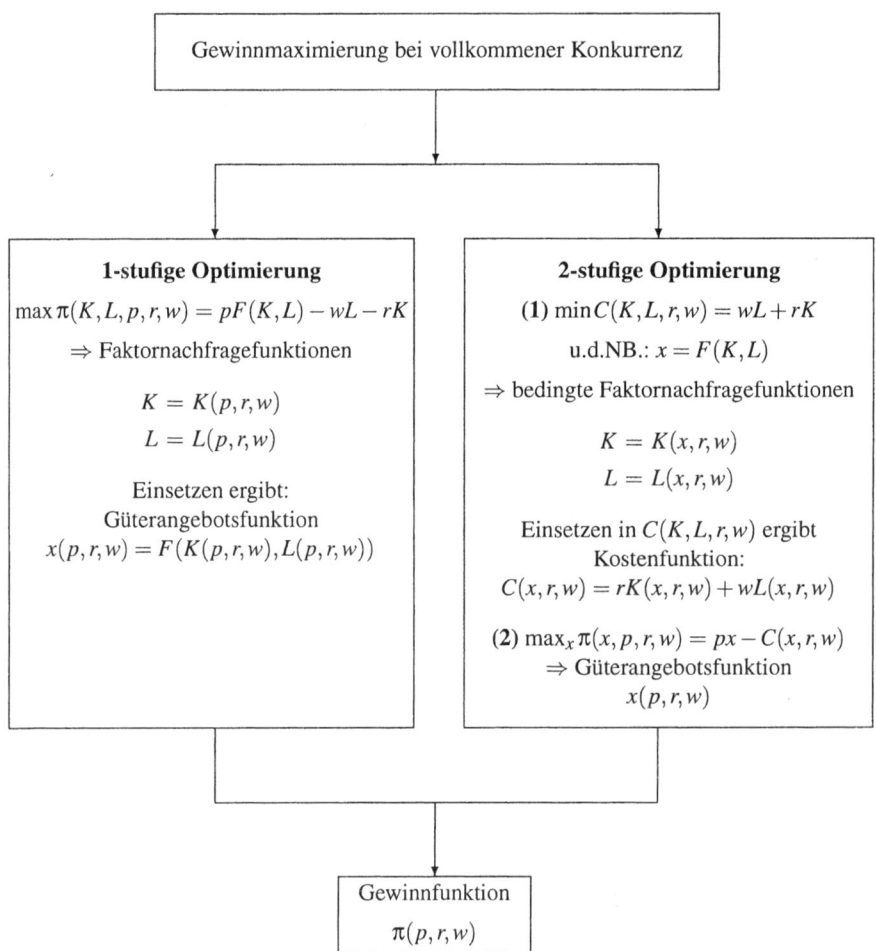

Abbildung 3.4. Zwei Vorgehensweisen der Gewinnmaximierung bei vollkommener Konkurrenz

3.2.4 Eigenschaften der Gewinnfunktion und Marktverhalten der Firma

3.2.4.1 Eigenschaften der Gewinnfunktion bei abnehmenden Skalenerträgen

Für die in (3.34) definierte Gewinnfunktion gilt:

Hotellings Lemma:

Falls die Gewinnfunktion π differenzierbar ist, so gilt für ihre partiellen Ableitungen aufgrund des Envelope-Theorems:

$$\frac{\partial \pi(p,r,w)}{\partial p} = F[K(p,r,w), L(p,r,w)] = x(p,r,w), \qquad (3.35)$$

$$\frac{\partial \pi(p,r,w)}{\partial r} = -K(p,r,w), \qquad (3.36)$$

$$\frac{\partial \pi(p,r,w)}{\partial w} = -L(p,r,w). \qquad (3.37)$$

Dieses Lemma kann man dazu verwenden, die folgenden Eigenschaften der Gewinnfunktion herzuleiten:

1. π ist für eine positive Outputmenge x^* zunehmend in p; (folgt unmittelbar aus (3.35).

2. π ist für positive Faktormengen K^*, L^* abnehmend in r und in w; (folgt unmittelbar aus (3.36) und (3.37).

3. π ist linear-homogen in (p,r,w), d.h. für $t \geq 0$ gilt:

$$\pi(tp,tr,tw) = t\pi(p,r,w) \qquad (3.38)$$

4. π ist konvex in den Argumenten p, r und w, d.h. es gilt etwa für die Preisvektoren (p',r,w) und (p'',r,w) mit $p^* = \alpha p' + (1-\alpha)p''$ und $0 < \alpha < 1$:

$$\pi(p^*,r,w) \leq \alpha \cdot \pi(p',r,w) + (1-\alpha) \cdot \pi(p'',r,w).$$

Beweis zu 3.:

In (3.31) und (3.32) wurde gezeigt, dass die Faktornachfragefunktionen null-homogen im Preisvektor (p,r,w) sind. Daher gilt wegen (3.34):

$$\begin{aligned}
\pi(tp,tr,tw) &= tpF[K(tp,tr,tw), L(tp,tr,tw)] - trK(tp,tr,tw) - twL(tp,tr,tw) \\
&= tpF[K(p,r,w), L(p,r,w)] - trK(p,r,w) - twL(p,r,w) \\
&= t\pi(p,r,w).
\end{aligned}$$

Beweis zu 4.:

Die Eigenschaft der Konvexität von π kann man sich graphisch veranschaulichen (Abb. 3.5). Wir stellen dazu π als Funktion nur des Produktpreises p bei gegebenen Faktorpreisen r und w dar.

Es sei (K^*, L^*) der gewinnmaximierende Inputvektor zum Produktpreis p^*. Nun ändere sich dieser auf einen beliebigen anderen Wert p. Falls die Unternehmung ihr Inputbündel (K^*, L^*) beibehält, so bewegt sich der Gewinn entlang der eingezeichneten Geraden („passive Gewinnfunktion")

$$p \cdot F(K^*, L^*) - r^* \cdot K^* - w^* \cdot L^*.$$

Der tatsächlich maximale Gewinn der Firma, wenn sie ihre Faktornachfrage entsprechend anpasst (d.h. bei $p > p^*$ mehr und bei $p < p^*$ weniger produziert), kann daher allenfalls darüber liegen. Folglich liegt der Graph von $\pi(p, r, w)$ nirgendwo unterhalb der passiven Gewinnfunktion. Dies impliziert, dass $\pi(p, r, w)$ konvex in p ist.

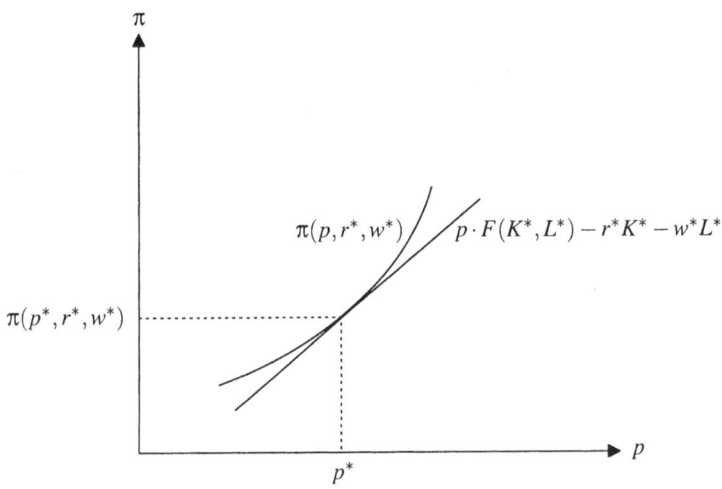

Abbildung 3.5. Gewinnfunktion und passive Gewinnfunktion

3.2.4.2 Komparative Statik von Produktangebot und Faktornachfrage

Im Folgenden untersuchen wir, wie Produktangebot und Faktornachfrage auf Änderungen der exogenen Preise reagieren, d.h. wir betreiben wie in Abschnitt 2.3.5 „komparative Statik". Wir verwenden hier jedoch, wo es möglich ist, die dort definierte 3. Methode, indem wir die Eigenschaften der Gewinnfunktion und insbesondere Hotellings Lemma ausnutzen.

In (3.31) bis (3.33) hatten wir bereits gezeigt, dass alle drei Funktionen null-homogen im Preisvektor sind. Hier untersuchen wir nun die folgenden Eigenschaften:

1) **Eigenpreiselastizität der Faktornachfrage**

Differenziert man (3.37) partiell nach w, so folgt aus der Konvexität der Gewinn-funktion bezüglich w:

$$\frac{\partial L(p,r,w)}{\partial w} = -\frac{\partial^2 \pi(p,r,w)}{\partial w^2} \leq 0 \qquad (3.39)$$

d.h. die Arbeitsnachfrage nimmt nicht zu, wenn **nur** der Lohnsatz steigt und um-gekehrt. Die Lohnelastizität der Arbeitsnachfrage, $\eta_{L,w} = \frac{\partial L}{\partial w}\frac{w}{L}$, ist dann eben-falls kleiner oder gleich null. Wegen der Symmetrie des Problems gilt dies auch für den Faktor Kapital.

2) **Preiselastizität des Produktangebots**

Differenziert man (3.35) partiell nach p, so folgt aus der Konvexität der Gewinn-funktion bezüglich p:

$$\frac{\partial x(p,r,w)}{\partial p} = \frac{\partial^2 \pi(p,r,w)}{\partial p^2} \geq 0 \qquad (3.40)$$

d.h. die Produktangebotsfunktion ist nicht fallend im Produktpreis.

3) **Kreuzpreiselastizität der Faktornachfrage**

Mit Hilfe von Hotellings Lemma kann man nur die Vorzeichen der direkten Preiselastizitäten der Faktornachfrage erhalten, nicht die der Kreuzpreiselasti-zitäten. Unter einer Kreuzpreiselastizität der Faktornachfrage versteht man das Verhältnis der relativen Änderung der Nachfrage nach einem Faktor (z.B. Kapi-tal) zu der relativen Änderung des Preises des jeweils anderen Faktors (hier also des Lohnsatzes). Will man diese ermitteln, so kann man das Verfahren der Cra-mer'schen Regel analog anwenden, das in Abschnitt 2.3.5.3 für die bedingten Faktornachfragen demonstriert wurde.

Dazu differenziert man das System der notwendigen Bedingung erster Ordnung für ein Gewinnmaximum, (3.22) - (3.23) partiell nach dem Faktorpreis, z.B. w und erhält dann nach Einsetzen der Cramer'schen Regel:

$$\frac{\partial K}{\partial w} = -\frac{pF_{KL}}{H}. \qquad (3.41)$$

wobei H die Determinante der Hesse-Matrix der 2. Ableitungen der Gewinn-gleichung (3.21) nach K und L ist und in einem Gewinnmaximum nicht-negativ sein muss.

Das Vorzeichen dieses Ausdrucks hängt wegen $H \geq 0$ allein vom Vorzeichen der gemischten 2. Ableitung der Produktionsfunktion, also von F_{KL} ab. Üblicher-weise unterstellt man Komplementarität zwischen den Faktoren, also $F_{KL} > 0$ (je mehr Arbeit eingesetzt wird, desto größer ist der marginale Beitrag des Faktors Kapital zum Produkt). In diesem Fall ist die **Kreuzpreiselastizität** der Kapital-nachfrage bezüglich des Lohnes,

$$\eta_{K,w} = \frac{\partial K}{\partial w} \cdot \frac{w}{K}$$

ebenfalls negativ. Steigt der Lohnsatz, so wird dann nicht nur weniger Arbeit, sondern auch weniger Kapital eingesetzt.

Folglich **sinkt** dann auch der **gewinnmaximale Output**, denn es folgt aus der Produktionsfunktion

$$\frac{\partial x}{\partial w} = F_L \cdot \frac{\partial L}{\partial w} + F_K \cdot \frac{\partial K}{\partial w}. \tag{3.42}$$

Der erste Term auf der rechten Seite von (3.42) ist, wie wir in (3.39) gesehen haben, negativ und der zweite ist es bei komplementären Faktoren ebenfalls. Komplementariät ist also eine hinreichende Bedingung dafür, dass das Produktangebot negativ auf Faktorpreisänderungen reagiert.

3.2.5 Die Markt-Angebotsfunktion bei freiem Marktzutritt

Bislang haben wir uns ausschließlich mit dem Marktverhalten einer einzelnen Unternehmung bei vollkommener Konkurrenz beschäftigt. Im Folgenden sollen daraus Schlüsse über die Markt-Angebotsfunktion abgeleitet werden, die sich ergibt, wenn alle Firmen über die gleiche Technologie, den „Stand der Technik", verfügen. Hierbei werden wir eine wichtige Eigenschaft von Konkurrenzmärkten ausnutzen, nämlich den freien und ungehinderten Marktzutritt und -austritt.

Produziert die einzelne Firma mit konstanten Skalenerträgen und unterliegt sie keinen Kapazitätsbeschränkungen, so ist ihre Angebotskurve eine Horizontale, d.h. ihr Angebot ist unendlich elastisch bei dem Preis, der den (konstanten) Grenz- und Durchschnittskosten entspricht. Die Angebotskurve des Marktes ist von der einer einzelnen Unternehmung nicht unterscheidbar, und es spielt keine Rolle, wie viele Firmen auf dem betrachteten Markt anbieten.

Nur wenig komplizierter stellt sich die Situation bei abnehmenden Skalenerträgen in der einzelnen Firma dar, die, wie oben begründet, aus Kapazitätsbeschränkungen bei einem nicht explizit genannten Faktor resultieren können, bzw. bei einer ertragsgesetzlichen Produktionsfunktion (vgl. Abschnitt 2.4.3.3), die zu einer U-förmigen Durchschnittskostenkurve A(x) führt. In diesem Fall beginnt die langfristige Angebotsfunktion jeder einzelnen Firma im Minimum der Stückkosten, das wir mit der Menge x* und den Stückkosten c* kennzeichnen wollen, und verläuft ansteigend, entsprechend der Grenzkostenkurve.

In Abbildung 3.6 sind die Angebotskurve einer einzelnen Firma, $x_j(p)$ sowie die aggregierte Angebotskurve zweier Anbieter dargestellt. Letztere besteht aus den Punkten $(0, c^*)$ und (x^*, c^*) sowie der aufsteigenden Kurve $x(p)$. Die beiden zuerst genannten Punkte gehören deshalb zur Angebotskurve, weil jede einzelne Firma beim Preis $p = c^*$ indifferent zwischen dem Angebot von 0 und dem von x* ist. Zudem ist ein Preis $p > c*$ eingezeichnet, bei dem jede Firma einen Gewinn in Höhe von $x_j(p) \cdot [p - A(x_j)]$ erzielt.

Man macht sich nun leicht klar, dass die hier erzielten Gewinne den Markteintritt weiterer Firmen nach sich ziehen werden, und dass dies für alle Preise der Fall sein wird, für die p > c* gilt. Dies bedeutet aber nichts anderes, als dass das Marktangebot bei einem Preis von p = c* unendlich elastisch ist. Umgekehrt scheiden bei jedem Preis p < c* langfristig alle Anbieter aus dem Markt aus, und die Angebotsmenge ist null.

Die langfristige Markt-Angebotskurve hat daher folgendes Aussehen: der untere Abschnitt (für $p < c*$) fällt mit der Preisachse zusammen, der obere Abschnitt besteht aus den Punkten $x^*, 2x^*, 3x^*, \ldots$ auf der Horizontalen beim Preis $p = c*$ und kann für eine große Firmenzahl durch die gesamte Horizontale approximiert werden.

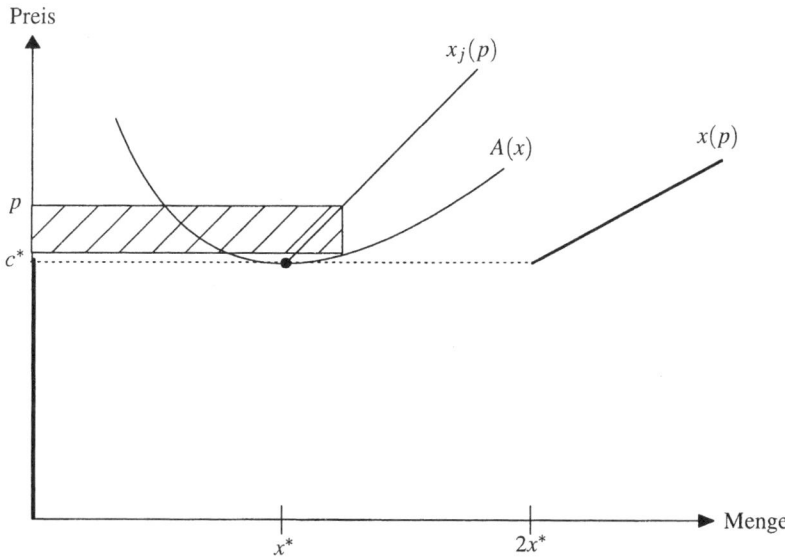

Abbildung 3.6. Marktangebot bei zwei Anbietern

Es ist ebenfalls klar, dass damit — unabhängig vom Verlauf der Nachfragekurve (solange $x^N(c^*) > 0$) – der Marktpreis im Gleichgewicht nur c* betragen kann und der Gewinn jeder einzelnen Unternehmung null ist. Im langfristigen Marktgleichgewicht eines Wettbewerbsmarktes gilt also die „Null-Gewinn-Bedingung".

Bemerkung 1:

In der obigen Argumentation wurden nicht-zunehmende Skalenerträge angenommen. Bei zunehmenden Skalenerträgen ist die Bedingung 2. Ordnung für die Gewinnmaximierung eines Mengenanpassers, (3.10), verletzt, und die einzelne Firma hat keine Angebotsfunktion.

Bemerkung 2:

Auch wenn die Gewinne im ökonomischen Sinne null sind, können die Gewinne nach der Definition der Handelsbilanz, der Volkswirtschaftlichen Gesamtrechnung oder der Steuerbilanz durchaus positiv sein. Die drei zuletzt genannten Größen enthalten entweder die Entlohnung des Faktors Kapital (in unserer Terminologie: $r \cdot K$) oder – bei Personengesellschaften – den Unternehmerlohn, der ökonomisch gesehen Bestandteil des Ausdrucks $w \cdot L$ ist.

3.2.6 Exkurs: Die Grenzproduktivitätstheorie der Verteilung

Aus den Gleichungen (3.24) und (3.25) geht hervor, dass bei vollständiger Konkurrenz auf allen Märkten jeder Input derart bezahlt wird, dass der Reallohn gerade gleich seiner Grenzproduktivität ist. Diese Beziehung ist die Grundlage der sogenannten „**Grenzproduktivitätstheorie der Einkommensverteilung**", deren Ziel es ist, die „funktionale" Einkommensverteilung in einer Wirtschaft, also die Verteilung des Volkseinkommens auf die Besitzer der Produktionsfaktoren „Arbeit" und „Kapital", zu erklären. Hierzu müssen jedoch folgende Annahmen getroffen werden:

1) Die Produktionsfunktionen aller Unternehmungen lassen sich zu einer makroökonomischen Produktionsfunktion zusammenfassen, in der x das (irgendwie aggregierte) Sozialprodukt, L den gesamten Arbeitseinsatz und K den gesamten Maschineneinsatz einer Wirtschaft messen. Insbesondere darf der Gesamtoutput x nicht von der Aufteilung der Faktoren auf die einzelnen Sektoren abhängen. Denn wenn er dies täte, wäre x keine eindeutige **Funktion** der gesamten Faktormengen K und L.

2) Das Verhalten aller Wirtschaftssubjekte hat die Wirkung, dass zwischen den genannten globalen Größen dieselben Beziehungen bestehen wie für eine einzelne gewinnmaximierende Unternehmung bei vollkommener Konkurrenz.

Unter diesen Voraussetzungen ergibt sich aus (3.24) für die gesamtwirtschaftliche **Lohnquote**, also den Anteil der Arbeitseinkommen am Sozialprodukt (dem Wert der gesamtwirtschaftlichen Produktion):

$$\frac{w \cdot L}{p \cdot x} = F_L \cdot \frac{L}{x} = \varepsilon_{x,L}, \tag{3.43}$$

die Lohnquote ist also gleich der Produktionselastizität des Faktors Arbeit. Entsprechendes gilt wegen (3.25) für die Kapitaleinkommensquote:

$$\frac{r \cdot K}{p \cdot x} = F_K \cdot \frac{K}{x} = \varepsilon_{x,K}. \tag{3.44}$$

Wie in Abschnitt 2.2.4 gezeigt wurde, gilt für homogene Produktionsfunktionen mit dem Homogenitätsgrad ρ das Euler-Theorem

$$L \cdot F_L + K \cdot F_K = \rho \cdot F(L,K) = \rho \cdot x \qquad (3.45)$$

$$\varepsilon_{x,L} + \varepsilon_{x,K} = \rho \qquad (3.46)$$

d.h. die Faktoreinkommen schöpfen den Produktionswert genau aus, falls konstante Skalenerträge vorliegen („Ausschöpfungstheorem"), sie übertreffen den Produktionswert bei einem Homogenitätsgrad $\rho > 1$, also bei zunehmenden Skalenerträgen, und sie lassen noch Raum für einen „Residualgewinn" bei einem Homogenitätsgrad $\rho < 1$, also bei abnehmenden Skalenerträgen.

Bei den Formeln für die Lohnquote und die Kapitaleinkommensquote, (3.43) und (3.44), ist zu berücksichtigen, dass die Produktionselastizitäten $\varepsilon_{x,L}$ und $\varepsilon_{x,K}$ im Allgemeinen davon abhängen, welche Mengen der beiden Faktoren eingesetzt werden. Folglich wird auch die Aufteilung des Sozialprodukts auf die beiden Gruppen von Faktoranbietern vom relativen Einsatz der beiden Faktoren abhängen. Diese Abhängigkeit ist interessant, wenn man etwa untersuchen möchte, wie die Lohnquote auf eine relative Verknappung des Faktors Arbeit (infolge eines Bevölkerungsrückgangs) oder auf eine starke Kapitalintensivierung (Automation) in der Produktion reagiert.

Wir nehmen dazu der Einfachheit halber konstante Skalenerträge an, so dass sich wegen (3.46) Lohnquote und Kapitaleinkommensquote zu 1 ergänzen. Ihr Verhältnis

$$\frac{w \cdot L}{r \cdot K} = \frac{F_L \cdot L}{F_K \cdot K} = \frac{F_L/F_K}{K/L} =: Q, \qquad (3.47)$$

reagiert nun wie folgt auf eine Änderung der Kapitalintensität, $\frac{K}{L}$:

$$\frac{dQ}{d(K/L)} = \frac{K/L \cdot \frac{d(F_L/F_K)}{d(K/L)} - F_L/F_K}{(K/L)^2} = \frac{F_L/F_K}{(K/L)^2}(\sigma_{K,L}^{-1} - 1) \gtreqless 0 \quad \text{falls} \quad \sigma_{K,L} \lesseqgtr 1. \qquad (3.48)$$

Ist die Substitutionselastizität zwischen Arbeits- und Maschinenstunden gerade gleich 1, so wird die Änderung der Kapitalintensität durch die Änderung der Grenzrate der Substitution und damit des Faktorpreisverhältnisses gerade aufgewogen: Der knapper gewordene Faktor verteuert sich genau so stark, dass sein Einkommensanteil gleich bleibt. Dies ist zum Beispiel bei der Cobb-Douglas-Produktionsfunktion der Fall, bei der ja auch die Produktionselastizitäten Konstanten sind ($\varepsilon_{x,L} = \alpha, \varepsilon_{x,K} = \beta$). Hier werden die Einkommen immer im Verhältnis $\alpha : \beta$ aufgeteilt.

Ist die Substitutionselastizität größer als 1, so reicht schon eine geringe Änderung der Faktorpreise, um die in der Produktion (im Gewinnmaximum) eingesetzte Kapitalintensität an das geänderte Faktorangebotsverhältnis anzupassen, und die Einkommensquote des verknappten Faktors nimmt ab. Ist die Substitutionselastizität dagegen kleiner als 1, so ändert sich das Faktorpreisverhältnis stark und die Einkommensquote des knapper gewordenen Faktors nimmt sogar zu.

3.3 Theorie des Monopols

3.3.1 Gewinnmaximierung des geschützten Monopolisten

Den zur vollkommenen Konkurrenz entgegengesetzten Fall bildet das (geschützte) Monopol. Es gebe im Markt nur einen einzigen Anbieter, und der Markteintritt von Konkurrenten sei durch staatliche Regulierung (z.B. ein Patent) verhindert. Der Monopolist steht somit allein der Gesamtnachfrage des Marktes gegenüber. Da er nicht mit Reaktionen irgendwelcher Konkurrenten rechnen muss, kann er eine **unabhängige** Preis- oder Mengenpolitik betreiben, d.h. er kann selber entweder den Preis des Produktes oder aber die Absatzmenge bestimmen. Setzt er den Preis $p = p^1$ fest, so ergibt sich aus der Markt-Nachfragekurve die Menge $x = x^1$, die er verkaufen kann. Setzt er statt dessen die Menge $x = x^0$ fest, so lässt sich ein Preis $p = p^0$ realisieren (vgl. Abb. 3.7).

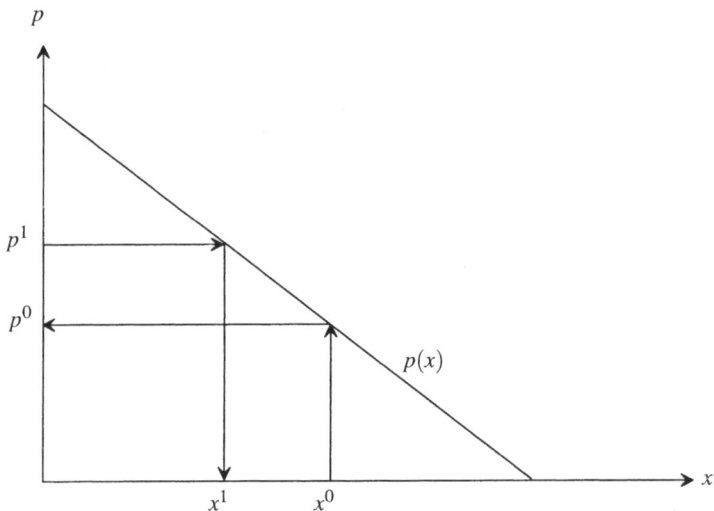

Abbildung 3.7. Punktförmiges Angebot des Monopolisten auf der Marktnachfragekurve

Man kann auch sagen, er lege Preis und Menge simultan fest, aber er muss die Nebenbedingungen beachten, dass beide einen Punkt auf der Nachfragekurve bilden. Bereits aus diesen einführenden Erläuterungen wird deutlich, dass der Monopolist **keine Angebotsfunktion** besitzt, weil er den Marktpreis nicht als exogen hinnimmt, sondern ein **punktförmiges Angebot**: Er sucht sich einen Punkt auf der Markt-Nachfragekurve.

In der Realität kommen **reine** Monopole meist nur auf lokaler Ebene vor. Beispiele dafür sind Fachärzte in einer Kleinstadt, der Bäcker auf dem Dorf, der Busunternehmer in einer ländlichen Umgebung. Auch der Staat hat Monopolstellungen inne.

Die wenigen Monopole, die es auf nationaler Ebene gibt bzw. gab, wie Bundesbahn und Bundespost, wurden vom Staat betrieben. Bei der Bundesbahn zeigt sich aber deutlich, warum es so schwierig ist, eine Monopolstellung aufrechtzuerhalten. Denn die Nachfrager können auf andere Produkte bzw. Dienstleistungen (Bus, Flugzeug, eigenes Auto) übergehen. Substitutionsmöglichkeiten engen also den Spielraum für den Monopolisten ein. Man spricht dann auch von „monopolistischer Konkurrenz", auf die hier jedoch nicht näher eingegangen wird.

Bei der Gewinnmaximierung des Monopolisten gehen wir davon aus, dass dieser die Gesamtnachfragekurve kennt und dass diese stabil ist. Wir können dann die Analyse aus Abschnitt 3.1.3 unverändert anwenden, wenn wir nur die individuelle Preisabsatzfunktion des Anbieters mit der (Inversen der) Markt-Nachfragefunktion gleichsetzen. Es gilt folglich wegen der Maximierungsbedingung (3.9)

$$C'(x) = R'(x) = p(x) \left(1 - \frac{1}{|\eta_{x,p}|} \right). \tag{3.49}$$

Die notwendige Maximierungsbedingung des Monopolisten ist also **formal** die gleiche wie die eines Anbieters bei vollkommener Konkurrenz. Im Gegensatz zur vollkommenen Konkurrenz ist jedoch der Grenzerlös R' nicht gleich dem Preis und auch nicht konstant, sondern **kleiner** als der Preis und abhängig von der verkauften Menge.

Die Bedingung 2. Ordnung lautet wegen (3.10)

$$C''(x) \geq R''(x),$$

d.h. der Anstieg der Grenzkostenkurve muss mindestens so groß sein wie der der Grenzerlöskurve. Diese Bedingung ist auf jeden Fall erfüllt, wenn C' steigend verläuft. Sind die Grenzkosten dagegen fallend (zunehmende Skalenerträge), so muss der Grenzerlös noch schneller fallen.

Ist die Nachfragekurve linear, d.h. gehorcht ihre Inverse der Formel

$$p(x) = a - bx, \tag{3.50}$$

so lauten Erlösfunktion und Grenzerlösfunktion

$$R(x) = p(x) \cdot x = ax - bx^2 \tag{3.51}$$

$$R'(x) = a - 2bx, \tag{3.52}$$

d.h. die Grenzerlöskurve hat denselben Ordinatenabschnitt wie die Nachfragekurve und ist doppelt so steil, d.h. sie ist deren **horizontale Halbierende**. Wir können in diesem Fall das Erlösmaximum und das Gewinnmaximum geometrisch folgendermaßen bestimmen:

Der Erlös erreicht sein Maximum bei der Menge x_E, bei der der **Grenzerlös null** ist. An dem entsprechenden Punkt der Nachfragekurve, E, ist wegen (3.6) die **Preiselastizität der Nachfrage** gleich -1. Links von E liegt der elastische, rechts von E der unelastische Bereich der Nachfragekurve.

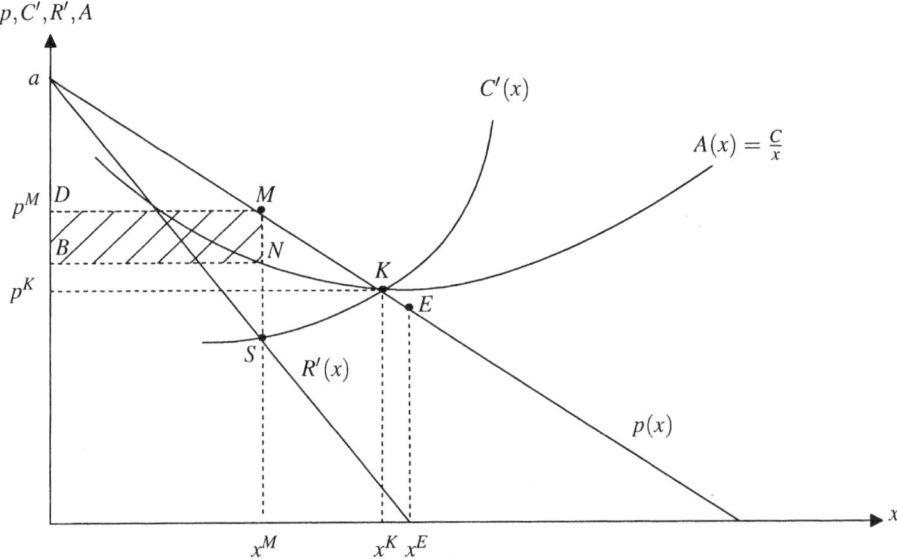

Abbildung 3.8. Erlös- und Gewinnmaximum des Monopolisten

Das **Gewinnmaximum** erhalten wir bei der Menge, wo sich Grenzerlös- und Grenzkostenkurve schneiden. Der entsprechende Abszissenwert gibt die gewinnmaximale Ausbringungsmenge x^M an. Den gewinnmaximalen Preis erhält man, indem man den zu x^M zugehörigen Preis auf der Nachfragekurve sucht. Den betreffenden Punkt M auf der Nachfragekurve nennt man nach seinem Entdecker Augustin Cournot (1801-1877) den **Cournot**schen Punkt. Der Monopolgewinn entspricht der Fläche des Rechtecks *BDNM*.

Wir vergleichen nun das Gewinnmaximum des Monopolisten mit der hypothetischen Situation, dass er sich – in Unkenntnis seiner Situation – wie ein Mengenanpasser verhält und den Preis als gegeben hinnimmt. Seine Optimierungsregel lautet dann „Preis gleich Grenzkosten", so dass das Marktgleichgewicht im Punkt K eintreten würde. Vergleichen wir die beiden Lösungen miteinander, so erkennen wir, dass der selbe Anbieter als Monopolist einen **höheren Preis** fordert und eine **geringere Menge** produziert als unter den Bedingungen der vollkommenen Konkurrenz:

$$x^M < x^K \quad \text{und} \quad p^M > p^K$$

Das eben erzielte Ergebnis sollte nicht so interpretiert werden, dass die Nachfrager auf einem Monopolmarkt grundsätzlich einen höheren Preis zahlen müssen als auf einem Konkurrenzmarkt für das gleiche Gut. Dazu müssten wir nämlich untersuchen, wie das Marktangebot aussähe, wenn statt des einen Anbieters **mehrere Firmen** das Gut herstellten.

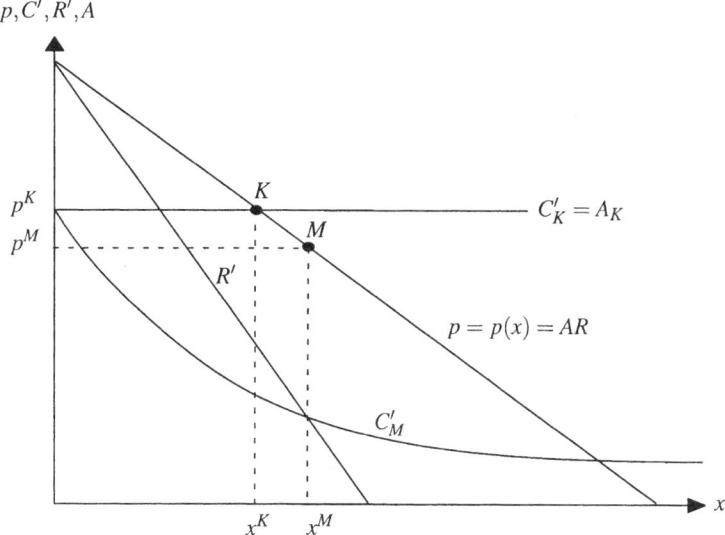

Abbildung 3.9. Natürliches Monopol bei zunehmenden Skalenerträgen

Anstelle der Grenzkostenkurve des Monopolisten müssten wir die Gesamtangebots-
funktion durch Aggregation (horizontale Addition) aus den Angebotsfunktionen der
einzelnen Konkurrenten gewinnen. Diese kann eine größere Steigung als die Grenzkostenkurve des Monopolisten aufweisen, wenn z.B. der Monopolist wegen der Größe seiner Produktionsanlagen zunehmende Skalenerträge (sinkende Grenzkosten)
ausnutzen kann, während die vielen kleinen Anbieter bei vollkommener Konkurrenz
alle mit konstanten Skalenerträgen produzieren würden. Folglich sind ihre Grenzkosten und auch ihre Angebotskurve horizontal. Daher kann, wie in der Abb. 3.9, der
Marktpreis im Monopolfall niedriger sein als bei vollkommener Konkurrenz. Man
erkennt hieraus, warum im Falle zunehmender Skalenerträge auch oft von „natürli-
chen Monopolen" gesprochen wird.

Bemerkung 1:

Monopole, die nicht auf zunehmenden Skalenerträgen beruhen, können
durch **gesetzliche** Bestimmungen geschützt sein. Abgesehen von den öffentlichen Monopolen wie z.B. Post und Eisenbahn ist die häufigste Form
davon heute das **Patent**.

Bemerkung 2:

Früher wurden Monopolstellungen vom König oder von Fürsten verliehen.
Aufgrund unserer theoretischen Analyse sehen wir nun, warum diese **Pfrün-
den** gleichzusetzen waren.

Der Monopolgewinn (schraffierte Fläche in 3.8) garantiert ein wesentlich höheres Einkommen. Gegenüber dem Ausland musste diese Art der Monopole oft durch **Einfuhrverbot** oder genügend hohe **Zölle** abgesichert werden.

3.3.2 Potenzieller Wettbewerb

Anders sieht es aus, wenn es zu einem gewissen Zeitpunkt im Markt zwar nur einen Anbieter gibt, der Marktzutritt jedoch unbeschränkt ist und dabei auch keine „versunkenen" (d.h. unwiederbringlich verlorenen) Kosten entstehen. Wenn zudem noch konstante Skalenerträge vorliegen, d.h. die Grenz- und Durchschnittskosten konstant sind, muss der Monopolist bei jedem Preis oberhalb der Grenzkosten, bei dem er ja positive Gewinne erzielen würde, mit dem sofortigen Markteintritt von Konkurrenten rechnen, die ihn mit einem geringeren Preis aus dem Markt drängen würden. Somit ist er durch potenzielle Konkurrenz zur Einhaltung der Preis=Grenzkosten-Regel gezwungen.

Diese Aussage gilt allerdings nicht bei abnehmenden Skalenerträgen, denn die Analyse in Abschnitt 3.2.5 hat gezeigt, dass für diesen Fall die gleichgewichtige Anbieterzahl in einem Markt endlich ist. Je nach dem Ausmaß der Nachfrage kann diese Zahl nun sehr klein sein, so dass die Annahme, die Anbieter würden sich als Mengenanpasser verhalten, nicht mehr gerechtfertigt ist.

Daher ist die beobachtete Anzahl von Anbietern in einem Markt kein hinreichender Indikator für die dort herrschende Wettbewerbsintensität, und man benötigt zur wettbewerbspolitischen Beurteilung einer Marktsituation Informationen

1. über die vorliegenden Skalenerträge,
2. über die Existenz etwaiger Marktzutrittsbarrieren.

3.3.3 Wohlfahrtsverluste durch Monopolisierung

Die Marktform des Monopols ist in der öffentlichen Meinung nicht sehr angesehen. Im Folgenden werden wir uns mit der Frage befassen, ob dieses Urteil wissenschaftlich begründet werden kann. Die Begründung wird darauf hinauslaufen, zu überprüfen, ob die Vorteile, die die Marktteilnehmer (Anbieter und Nachfrager) insgesamt durch den Tauschvorgang erzielen, bei einer anderen Marktform - der vollkommenen Konkurrenz - größer sind als im Monopol. Dazu stellen und beantworten wir eine Reihe von Teilfragen:

1. **Teilfrage**: Welchen Geldbetrag würde ein Anbieter (bzw. alle Anbieter zusammen) maximal zahlen, um am Markt teilnehmen zu dürfen? Mit anderen Worten, wie groß sind ihre Handelsgewinne?

Antwort: Seine Handelsgewinne entsprechen der Differenz aus den Erlösen und den (erst durch die Produktion entstehenden) variablen Kosten bei der am Markt gehandelten Menge x^*:

$$PR = R(x^*) - CV(x^*)$$

Die variablen Kosten sind die Differenz aus Gesamtkosten und Fixkosten, woraus man unter Verwendung des Hauptsatzes der Differential- und Integralrechnung herleiten kann:

$$CV(x^*) = C(x^*) - C(0) = \int_0^{x^*} C'(x)\mathrm{d}x$$

und daher

$$PR = p^* \cdot x^* - \int_0^{x^*} C'(x)\mathrm{d}x.$$

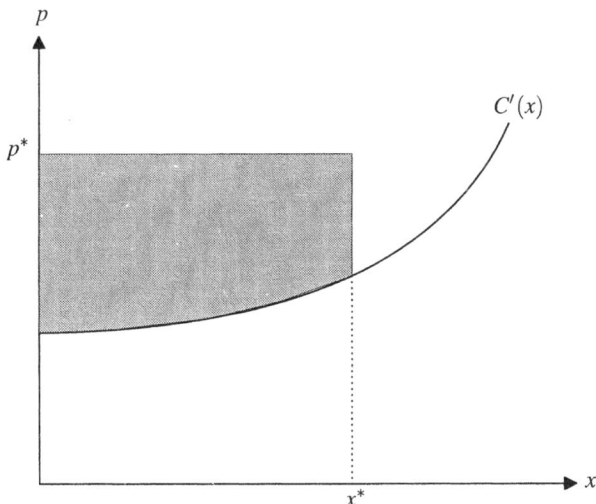

Abbildung 3.10. Produzentenrente

Graphisch findet man die Produzentenrente also als die Fläche, die von oben durch die Horizontale beim Marktpreis p^* begrenzt wird, von unten durch die Grenzkostenkurve und von rechts durch die Vertikale zur tatsächlich gehandelten Menge x^*. Abb. 3.10 stellt die Produzentenrente allgemein dar.

2. **Teilfrage:** Welchen Geldbetrag würden alle Nachfrager zusammen maximal zahlen, um am Markt teilnehmen zu dürfen?

Antwort: Jeder wäre bereit, die Differenz zwischen seinem Reservationspreis und dem Marktpreis zu zahlen. Der Reservationspreis ist der Preis, bei dem der Nachfrager gerade indifferent ist zwischen „kaufen" und „nicht kaufen", und lässt sich aus der inversen Nachfragefunktion $p(x)$ ablesen. Diese kann man graphisch auch als „Kurve der Zahlungsbereitschaft" deuten. Für die Summe dieser Differenzen verwenden wir die Bezeichnung **„Konsumentenrente"** (Symbol: KR). Man erhält sie aus der Gleichung

$$KR = \int\limits_0^{x^*} [p(x) - p^*]dx = \int\limits_0^{x^*} p(x)dx - p^* \cdot x^*.$$

Graphisch findet man die Konsumentenrente also als die Fläche zwischen der Nachfragekurve und Horizontalen zum Marktpreis p^* (Abbildung 3.11).

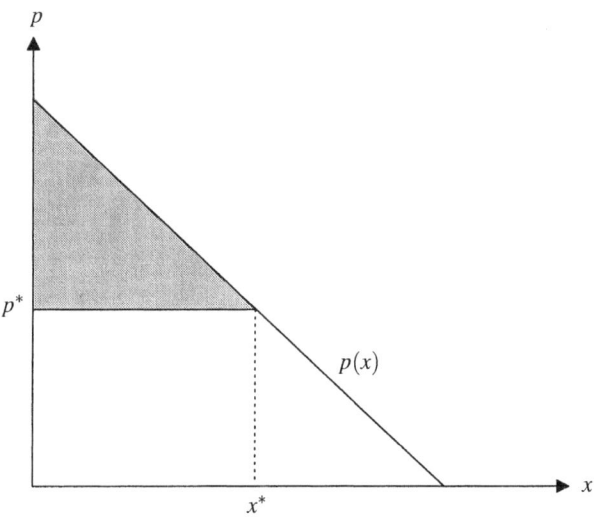

Abbildung 3.11. Konsumentenrente

3. **Teilfrage:** Wie groß sind die Handelsgewinne insgesamt?

Antwort: Man findet sie als die Summe aus Produzenten- und Konsumentenrente. Dafür verwenden wir die Bezeichnung **„Gesamtrente"** (Symbol: GR). Man erhält sie aus der Gleichung

$$GR = PR + KR = \int\limits_0^{x^*} [p(x) - C'(x)]dx$$

4. **Teilfrage:** Wann ist die Gesamtrente maximal?

Antwort: Setzt man die Abbildungen 3.10 und 3.11 zusammen, so erkennt man, dass die Gesamtrente dann maximal ist, wenn die gehandelte Menge x^* durch den Schnittpunkt der Nachfrage- mit der Grenzkostenkurve bestimmt wird. Dieses Ergebnis lässt sich folgendermaßen auch algebraisch herleiten:

$$\max_{x^*} GR = \int_0^{x^*} [p(x) - C'(x)]dx \quad \Rightarrow \quad p(x^*) - C'(x^*) = 0$$

Dies ist bei **vollkommener Konkurrenz** der Fall, bei der die Grenzkostenkurve (in ihrem aufsteigenden Ast) als Angebotskurve interpretierbar ist. Abb. 3.12 stellt die Gesamtrente bei vollkommener Konkurrenz graphisch dar.

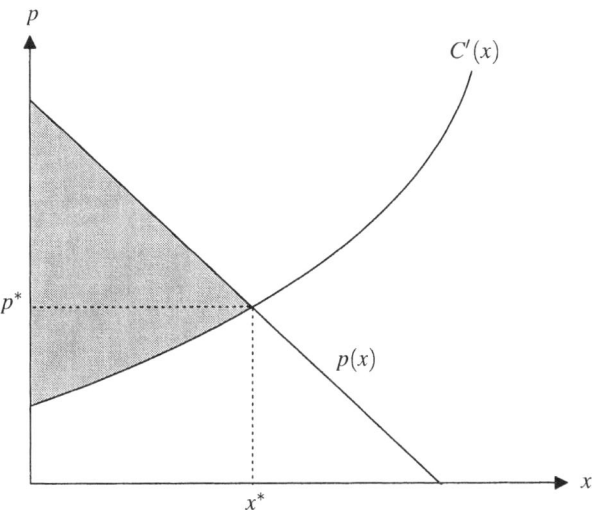

Abbildung 3.12. Gesamtrente bei vollkommener Konkurrenz

5. **Teilfrage:** Wie verändert sich die Gesamtrente, wenn die vollkommene Konkurrenz durch ein Monopol ersetzt wird?

Antwort: Im Monopol findet man die gehandelte Menge durch den Schnittpunkt von Grenzkosten- und Grenzerlöskurve (x^M in Abb. 3.13). Damit ändern sich KR, PR und GR wie folgt:

$$\Delta GR = \Delta KR + \Delta PR = -CEF - EHF = -CFH$$

Die Änderung der Gesamtrente ($-CFH$) wird nach dem amerikanischen Ökonomen Arnold Harberger (geb. 1924) **„Harberger Dreieck"** genannt.

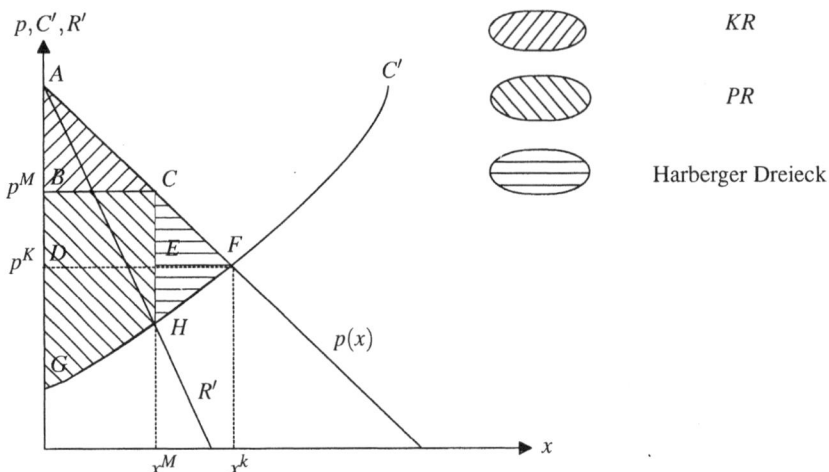

Abbildung 3.13. Veränderung der Gesamtrente im Monopol

Ökonomische Erläuterung:

Beim Übergang von der vollkommenen Konkurrenz zum Monopol wird durch Erhöhung des Preises ein Teil der Konsumentenrente in Produzentenrente umgewandelt (Fläche BCDE). Durch den Rückgang der gehandelten Menge gehen dagegen ein Teil der Konsumentenrente (CEF) sowie ein Teil der Produzentenrente (EFH) verloren.

3.3.4 Der preisdiskriminierende Monopolist

Bislang sind wir stets davon ausgegangen, dass ein Anbieter jede Einheit seines Produkts zum selben Preis verkauft. An diese Praxis ist ein Monopolist nicht unbedingt gebunden, wenn ein einheitlicher Preis nicht durch Gesetz vorgeschrieben ist und er den Weiterverkauf von Einheiten eines Gutes durch einen Abnehmer an andere Konsumenten verhindern kann. Dies ist z.B. der Fall

a) bei räumlich getrennten Märkten und hinreichend hohen Transportkosten,

b) bei der Abgabe von Dienstleistungen (Haarschnitt) an unterscheidbare Käufergruppen (Kinder versus Erwachsene) oder

c) wenn der Weiterverkauf vertraglich untersagt werden kann (wie es etwa bei Neuwagen, die exportiert wurden, üblich war).

Ist ein Weiterverkauf ausgeschlossen, so kann ein Monopolist den Abgabepreis des Gutes, das er verkauft, sogar in zweifacher Weise variieren:

1. in Abhängigkeit von der gekauften Menge („ Preisdiskrimierung zweiten Grades"),

2. in Abhängigkeit von der Identität des Käufers („ Preisdiskrimierung dritten Grades").

Wird beides gleichzeitig praktiziert, so spricht man von „ Preisdiskrimierung ersten Grades" oder „vollständiger Preisdiskrimierung".

Ad 1. Um Preisdiskriminierung zweiten Grades zu untersuchen, nehmen wir im Folgenden vereinfachend an, dass es nur einen Konsumenten gibt. Der Monopolist wird versuchen, einen möglichst großen Teil der Konsumentenrente in Produzentenrente umzuwandeln. Er kann die gesamte Konsumentenrente in Produzentenrente umwandeln:

a) durch ein einziges Angebot x^* zum Gesamtpreis $A + B$ (vgl. Abb. 3.14),

b) durch eine Aufspaltung des Tarifs in einen Preis je Einheit in Höhe der Grenzkosten c sowie einen mengenunabhängigen Bereitstellungspreis, der der Fläche zwischen der Zahlungsbereitschaftskurve und der Horizontalen $p = c$, also A entspricht (vgl. Abb. 3.14), oder

c) durch eine Staffel von Mengenrabatten, durch die im Idealfall erreicht wird, dass jede zusätzliche Einheit den Konsumenten genau so viel kostet, wie er zu zahlen bereit ist – die Staffel bildet also seine Zahlungsbereitschaftskurve genau ab.

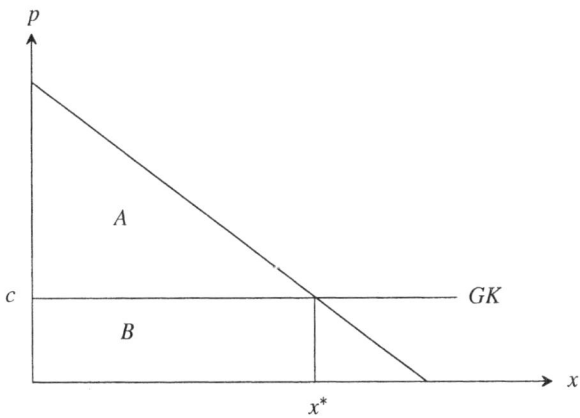

Abbildung 3.14. Konsumentenrente (A) und variable Kosten (B)

In allen drei Fällen unterscheidet sich das Marktergebnis von dem im Fall vollkommener Konkurrenz lediglich in der Aufteilung der Gesamtrente, da sich der Monopolist die gesamte Rente aneignet.

<u>Ad 2.</u> Wird allein **Preisdiskriminierung dritten Grades** durchgeführt, so werden verschiedenen Konsumenten unterschiedliche, aber von der gekauften Menge unabhängige Preise abverlangt. Das folgende Modell mit zwei Käufertypen (Teilmärkten) soll die optimale Preisstrategie des Monopolisten aufzeigen.

Die Preisabsatz- und Erlösfunktionen der beiden Teilmärkte seien durch

$$p_i = p_i(x_i) \qquad i = 1,2 \tag{3.53}$$
$$R_i(x_i) = p_i(x_i) \cdot x_i \quad i = 1,2 \tag{3.54}$$

beschrieben. Folglich lautet die Gewinngleichung des Monopolisten, falls er die Menge $x_1 + x_2$ produziert,

$$\pi(x_1, x_2) = R_1(x_1) + R_2(x_2) - C(x_1 + x_2) \tag{3.55}$$

mit den Maximumbedingungen

$$\frac{\partial \pi}{\partial x_1} = R_1'(x_1) - C'(x_1 + x_2) = 0 \tag{3.56}$$

$$\frac{\partial \pi}{\partial x_2} = R_2'(x_2) - C'(x_1 + x_2) = 0 \tag{3.57}$$

und daher

$$R_1'(x_1) = R_2'(x_2) = C'(x_1 + x_2), \tag{3.58}$$

mit anderen Worten, die **Grenzerlöse** müssen auf **beiden Teilmärkten identisch** sein und mit den Grenzkosten der Gesamtproduktion übereinstimmen. Gleichheit der Grenzerlöse impliziert jedoch keineswegs Gleichheit der **Preise** auf den beiden Teilmärkten, denn es gilt ja, wenn man η_i für $\eta_{x_i, p_i} (i = 1, 2)$ schreibt:

$$R_1'(x_1) = p_1 \left(1 + \frac{1}{\eta_1}\right) = p_2 \left(1 + \frac{1}{\eta_2}\right) = R_2'(x_2) \tag{3.59}$$

und somit

$$p_1 \lessgtr p_2 \text{ genau dann, wenn } \eta_1 \lessgtr \eta_2 \text{ oder } |\eta_1| \gtrless |\eta_2|. \tag{3.60}$$

Das Gleichgewicht hat die Eigenschaft, dass auf einem der beiden Teilmärkte die (absolute) Preiselastizität geringer und der Preis höher ist als auf dem anderen Teilmarkt. Dies kann daran liegen, dass der zuerst genannte Teilmarkt **überall** eine geringere Preiselastizität aufweist. Dessen Nachfrager werden dann durch einen höheren Preis „ausgebeutet". In der Regel ergeben sich jedoch sowohl Preis als auch Preiselastizität endogen.

Die Auswirkungen auf die Gesamtrente, verglichen mit Cournot-Preissetzung, hängen davon ab, wie sich die Absatzmenge ändert:

a) Falls der Gesamtabsatz gleich bleibt und lediglich anders auf die Konsumenten aufgeteilt wird, sinkt die Wohlfahrt. Graphisch kann man sich dies am besten am Fall einer linearen Nachfrage und konstanter Grenzkosten klarmachen, in

dem der Wohlfahrtverlust – verglichen mit dem Fall vollkommener Konkurrenz
– genau halb so groß ist wie der Gewinn des Monopolisten (vgl. Abb. 3.15).
Steigt durch die Preisdiskriminierung der Gewinn (und andernfalls würde sie
nicht praktiziert), so steigt mithin der Wohlfahrtsverlust. Die ökonomische In-
tuition liegt darin, dass sich im Gleichgewicht bei Preisdiskrimierung die Konsumenten in ihren marginalen Zahlungsbereitschaften unterscheiden und dass
die damit verbundenen potentiellen Handelsgewinne durch das Weiterverkaufs-
Verbot unrealisiert bleiben.

b) Diese Aussage gilt nicht mehr, wenn durch die Preisdiskriminierung neue Käufer
gewonnen werden, deren Reservationspreis unter dem Cournot-Monopolpreis
liegt, denn mit deren Konsum ist ein Zuwachs an Konsumenten- und Produzentenrente verbunden, so dass der Gesamteffekt auf die Wohlfahrt in diesem Falle
unbestimmt ist.

Durch **vollständige Preisdiskriminierung** wird die Konsumentenrente vollkommen
in Produzentenrente verwandelt und somit besteht ein Anreiz für den Monopolisten,
die Gesamtrente zu maximieren.

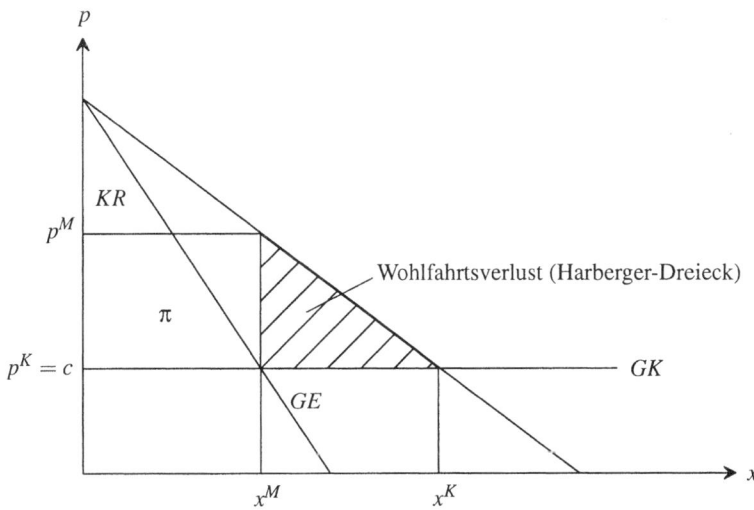

Abbildung 3.15. Größenrelation zwischen Gewinn und Wohlfahrsverlust

3.4 Theorien des Oligopols

Den bisher behandelten Fällen der vollkommenen Konkurrenz und des Monopols
war gemeinsam, dass das Verhalten eines Anbieters als isoliertes Maximierungs-

problem beschrieben werden konnte. Alle relevanten Marktdaten wie Absatzpreis oder Preisabsatzfunktion konnten als exogen gegeben vorausgesetzt werden; Rückwirkungen des eigenen Verhaltens auf diese Größen waren ausgeschlossen - unter vollkommener Konkurrenz dadurch, dass der betrachtete Anbieter in Relation zum Gesamtmarkt unbedeutend klein ist.

Dies ist im Oligopol grundlegend anders, denn hier liegt eine Interdependenz zwischen den Entscheidungen der einzelnen Anbieter vor: Das optimale Verhalten eines Oligopolisten hängt von den Aktionen seiner Konkurrenten ab und umgekehrt.

Da der Sachverhalt also wesentlich komplexer ist, kann es nicht verwundern, dass in der Vergangenheit mehrere konkurrierende Theorien darüber aufgestellt worden sind, wie Oligopolisten auf die Handlungen ihrer Konkurrenten reagieren.

Vier dieser Theorien sollen im Folgenden für den Fall zweier Anbieter, also das Dyopol, skizziert und gegenüber gestellt werden:

1) der Bertrand-Preiswettbewerb (Abschnitt 3.4.2),

2) der Cournot-Mengenwettbewerb (Abschnitt 3.4.3),

3) das Kartell (Abschnitt 3.4.4),

4) das Stackelberg-Modell (Abschnitt 3.4.5).

In jedem dieser Fälle wird davon ausgegangen, dass beide Anbieter ein homogenes Gut herstellen und dass auf Seiten der Konsumenten volle Markttransparenz herrscht. Ferner sei beiden Anbietern die Marktnachfragefunktion $x(p)$ bekannt.

3.4.1 Ein analytisches Werkzeug: Das Nash-Gleichgewicht

Bevor wir die einzelnen Modelle des Wettbewerbs im Oligopol diskutieren, wollen wir uns mit einem analytischen Werkzeug vertraut machen, das in jedem der Modelle eine Rolle spielen wird, dem „Nash-Gleichgewicht"[1] eines Spiels.

Ein „Spiel" ist eine formale Darstellung einer strategischen Interaktion zwischen mehreren Wirtschaftssubjekten. Es ist definiert durch eine Menge von Spielern ($j = 1, \ldots, n$), einen Strategieraum, der die möglichen Verhaltensweisen der einzelnen Spieler beschreibt, eine Zug-Reihenfolge und eine Vorschrift, die für jeden Spielausgang die Auszahlungen an die einzelnen Spieler beschreibt.

Jeder Spieler j verfügt über eine Menge zulässiger Strategien S_j, wobei eine einzelne Strategie mit $s_j \in S_j$ bezeichnet wird. Beim Schachspiel etwa wäre eine Strategie des Spielers mit den weißen Figuren eine vollständige Liste, die für jede denkbare Stellung der weißen und schwarzen Figuren auf dem Brett den nächsten Zug des „Weiß"-

---

[1]Benannt ist es nach seinem Entdecker, dem Mathematiker John Nash, der dieses Konzept im Jahr 1951 entwickelte und dafür 1994 – gemeinsam mit John Harsanyi und Reinhard Selten – den Ökonomie-Nobelpreis als Begründer der modernen Spieltheorie erhielt.

Spielers festlegt. Damit ist klar, dass ein Vektor von Strategien $s = (s_1, \ldots, s_n)$ gleichzeitig den Ausgang des Spiels bestimmt. Mit jedem Ausgang s wiederum ist bereits durch die Spielregeln ein Vektor von Auszahlungen $\pi(s) = (\pi_1(s), \ldots, \pi_n(s))$ an die einzelnen Spieler festgelegt.

Die Idee des Nash-Gleichgewichts ist die, dass jeder Spieler eine Strategie wählt, die auf eine gegebene Strategienwahl aller anderen Spieler seine „beste Antwort" darstellt, d.h. seine eigene Auszahlung maximiert. Um dies formal zu beschreiben, benutzen wir das Symbol s_{-j} für den (n-1)-Vektor $(s_1, \ldots, s_{j-1}, s_{j+1}, \ldots, s_n)$.

Definition Nash-Gleichgewicht:

Ein Nash-Gleichgewicht ist ein Vektor von Strategien $s = (s_1, \ldots, s_n)$ mit der Eigenschaft, dass für jeden Spieler $j \in \{1, \ldots, n\}$ gilt: Sei $s'_j \in S_j$ eine beliebige andere Strategie, so gilt

$$\pi_j(s_j, s_{-j}) \geqq \pi_j(s'_j, s_{-j}).$$

In einem Nash-Gleichgewicht lohnt es sich also für keinen Spieler, einseitig seine Strategie zu ändern, weil seine Auszahlung dadurch nicht größer werden kann. Ein Nash-Gleichgewicht ist also ein Vektor von Strategien, von denen jede Strategie die „beste Antwort" des jeweiligen Spielers auf die entsprechenden Strategien aller Mitspieler ist.

Im Folgenden wird das Konzept des Nash-Gleichgewichts auf den Dyopolfall angewendet, wobei unterschiedliche Dyopoltheorien durch unterschiedliche Spiele dargestellt werden können, die sich in erster Linie durch den Strategienraum unterscheiden. Dieser kann nämlich bestehen

a) in der Wahl des Verkaufs**preises**, oder

b) in der Wahl der Absatz**menge**.

3.4.2 Bertrand-Preiswettbewerb

Der Einfachheit halber unterstellen wir im Folgenden, dass

1. beide Firmen mit konstanten Grenzkosten $C'_j(x_j) = c_j$ produzieren und dass

2. beide Firmen die gleiche Kostenfunktion besitzen (homogenes Dyopol), so dass $c_1 = c_2 = c$ gilt.

Jeder Anbieter j setze unabhängig von seinem Konkurrenten seinen Preis p_j fest, d.h. beide handeln gleichzeitig. Da die Kunden vollkommene Markttransparenz haben, kaufen sie nur bei dem Anbieter mit dem niedrigeren Preis. Bei gleich hohen Preisen teilen sie sich hälftig auf die beiden Anbieter auf. Formal gilt also für die Verkäufe der Firma 1 (und analog für Firma 2):

$$x_1(p_1, p_2) = \begin{cases} x(p_1) & \text{falls } p_1 < p_2 \\ \frac{1}{2}x(p_1) & \text{falls } p_1 = p_2 \\ 0 & \text{sonst} \end{cases}$$

Ferner sei Geld als beliebig teilbar angenommen.

Es gilt dann der folgende Satz:

Satz 3.1

Der Bertrand-Preiswettbewerb im homogenen Dyopol mit konstanten Grenzkosten c hat nur ein Nash-Gleichgewicht, nämlich $p_1 = p_2 = c$ und $x_1 = x_2 = \frac{1}{2}x(c)$.

Beweis:

Wegen der Unstetigkeit der Nachfragefunktion können wir im Folgenden die Differentialrechnung nicht anwenden.

Zunächst beweisen wir, dass die genannte Situation ein Nash-Gleichgewicht darstellt, und anschließend, dass dies das einzige Nash-Gleichgewicht ist.

a) Sei $p_1 = p_2 = c$, so müssen wir zeigen, dass keine Firma cet. par. durch Setzen eines anderen Preises ihren Gewinn erhöhen kann. Ohne Einschränkung der Allgemeinheit betrachten wir nur Firma 1 und halten $p_2 = c$ konstant. Der Gewinn für Firma 1 beträgt dann

$$\pi_1(c, c) = \frac{1}{2}x(c) \cdot (c - c) = 0$$

Würde Firma 1 ihren Preis auf $p_1 > c$ erhöhen, so fiele die Nachfrage nach ihren Produkten auf null, und ihr Gewinn wäre ebenfalls null, so dass keine Verbesserung resultiert. Eine geringfügige Senkung des Preises auf $c - \varepsilon$, ($\varepsilon > 0$), dagegen bedeutet, dass Firma 1 die gesamte Nachfrage auf sich zieht, und für den Gewinn ergibt sich

$$\pi_1(c - \varepsilon, c)) = (c - \varepsilon - c) \cdot x(c - \varepsilon) = -\varepsilon \cdot x(c - \varepsilon) < 0,$$

was sogar eine Verschlechterung gegenüber $p_1 = c$ bedeutet. Somit ist bewiesen, dass ($p_1 = c, p_2 = c$) ein Nash-Gleichgewicht darstellt.

b) Um zu zeigen, dass keine andere Preiskombination ein Nash-Gleichgewicht bildet, genügt es, die beiden folgenden Situationen zu betrachten:

1. $p_1 = p_2 = p^* > c$ und
2. $p_1 > p_2 \geq c$

Die erste kann kein Nash-Gleichgewicht sein, da der Gewinn jeder Firma

$$\pi_j = \frac{1}{2} \cdot (p^* - c) \cdot x(p^*) \quad (j = 1, 2)$$

beträgt, während Firma 1 cet. par. durch Setzung von $p_1 = p^* - \varepsilon$ einen Gewinn von

$$\pi_1' = (p^* - \varepsilon - c) \cdot x(p^* - \varepsilon)$$

erzielen könnte, der für hinreichend kleines ε größer wäre als π_1 (vgl. Abb. 3.16).

Die zweite Situation ($p_1 > p_2 \geq c$) kann auch kein Nash-Gleichgewicht sein, da Firma 2 durch Anhebung ihres Preises entweder auf $p_1 - \varepsilon$ oder auf den Monopolpreis p^M (d.h. auf den kleineren dieser beiden Werte) ihren Gewinn noch steigern kann, denn es gilt

$$\pi(p_1 - \varepsilon) = (p_1 - \varepsilon - c) \cdot x(p_1 - \varepsilon) > (p_2 - c) \cdot x(p_2),$$

solange $p_1 - \varepsilon$ kleiner ist als der Monopolpreis.   □

Das überraschende Ergebnis des Bertrand-Preiswettbewerbs ist also, dass der Gleichgewichtspreis den Grenzkosten entspricht, obwohl es nur zwei Anbieter gibt. Entscheidend für das Ergebnis ist die Verhaltensannahme, dass jeder Anbieter bereit ist, zum von ihm genannten Preis eine beliebige Menge zu liefern. Bei nur zwei Anbietern bietet sich demgegenüber die Überlegung an, dass jeder der beiden durch Verknappung seiner Angebotsmenge eine Steigerung des Marktpreises bewirken kann. Diese Einsicht bildet die Grundlage für den im Folgenden dargestellten Cournot-Mengenwettbewerb.

3.4.3 Cournot-Mengenwettbewerb

Der Wettbewerb zwischen den beiden Anbietern wird wiederum als Spiel dargestellt, wobei der Strategieraum in diesem Fall durch die möglichen Absatzmengen definiert ist.

Seien x_1 und x_2 die Angebotsmengen der beiden Dyopolisten für das homogene Gut, dann lässt sich aus der Marktnachfragefunktion

$$x = x(p) \tag{3.61}$$

durch Umkehrung der Preis ermitteln, zu dem gerade das Gesamtangebot

$$x = x_1 + x_2$$

von der Nachfrage absorbiert wird:

$$p = p(x) = p(x_1 + x_2). \tag{3.62}$$

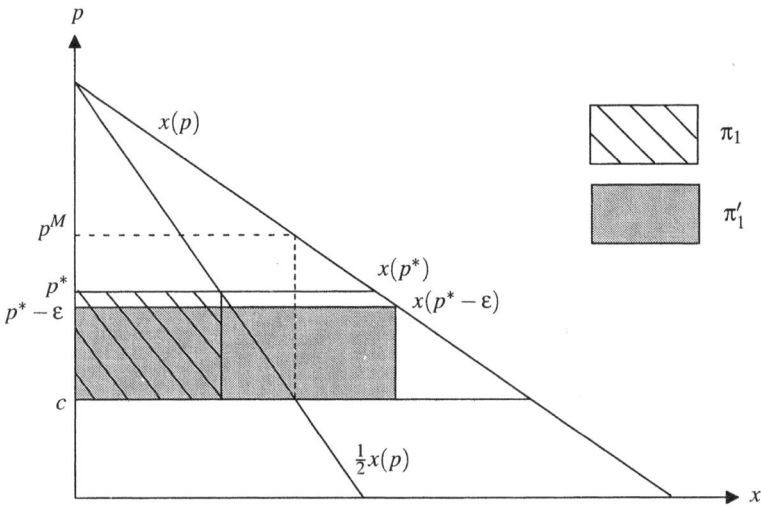

Abbildung 3.16. Gewinnsteigerung durch Preissenkung

In diesem Modell wird unterstellt, dass die beiden Dyopolisten gleichzeitig, aber ohne Absprache ihre Angebotsmengen wählen und dabei den jeweils markträumenden Preis berechnen können, da sie die Preisabsatzfunktion (3.62) kennen. Für die Gewinne der beiden Anbieter ergibt sich

$$\pi_i = R_i(x_1, x_2) - C_i(x_i) = p(x_1 + x_2) \cdot x_i - C_i(x_i), \quad i = 1, 2 \qquad (3.63)$$

da die Produktionskosten natürlich nur von der eigenen Ausbringungsmenge abhängen.

Die Cournot-Lösung ist ein Nash-Gleichgewicht in diesem Mengenwahl-Spiel, d.h. sie unterstellt, dass jeder Anbieter i die Mengenentscheidung seines Konkurrenten als unbeeinflussbar hinnimmt, seine Gewinnfunktion (3.63) also durch geeignete Wahl von x_i bei gegebenem Wert von x_j ($j \neq i$) maximiert. Die notwendige Bedingung 1. Ordnung lautet analog zu (3.9):

$$\frac{\partial \pi_i}{\partial x_i} = \frac{\partial R_i(x_1, x_2)}{\partial x_i} - C_i'(x_i) = 0, \quad i = 1, 2 \qquad (3.64)$$

der Grenzerlös muss jeweils den Grenzkosten entsprechen.

Setzt man etwa aus der Sicht des ersten Anbieters $x_2 = \bar{x}_2$ als gegeben voraus, so lässt sich aus der Gleichung

$$\frac{\partial R_1(x_1, \bar{x}_2)}{\partial x_1} = p(x_1 + \bar{x}_2) + x_1 \cdot \frac{dp(x_1 + \bar{x}_2)}{d(x_1 + \bar{x}_2)} = C_1'(x_1) \qquad (3.65)$$

die gewinnmaximale Angebotsmenge x_1 bestimmen. Da sich für unterschiedliche Werte von $\bar{x}_2$ unterschiedliche Gewinnmaxima ergeben, kann man daraus eine Reaktionsfunktion konstruieren:

$$x_1 = \Psi_1(x_2), \tag{3.66}$$

die die beste Antwort des Anbieters 1 auf die Mengenwahl des Anbieters 2 beschreibt.

Analog dazu erhält man für den zweiten Anbieter unter der Annahme eines gegebenen Wertes von $x_1 = \bar{x}_1$ die Maximierungsbedingung 1. Ordnung

$$\frac{\partial R_2(\bar{x}_1, x_2)}{\partial x_2} = p(\bar{x}_1 + x_2) + x_2 \cdot \frac{dp(\bar{x}_1 + x_2)}{d(\bar{x}_1 + x_2)} = C_2'(x_2), \tag{3.67}$$

aus der bei verschiedenen Werten von x_1 die zu (3.66) analoge Reaktionsfunktion

$$x_2 = \Psi_2(x_1) \tag{3.68}$$

ableitbar ist. Ein Nash-Gleichgewicht auf dem Dyopolmarkt ergibt sich, wenn die gegenseitigen Vermutungen über die Absatzmenge des anderen gerade beide bestätigt werden, d.h. wenn für eine Mengenkombination (x_1^*, x_2^*) gilt:

$$x_1^* = \Psi_1(x_2^*) \quad \text{und} \quad x_2^* = \Psi_2(x_1^*), \tag{3.69}$$

im (x_1, x_2)-Diagramm also im Schnittpunkt der beiden Reaktionsfunktionen. Der dazugehörige Marktpreis ergibt sich aus

$$p^* = p(x_1^* + x_2^*). \tag{3.70}$$

Die Cournot-Lösung beruht auf der Annahme, dass beide Anbieter ihre Mengenentscheidung **gleichzeitig** treffen und verwirklichen. Gibt es dagegen einen „Marktführer", der zuerst agiert, bevor alle anderen nachziehen, so liegt Stackelberg-Wettbewerb vor, der in Abschnitt (3.4.5) diskutiert wird.

Beispiel:

Die Nachfragefunktion und die Kostenfunktionen seien gegeben durch

$$p = a - b \cdot x = a - b \cdot (x_1 + x_2) \tag{3.71}$$
$$C_1 = c_1 \cdot x_1 \tag{3.72}$$
$$C_2 = c_2 \cdot x_2 \tag{3.73}$$

mit $c_1 \leq c_2 < a$.
Daher folgt für das Verhalten des 1. Anbieters in der Cournot-Lösung aus (3.65)

$$a - b \cdot (x_1 + \bar{x}_2) - b \cdot x_1 = c_1 \tag{3.74}$$

bzw.

$$x_1 = \frac{a - c_1}{2b} - \frac{1}{2}x_2 \tag{3.75}$$

Beispiel (Fortsetzung):

Für das Verhalten des 2. Anbieters folgt aus (3.67)

$$x_2 = \frac{a - c_2}{2b} - \frac{1}{2}x_1.$$ (3.76)

(3.75) und (3.76) sind die beiden Reaktionsfunktionen. Ihr Schnittpunkt ergibt die Lösung (mit dem Superskript C für Cournot-Lösung):

$$x_1^C = \frac{1}{3b} \cdot (a - 2c_1 + c_2), \quad x_2^C = \frac{1}{3b} \cdot (a - 2c_2 + c_1), \quad x^C = \frac{1}{3b} \cdot (2a - c_1 - c_2)$$

und

$$p^C = \frac{a + c_1 + c_2}{3},$$ (3.77)

und die Gewinne sind:

$$\pi_1^C = \frac{1}{9b} \cdot (a + c_2 - 2c_1)^2 \quad \text{und} \quad \pi_2^C = \frac{1}{9b} \cdot (a + c_1 - 2c_2)^2.$$

3.4.4 Gemeinsame Gewinnmaximierung im Kartell

Zuvor wenden wir uns einer weiteren Lösung zu, die im Falle nur zweier Anbieter besonders plausibel ist, nämlich der Kartellbildung, die unter bestimmten Voraussetzungen für beide vorteilhafter ist als das Verhalten im Rahmen der Cournot-Lösung.

Ein Kartell bedeutet die gegenseitige Abstimmung des Verhaltens zwischen zwei (oder mehreren) Anbietern zum Zwecke der Maximierung des Gesamtgewinns

$$\pi = \pi_1 + \pi_2 = (x_1 + x_2) \cdot p(x_1 + x_2) - C_1(x_1) - C_2(x_2).$$ (3.78)

Die notwendigen Bedingungen 1. Ordnung für dieses Maximierungsproblem mit zwei Aktionsparametern x_1 und x_2 für ein inneres Maximum (mit $x_1, x_2 > 0$) lauten:

$$\frac{\partial \pi}{\partial x_1} = p(x_1 + x_2) + (x_1 + x_2) \cdot \frac{dp(x_1 + x_2)}{d(x_1 + x_2)} - C_1'(x_1) = 0$$ (3.79)

$$\frac{\partial \pi}{\partial x_2} = p(x_1 + x_2) + (x_1 + x_2) \cdot \frac{dp(x_1 + x_2)}{d(x_1 + x_2)} - C_2'(x_2) = 0$$ (3.80)

im Gewinnmaximum entsprechen also die Grenzkosten jedes Betriebs dem gemeinsamen Grenzerlös und sind somit untereinander gleich. (3.79) ist ein System aus zwei Gleichungen, mit denen die optimalen Werte x_1^K und x_2^K bestimmt werden können.

Die Vorteile der Kartellbildung für die Dyopolisten gegenüber der Cournot-Lösung erkennt man an dem obigen Beispiel:

Beispiel (Fortsetzung):

Im Kartell produziert wegen $c_1 \leq c_2$ nur die 1. Firma, und die Höhe ihres Outputs kann an ihrer Reaktionsfunktion für $x_2 = 0$ abgelesen werden. Diese gibt nämlich gerade die gewinnmaximale Outputmenge x_1 unter der Voraussetzung an, dass die zweite Firma nichts produziert:

$$x_1^K = \frac{1}{2b} \cdot (a - c_1), \quad p^K = \frac{1}{2}(a + c_1) \tag{3.81}$$

$$\pi_1^K = \pi^K = \frac{1}{4b} \cdot (a - c_1)^2, \quad \pi_2^K = 0. \tag{3.82}$$

mit dem Superskript K für Kartell-Lösung. Vergleicht man die Preise im Kartell und im Cournot-Gleichgewicht, so ergibt sich:

$$p^K - p^C = \frac{1}{6}(a - 2c_2 + c_1)$$

Dieser Ausdruck ist immer positiv, wenn beide Dyopolisten im Cournot-Gleichgewicht produzieren. Im Kartell wird also eine geringere Gesamtmenge zu einem höheren Preis abgesetzt als bei Mengenwettbewerb. Der gemeinsame Gewinn ist im Kartell ebenfalls höher als die Summe der Gewinne bei Cournot-Verhalten. Daher lohnt sich also die Kartellbildung. Allerdings erfährt der „kleinere" Anbieter 2 in diesem Beispiel infolge seiner Produktionseinstellung eine Schmälerung seines Gewinns auf 0. Das Kartell kann also nur dann stabil bleiben, wenn er vom 1. Anbieter einen **Gewinnausgleich** erhält.

3.4.5 Die Stackelberg-Lösung

Wie wir oben gesehen haben, beruht die Theorie von Cournot auf der Annahme, dass die Anbieter ihre Mengenentscheidungen gleichzeitig treffen.

Auf vielen Oligopolmärkten existiert jedoch ein anerkannter „Marktführer", nach dem sich die Wettbewerber richten, d.h. der Marktführer trifft seine Mengenentscheidung **zuerst**. Ein solches asymmetrisches Oligopol wird in der Theorie des deutschen Nationalökonomen Heinrich von Stackelberg (1905 - 1946) betrachtet: Dabei kennt der Marktführer die Reaktionsfunktion des abhängigen Konkurrenten und maximiert seinen Gewinn, der bei gegebener Reaktionsfunktion jetzt nur noch von seinem eigenen Verhalten abhängt.

Ist etwa Anbieter 1 der Marktführer, so lässt sich die Reaktionsfunktion von Anbieter 2, (3.68), in sein Gewinnmaximierungskalkül einsetzen. Er maximiert dann

$$\pi_1(x_1) = p(x_1 + \Psi_2(x_1)) \cdot x_1 - C_1(x_1). \tag{3.83}$$

Die Bedingung 1. Ordnung lautet

$$\frac{\partial \pi_1}{\partial x_1} = p(x_1 + \Psi_2(x_1)) + x_1 \cdot \frac{dp}{dx}\left(1 + \frac{d\Psi_2}{dx_1}\right) - C_1'(x_1) = 0. \tag{3.84}$$

Beispiel (Fortsetzung):

Durch Einsetzen von (3.71) und (3.76) in (3.84) ergibt sich für unser Beispiel (mit dem Superskript S_1 für Stackelberg-Lösung mit Anbieter 1 als Marktführer):

$$a - b \cdot \left(\frac{1}{2} x_1 + \frac{a - c_2}{2b} \right) - \frac{1}{2} b x_1 - c_1 = 0$$

$$x_1^{S_1} = \frac{1}{2b} \cdot (a + c_2 - 2c_1), \quad x_2^{S_1} = \frac{1}{4b} \cdot (a + 2c_1 - 3c_2),$$

$$p^{S_1} = \frac{1}{4} \cdot (a + 2c_1 + c_2), \tag{3.85}$$

$$\pi_1^{S_1} = \frac{1}{8b} \cdot (a + c_2 - 2c_1)^2, \quad \pi_2^{S_1} = \frac{1}{16b} \cdot (a + 2c_1 - 3c_2)^2.$$

Ist umgekehrt Anbieter 2 der Marktführer, so maximiert er

$$\pi_2(x_2) = p(x_2 + \Psi_1(x_2)) \cdot x_2 - C_2(x_2) \tag{3.86}$$

mit Ψ_1 aus (3.66). Die Bedingung 1. Ordnung lautet:

$$\frac{\partial \pi_2}{\partial x_2} = p(\Psi_1(x_2) + x_2) + x_2 \cdot \frac{dp}{dx} \left(\frac{d\Psi_1}{dx_2} + 1 \right) - C_2'(x_2) = 0 \tag{3.87}$$

Durch Einsetzen von (3.71) und (3.75) in (3.86) erhält man

$$x^{S_2} = \frac{1}{2b} \cdot (a + c_1 - 2c_2), \quad x_1^{S_2} = \frac{1}{4b} \cdot (a + 2c_2 - 3c_1),$$

$$p^{S_2} = \frac{1}{4} \cdot (a + 2c_2 + c_1), \tag{3.88}$$

$$\pi_2^{S_2} = \frac{1}{8b} \cdot (a + c_1 - 2c_2)^2, \quad \pi_1^{S_2} = \frac{1}{16b} \cdot (a + 2c_2 - 3c_1)^2.$$

Tabelle 3.1 fasst die Ergebnisse für alle fünf behandelten Oligopol-Lösungen für das betrachtete Beispiel mit den speziellen Zahlenwerten $a = 70, b = 1, c_1 = 20, c_2 = 30$ zusammen. Vergleicht man die Gewinne in den beiden Stackelberg-Lösungen nach (3.85) und (3.88) miteinander, so fällt auf, dass jeder der beiden Dyopolisten in dem Fall seinen größten Gewinn erzielt, in dem er selbst der Marktführer ist.

Die Schwäche sowohl der Cournot- als auch der Stackelberg-Theorie besteht darin, dass sie nicht erklären können, wie es zu der Rollenverteilung in unabhängige

Tabelle 3.1. Gewinne in 5 Oligopol-Lösungen im Vergleich

	x_1	x_2	p	π_1	π_2	π
Kartell	25	0	45	625	0	625
Stackelberg 1	30	5	35	450	25	475
Cournot	20	10	40	400	100	500
Stackelberg 2	17,5	15	37,5	306,25	112,5	418,75
Bertrand	40	0	30	400	0	400

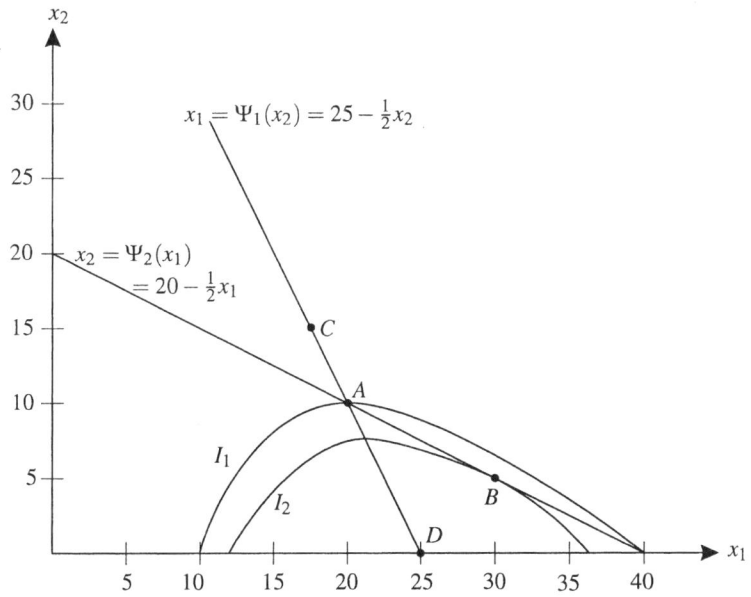

Abbildung 3.17. Cournot- und Stackelberglösung im Dyopol

(Stackelberg-Führer) und abhängige Akteure (Stackelberg-Nachfolger oder Cournot-Spieler) kommt. Denn für jeden Einzelnen ist es attraktiver, unabhängig als abhängig zu sein.

Im (x_1,x_2)-Diagramm der Abb. 3.17 sind alle vier bisher abgeleiteten Lösungen dargestellt. Gleichzeitig ist aus der Abbildung abzulesen, wie das Gewinnmaximum des 1. Anbieters bei der Cournot-Lösung und bei der Stackelberg-Lösung graphisch bestimmt wird. Eingezeichnet sind nämlich zwei seiner Isogewinn-Kurven, I_1 und I_2, wobei die tiefere Kurve (geringere Angebotsmenge x_2 des Konkurrenten) das höhere Gewinnniveau symbolisiert.

Die Kurve I_1 ist im Punkt A tangential an die Beschränkungsgerade einer festen Menge $x_2 = 10$, sie führt also zur Cournot-Lösung A. (Im übrigen hat jede Isogewinnkurve ihren stationären Punkt dort, wo sie die eigene Reaktionskurve Ψ_1 schneidet:

diese ist so definiert!). Die Kurve I_2 ist tangential an die Reaktionskurve des 2. Anbieters im Punkt B, dieser Punkt spiegelt also das Optimalverhalten des 1. Anbieters als Marktführer (Stackelberg-Lösung aus (3.85)) wider, der die Mengenkombination (x_1, x_2) auf der Reaktionskurve des Konkurrenten $x_2 = \Psi_2(x_1)$ frei wählen kann. Man erkennt, dass sein Gewinn im Punkt B, wo er als Stackelberg-Führer agiert, höher ist als im Cournot-Gleichgewicht A.

Analoge Beziehungen können für den 2. Anbieter aus seinen (hier nicht eingezeichneten) Isogewinnkurven abgeleitet werden. Ist er der Stackelberg-Führer, so wird Punkt C erreicht.

Schließlich bezeichnet Punkt D die Kartell-Lösung, in der nur Anbieter 1 produziert.

3.5 Übungsaufgaben

3.1. Nehmen Sie an, die Technologie einer Einproduktunternehmung sei durch folgende Produktionsfunktion gekennzeichnet:

$$F(K,L) = K^{1/2} \cdot L^{1/2}.$$

Auf den Produkt- und Faktormärkten herrsche vollkommene Konkurrenz. Die hier betrachtete Unternehmung hat also keinen Einfluss auf den Produktpreis p und die Faktorpreise r und w. K sei kurzfristig unveränderlich vorgegeben.

a) Führen Sie folgende zweistufige Optimierung durch:

1. Bestimmen Sie zunächst die Kostenfunktion. Leiten Sie dabei auch die bedingte Arbeitsnachfragefunktion ab.

2. Stellen Sie den Gewinn dieser Unternehmung als Funktion der Outputmenge dar. Wie lautet die Bedingung für gewinnmaximale Produktionsmenge?

   Überprüfen Sie auch die Maximumbedingung 2. Ordnung.

   Bestimmen Sie auf Grundlage dieses Ansatzes die kurzfristige Angebotsfunktion der Unternehmung sowie die kurzfristige unbedingte Arbeitsnachfragefunktion. Wie weit darf der Preis p sinken, ohne dass diese Unternehmung die Produktion einstellt?

b) Führen Sie nun ein einstufiges Optimierungsverfahren durch, indem Sie die Lösung für folgendes Problem ermitteln:

$$\max_{L} \pi(\bar{K}, L, p, r, w) = pF(\bar{K}, L) - wL - r\bar{K}$$

Bestimmen Sie erneut die kurzfristige unbedingte Arbeitsnachfragefunktion sowie die kurzfristige Angebotsfunktion der Unternehmung. Prüfen Sie, ob die Maximumbedingung 2. Ordnung erfüllt ist.

c) Vergleichen Sie die Vorgehensweise und die Ergebnisse von Aufgabenteil a) und b).

3.2. Auf allen Produkt- und Faktormärkten bestehe vollkommene Konkurrenz. p, w und r seien gegeben.

a) Bestimmen Sie die langfristige Angebotsfunktion und die langfristigen Faktornachfragefunktionen einer gewinnmaximierenden Unternehmung mit der Produktionsfunktion

$$x = K^{1/3} \cdot L^{1/3}.$$

Untersuchen Sie ferner die abgeleiteten Funktionen auf Homogenität in den Preisen.

b) Überprüfen Sie, ob die Bedingung 2. Ordnung für ein Gewinnmaximum erfüllt ist.

c) Bestimmen Sie folgende Elastizitäten für die in a) abgeleiteten Funktionen

1. Eigenpreiselastizität der Faktornachfrage,

2. Kreuzpreiselastizität der Faktornachfrage,

3. Preiselastizität des Produktangebots.

d) Ermitteln Sie die Gewinnfunktion der Unternehmung.

e) Zeigen Sie, dass die langfristigen Angebots- und Nachfragefunktionen auch mit Hilfe des Envelope-Theorems bestimmt werden können.

3.3. Ein Fuhrunternehmer biete zwei Arten von Leistungen an, Biertransporte (x_1) und Krankentransporte (x_2). Als einzigen Input verwende er Kutschpferde, die keine Kosten verursachen, aber lediglich in begrenzter Anzahl ($\overline{K} = 10$) zur Verfügung stehen. Die Produktionstechnik sei durch die Beziehungen

$$x_1 = \ln K_1 \quad \text{und} \quad x_2 = 2 \ln K_2$$

beschrieben, wobei K_j die Anzahl der für Leistung eingesetzten Kutschpferde bezeichnet ($j = 1, 2$). Die Marktpreise für die Leistungen betragen $p_1 = 20$ und $p_2 = 15$.

a) Ermitteln Sie die gewinnmaximierende Aufteilung der Pferde auf die beiden Leistungen. (Drücken Sie diese zunächst allgemein als Funktion der exogenen Größen p_1, p_2 und $\overline{K}$ aus, bevor sie die numerischen Werte ermitteln!)

b) Der Unternehmer könne auf einer Versteigerung ein weiteres Pferd erwerben. Bis zu welchem Preis soll er mitbieten?

1. Beantworten Sie diese Frage ohne Verwendung des Envelope-Theorems.

2. Berechnen Sie die (marginale) Zahlungsbereitschaft mit Hilfe des Envelope-Theorems.

3. Interpretieren Sie den Unterschied in den Ergebnissen zwischen 1. und 2.

3.4. a) Was versteht man in der Wirtschaftstheorie unter einem Monopolisten? Welche Beziehung besteht hier zwischen der Preisabsatzfunktion und der Marktnachfragefunktion?

b) Stellen Sie analytisch dar, in welcher Form der Grenzerlös eines Monopolisten durch die Preiselastizität der Marktnachfrage beeinflußt wird.

c) Ein Monopolist sehe sich der folgenden linearen Marktnachfragefunktion gegenüber:

$$x = 8 - 1/2p.$$

Seine Kostenfunktion laute $C(x) = 8x$.

Bestimmen Sie die gewinnmaximale Produktionsmenge und den gewinnmaximalen Preis dieses Monopolisten! Illustrieren Sie Ihr Ergebnis in einer Graphik.

d) Warum bietet der Monopolist eine kleinere Menge an als ein Anbieter, der sich als Mengenanpasser verhält und der die gleiche Kostenfunktion wie der Monopolist hat?

e) Nehmen Sie nun an, der Markt bestehe aus einem einzigen Konsumenten. Zeigen Sie, dass der Monopolist durch einen zweistufigen Tarif $T = B + vx$ vollkommene Preisdiskriminierung betreiben kann. Berechnen Sie die gewinnmaximierenden Werte für den Bereitstellungspreis B und den Leistungspreis v.

3.5. Ein Angebotsmonopolist sei in der Lage, zwei gegeneinander isolierte Gruppen von Nachfragern seines Produktes mit Teil-Nachfragefunktionen

$$p_1 = 20 - 2x_1 \quad \text{und}$$
$$p_2 = 16 - 2x_2$$

zu beliefern. Die Kostenfunktion des Monopolisten sei $C(x) = 4x + 30$ mit $x = x_1 + x_2$.

a) Bestimmen Sie die Daten des Gewinnmaximums (Preise, Mengen, Konsumenten- und Produzentenrente, Gesamtrente) bei Anwendung von Preisdiskriminierung 3. Grades.

b) Nehmen Sie nun an, dass Preisdiskriminierung verboten wird und bestimmen Sie die Daten des Gewinnmaximums in diesem Fall.

c) Vergleichen Sie Ihre Ergebnisse aus a) und b). Wer gewinnt und wer verliert als Folge des Preisdiskriminierungsverbots? Wie ändert sich die Gesamtrente?

3.6. a) Worin besteht die besondere, zusätzliche Problematik der Analyse von Oligopolmärkten sowohl im Vergleich zur vollkommenen Konkurrenz als auch zum Monopol?

b) In einem Duopol haben die Anbieter die Kostenfunktionen $C_1 = 30x_1$ und $C_2 = 20x_2$. Die Marktnachfragefunktion lautet $x = 70 - p$.

   1. Bestimmen Sie Mengen und Preise in einem Cournot-Gleichgewicht und in einem Kartell.

   2. Inwiefern ist ein Kartell „instabil"?

   3. Welchen Sinn könnte es wirtschaftspolitisch haben, Ausgleichszahlungen zwischen Anbietern des selben Produktes zu verhindern?

   4. Angenommen, der Anbieter 2 sei zunächst Monopolist auf dem Markt. Beschreiben Sie den zeitlichen Anpassungsprozeß der jeweiligen Angebotsmengen, wenn nun Anbieter 1 in den Markt eintritt und wenn die Verhaltensannahmen des Cournot-Modells gelten.

   5. Welche Lösung ergibt sich, wenn jeder Anbieter korrekte Erwartungen bezüglich der Mengenentscheidung seines Konkurrenten hat?

c) Welches Gleichgewicht ergibt sich in diesem Beispiel bei Bertrand-Preiswettbewerb, wenn die Geldeinheiten nicht weiter teilbar sind?

Theorie des Konsumenten

4.1 Grundbausteine einer Theorie des Konsumentenverhaltens

In der Theorie der Unternehmung konnten wir zeigen, wie das Marktverhalten einer Unternehmung erklärt wird und wie ihre Faktornachfrage- und Güterangebotsfunktionen abgeleitet werden. Mit der Theorie des Konsumenten soll nun gezeigt werden, wie die Nachfragefunktionen von Haushalten nach Konsumgütern sowie – in einem späteren Abschnitt des Kapitels – ihre Angebotsfunktionen für Faktoren (Arbeit) ermittelt werden können.

Die Vorgehensweise wird in weiten Teilen analog sein; daher lohnt es sich, einige Grundstrukturen aus der Theorie der Unternehmung herauszuarbeiten, die so oder in leicht abgewandelter Form auch in der Theorie des Konsumenten auftreten werden:

a) **Mehrdimensionale Auswahlproblematik:**

Während in einer Angebotsfunktion bzw. Nachfragefunktion die Pläne einer Firma bzw. eines Konsumenten bezüglich **eines** Gutes zusammengefasst sind, ist das zugrundeliegende Entscheidungsproblem jeweils mehrdimensional: Der Manager einer Firma muss sowohl die Produktmenge als auch die Mengen der verschiedenen Produktionsfaktoren festlegen. In Kapitel 2 sprachen wir daher von Produktions**vektoren**, in denen alle diese Mengen gleichzeitig angegeben sind.

Völlig analog dazu ist ein Konsument mit sehr vielen verschiedenen Gütern konfrontiert, und er muss jeweils entscheiden, welche Mengen von diesen Gütern er – im Laufe einer Zeitperiode, z.B. eines Monats – verbraucht. Ähnlich wie ein Produktionsvektor gibt nun ein Konsumgütervektor für **jedes** dieser verschiedenen Güter eine Menge an. Ein Konsumgütervektor – auch „Güterbündel", „Sortiment" oder „Warenkorb" genannt – besteht also aus vielen tausend Zahlen. Sei k die Anzahl der verschiedenen Güter, so kann dieser Vektor x durch die Werte der k Variablen $x_1, x_2, ..., x_k$ beschrieben werden.

Indem ein Konsument seine Kaufentscheidungen trifft, legt er für jede dieser vielen tausend Variablen x_h $(h = 1, ..., k)$ die Werte fest, die seinen Konsum ausdrücken. Er tut dies bewusst oder auch unbewusst, denn viele Güter, die er während der betrachteten Periode **nicht** konsumiert $(x_h = 0)$, wird er vielleicht gar nicht kennen oder zumindest nicht ausdrücklich an sie denken, bevor er sich gegen einen Kauf entscheidet (Beispiel: Rolls Royce-Limousinen, vergoldete Wasserhähne, Eintrittskarten für „Titanic II" oder für das nächste Heimspiel des VfB Stuttgart).

b) **Die Rolle ökonomischer Größen:**

Angebot und Nachfrage einer Unternehmung hängen in entscheidendem Maße von ökonomischen Größen im engeren Sinne ab, nämlich von Preisen für Produkte und Produktionsfaktoren: Bei gegebener Technologie wird sowohl die Kosten- als auch die Erlösfunktion von den Preisen determiniert und somit auch die Lage des Gewinnmaximums.

Wichtige ökonomische Größen für einen Haushalt sind zum einen die Preise der einzelnen Konsumgüter, zum anderen sein Einkommen. (Wir betrachten hier zunächst einen Haushalt mit exogenem Geldeinkommen, Rente bzw. Stipendium, das nicht von seinen eigenen Entscheidungen, etwa seinem Arbeitsangebot abhängt.) Beide gemeinsam determinieren seine Konsummöglichkeiten. Sind die Preise der oben erwähnten n Güter durch den Vektor $p = (p_1, ..., p_n)$ gegeben, so wird der **Wert** des Warenkorbs x durch das Skalarprodukt

$$p \cdot x = \sum_{h=1}^{k} p_h x_h = p_1 x_1 + p_2 x_2 + ... + p_k x_k \qquad (4.1)$$

gegeben. Ist andererseits M das verfügbare Einkommen des Konsumenten, das er im Laufe der betrachteten Zeitperiode ausgeben kann (sein „Budget"), so zählt ein Warenkorb x nur dann zu seinen zulässigen Konsummöglichkeiten (seiner „Budgetmenge"), falls der Wert $p \cdot x$ das Budget M nicht übersteigt.

c) **Die Rolle außerökonomischer Information:**

Ein Grundelement der Theorie der Unternehmung konnte nicht innerhalb der ökonomischen Analyse erklärt werden, sondern musste als außerökonomische Gegebenheit hingenommen werden: Das ist die **Technologie**, ausgedrückt etwa durch die Menge aller zulässigen Produktionsprozesse oder durch die Produktionsfunktion. (Ihre Erklärung obliegt den Natur- und Ingenieurwissenschaftlern und ist nicht Gegenstand der ökonomischen Theorie selbst). Eine analoge Rolle spielen in der Theorie des Konsumenten die individuellen Wertschätzungen des Konsumenten, d.h. sein persönlicher Geschmack, seine Präferenzen. Diese werden nicht innerhalb der ökonomischen Theorie erklärt – sie können z.B. Gegenstand der Psychologie, der Biologie oder der Ernährungswissenschaft sein –, sondern als gegeben hingenommen. Sie drücken sich in Form einer relativen Bewertung alternativer Konsumgüterbündel (Warenkörbe) durch den betrachteten Konsumenten aus. Allerdings werden über die Präferenzen im folgenden Abschnitt einige grundlegende Eigenschaften angenommen werden, die etwas mit der Konsistenz der Wertschätzungen des Konsumenten zu tun haben und damit eine wichtige Voraussetzung für die Voraussagbarkeit seiner Kaufentscheidungen bilden.

4.2 Präferenzordnung und Indifferenzkurven eines Konsumenten

Zunächst einmal ist hervorzuheben, dass in der hier behandelten Theorie jeder Konsument nur an den Gütermengen interessiert ist, die er selbst konsumiert. Altruismus und Neid, die sich in Präferenzen über die Warenkörbe anderer Konsumenten äußern, bleiben also im Rahmen dieser Einführung außen vor.

Die relative Wertschätzung eines Konsumenten für alternative Warenkörbe wird grundsätzlich zunächst in Form paarweiser Vergleiche mit dem Symbol $\succsim$ ausgedrückt. Seien x^1 und x^2 zwei Güterbündel, so bedeutet

$$x^1 \succsim x^2, \tag{4.2}$$

dass der betrachtete Konsument das Bündel x^1 mindestens so hoch bewertet wie x^2 (bzw. gegenüber x^2 „schwach präferiert"). Gilt sowohl $x^1 \succsim x^2$ als auch $x^2 \succsim x^1$, so bewertet er beide Bündel gleich hoch, ist also zwischen ihnen indifferent, und wir schreiben

$$x^1 \sim x^2. \tag{4.3}$$

Bemerkung:

Indifferenz bedeutet, dass es dem Konsumenten gleichgültig ist, welches der beiden Güterbündel er erhält. Er wäre bereit, dies z.B. durch einen Münzwurf entscheiden zu lassen.

Gilt dagegen $x^1 \succsim x^2$, aber nicht die Umkehrung, so zieht der Konsument das Bündel x^1 gegenüber x^2 (strikt) vor, wofür das Symbol $\succ$ verwendet wird:

$$x^1 \succ x^2. \tag{4.4}$$

4.2.1 Annahmen an die Präferenzen

Bezüglich der Präferenzen eines Konsumenten werden in der Theorie des Haushalts folgende Eigenschaften angenommen:

Annahme 4.1 (Vollständigkeit der Präferenzen)

Für jedes Paar denkbarer Konsumgüterbündel x^1, x^2 gilt:
$x^1 \succsim x^2$ oder $x^2 \succsim x^1$ (oder beides).

Annahme 4.2 (Transitivität der Präferenzen)

Seien x^1, x^2 und x^3 drei beliebige Konsumgüterbündel und gelte $x^1 \succsim x^2$ und $x^2 \succsim x^3$, dann gilt auch $x^1 \succsim x^3$.

Annahme 4.3 (Stabilität der Präferenzen)

Während des betrachteten Zeitraums ändern sich die Präferenzen eines Konsumenten nicht.

Die drei genannten Annahmen stellen recht einschneidende Anforderungen: Annahme 4.1 schließt aus, dass es zwei Güterbündel gibt, bezüglich derer der Konsument nicht in der Lage ist, anzugeben, ob er das erste gegenüber dem zweiten schwach präferiert, z.B. weil er die Güter nicht kennt oder sich noch keine Gedanken gemacht hat. Bedenkt man die riesige Anzahl an Gütern, durch deren Mengen sich zwei Güterbündel unterscheiden können, so ist das in der Tat eine starke Forderung. Allerdings könnte man sie ohne Verlust des Aussagegehalts der Theorie soweit einschränken, dass die Vollständigkeit der Bewertung nur für alle Güterbündel in der Nähe des ökonomisch Erreichbaren (der Budgetmenge) gilt.

Annahme 4.2 schließt Zyklen in den Präferenzen aus. Sind Annahmen 4.1 und 4.2 erfüllt, so spricht man von einer Präferenz**ordnung**: Es gibt dann innerhalb jeder Teilmenge von Konsumgüterbündeln eine „beste Alternative", die mindestens ebenso hoch bewertet wird wie jede andere Alternative, die zu dieser Teilmenge gehört. Die Ordnungseigenschaft ist, wie wir später sehen werden, eine wichtige Voraussetzung für den Wert der Theorie bei der Voraussage des Verhaltens eines Konsumenten.

Eine ebenso wichtige weitere Voraussetzung bildet Annahme 4.3: Unterlägen die Präferenzen häufigen Schwankungen, so könnte man aus ihnen keine (falsifizierbaren) Hypothesen über das Verhalten des Konsumenten ableiten, denn jeder Verstoß gegen die Aussagen der Theorie könnte auf eine zwischenzeitlich erfolgte Präferenzänderung zurückgeführt werden.

Annahme 4.4 (Nichtsättigung; erwünschte Güter)

Gilt für zwei Güterbündel x^1 und x^2 (mit $x^1 \neq x^2$): $x_h^1 \geq x_h^2$ für alle $h = 1, \ldots, k$, so zieht der Konsument x^1 gegenüber x^2 vor, d.h. es gilt $x^1 \succ x^2$.

Die Annahme 4.4 wird üblicherweise so gedeutet, dass für den Konsumenten von jedem Gut „mehr" besser ist als „weniger". Dies ist sicherlich in der Realität verletzt, wenn wir an Giftmüll oder Stickoxid in der Luft denken. Andererseits können die genannten Beispiele durch geeignete Definition des Gutsbegriffes (die Beseitigung der genannten Stoffe wird als Dienstleistung aufgefasst) so transformiert werden, dass Annahme 4.4 wieder erfüllt ist. Für andere Güter, die in geringeren Mengen erwünscht sind, in großen Mengen aber Unwohlsein hervorrufen (Stücke Sahnetorte), ist Annahme 4.4 in abgeschwächter Form $(x^1 \succsim x^2)$ erfüllt, falls man zusätzlich unterstellt, dass der Konsument nicht alle in seinem Güterbündel enthaltene Gütermengen buchstäblich verbrauchen (bzw. **verzehren**) muss. Er kann sie auch kostenlos vernichten.

Wir kommen nun zur graphischen Darstellung der Präferenzordnung eines Konsumenten. Da unser Blatt nur zwei Dimensionen hat, müssen wir - analog zur Produktionstheorie - zum Zwecke der Darstellung annehmen, alle Güterbündel haben nur zwei (unterschiedliche) Komponenten. Das bedeutet, entweder existieren nur zwei Güter, (die hier als beliebig teilbar unterstellt werden) oder es werden nur solche Güterbündel zur Auswahl gestellt, die in allen Komponenten bis auf zwei übereinstimmen. Um die Schreibweise zu vereinfachen, werden im Folgenden diese restlichen (konstanten) Komponenten unterdrückt, und wir stellen alle Warenkörbe graphisch wie algebraisch als Vektoren mit zwei Komponenten dar:

$$x = (x_1, x_2).$$

Eine Präferenzordnung kann man dann graphisch durch Hervorhebung von Indifferenzklassen darstellen.

Definition 4.1

Jede **Indifferenzklasse** ist eine Menge von Güterbündeln, zwischen denen der Konsument indifferent ist.

Betrachten wir Abbildung 4.1, in dem Punkt A das Güterbündel x^0 symbolisiert. Wo können die anderen Elemente der Indifferenzklasse von x^0 liegen?

Wegen Annahme 4.4 können Punkte rechts oberhalb von A, also im senkrecht schraffierten Feld (einschließlich der Ränder ohne A selbst) nicht zur Indifferenzklasse von x^0 gehören, da sie gegenüber x^0 vorgezogen werden. Umgekehrt wird x^0 wegen Annahme 4.4 allen Güterbündeln links unterhalb von A, also im waagerecht schraffierten Feld, vorgezogen. Güterbündel der Indifferenzklasse von x^0 können also nur links oberhalb und rechts unterhalb von A gefunden werden. Sei etwa Punkt B das Abbild eines Güterbündels $x^1 = (x_1^1, x_2^1)$ aus der Indifferenzklasse von x^0. Dann lässt sich, ausgehend von B, wiederum sagen, dass weder Punkte rechts oberhalb noch Punkte links unterhalb von B zur betrachteten Indifferenzklasse gehören können. Wir ziehen daraus die

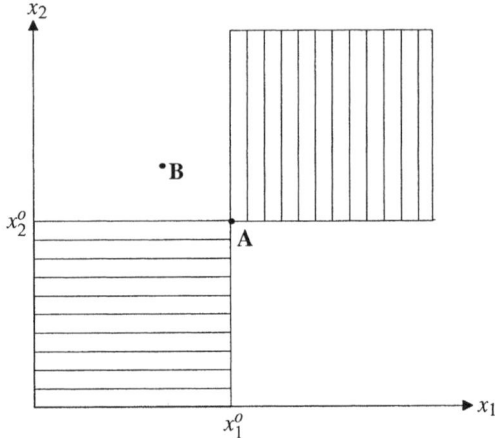

Abbildung 4.1. Überlegungen zu Indifferenzklassen

Folgerung 4.1

Alle Güterbündel einer Indifferenzklasse liegen auf einem von links nach rechts strikt fallenden Linienzug, der **Indifferenzkurve** heißt. Eine Indifferenzkurve ist der geometrische Ort aller Güterbündel, zwischen denen der Konsument indifferent ist.

Diese Folgerung sagt u.a. aus, dass eine Indifferenzkurve nicht „dick" sein kann: Eine Ausdehnung der Indifferenzklasse ist nur nach links oben bzw. rechts unten möglich, wo ein „Mehr" eines Gutes durch ein „Weniger" des anderen Gutes ausgeglichen wird.

Folgerung 4.2

Indifferenzkurven, die zu verschiedenen Indifferenzklassen gehören, können sich nicht schneiden.

Beweis:

Das Güberbündel, das durch den Schnittpunkt repräsentiert wird, würde somit zu zwei verschiedenen Indifferenzklassen gehören, was jedoch nach Definition 4.1 nicht möglich ist.

Da die Indifferenzkurven keine Schnittpunkte miteinander haben, können wir sie eindeutig ordnen: Güterbündel auf einer Indifferenzkurve I^2, die vom Ursprung weiter entfernt ist als eine Indifferenzkurve I^1, werden denen auf I^1 (strikt) vorgezogen, sie gehören einer höheren Indifferenzkurve an. Die Schar aller Indifferenzkurven enthält die gesamte Information über die Präferenzen eines Konsumenten.

Bemerkung 1:

> Diese Schar von Indifferenzkurven hat natürlich kein Konsument in der Realität in aller Ausführlichkeit für sich ermittelt. Es handelt sich um ein gedankliches Konstrukt des Wirtschaftstheoretikers, mit dem dieser in der Lage ist, falsifizierbare Hypothesen über das Verhalten eines Konsumenten abzuleiten.

Bevor wir zur graphischen Darstellung einer Indifferenzkurvenschar kommen, sei noch eine weitere Annahme angeführt, die in der Konsumententheorie in aller Regel verwendet wird:

Annahme 4.5 (Strikte Konvexität der Präferenzen)

Sei ein Konsument zwischen zwei Güterbündeln x^1 und x^2 mit $x^1 \neq x^2$ indifferent. Dann gilt für jede „Mischung" (Linearkombination) aus x^1 und x^2 mit $x = \alpha x^1 + (1-\alpha)x^2$, wobei $0 < \alpha < 1$:

$$x \succ x^1 \sim x^2 \qquad (4.5)$$

Die Annahme 4.5 drückt aus, dass der Konsument immer eine Mischung zwei „Extremen" vorzieht – eine Eigenschaft, die in der Realität mitunter verletzt ist, z.B. wenn es sich um Güter handelt, die man erst ab einer gewissen Menge richtig genießt. (Beispiel: Entweder Kinofilm A oder B vom Anfang bis zum Ende zu sehen ist zumeist besser als den Beginn von A und das Ende von B zu sehen.)

Folgerung 4.3

Gilt Annahme 4.5, so ist jede Indifferenzkurve strikt konvex.

Beweis:

Vgl. Abbildung 4.2: Da alle Punkte auf der Verbindungsgeraden zwischen x^1 und x^2 einer höheren Indifferenzklasse angehören, muss die Indifferenzkurve, auf der x^1 und x^2 liegen, überall unterhalb dieser Geraden verlaufen. Da dies für jedes Paar von Punkten erfüllt ist, muss sie strikt konvex verlaufen.

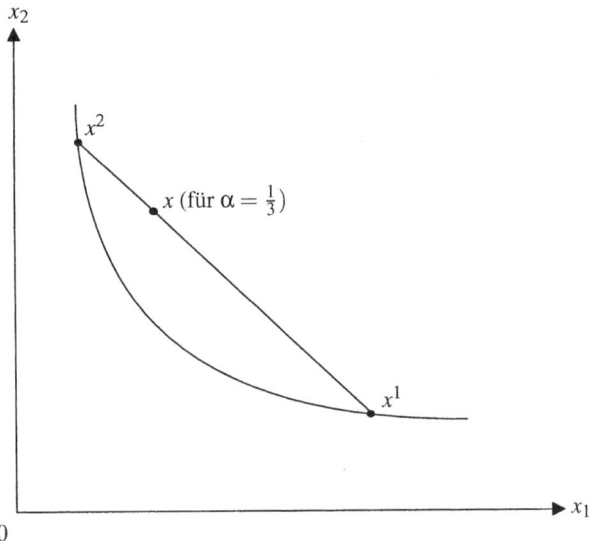

Abbildung 4.2. Konvexität der Präferenzen

Nachdem wir mittels Folgerung 4.3 die Krümmungseigenschaften von Indifferenzkurven festgestellt haben, können wir jetzt eine Schar von Indifferenzkurven in ein Gütermengen-Diagramm einzeichnen (Abbildung 4.3):

Aus der Annahme der Nichtsättigung folgt

$$x^4 \succ x^3 \succ x^2 \succ x^1. \tag{4.6}$$

Bemerkung 2:

Natürlich stellen I^1 bis I^4 nur eine Auswahl aus der Schar aller Indifferenzkurven dar. Wollten wir alle Indifferenzkurven einzeichnen, so wäre unser weißes Blatt schwarz bzw. die grüne Tafel weiß, und wir würden nichts mehr erkennen. Man wählt also für die graphische Darstellung immer nur einige Indifferenzkurven, etwa diejenigen, die durch vorgegebene Punkte x^1, x^2, x^3 und x^4 durchlaufen.

In Abbildung 4.3 sind alle Indifferenzkurven als „glatte" Kurven ohne Knickpunkte gezeichnet worden. Algebraisch bedeutet dies, dass jede Indifferenzkurve (z.B. I^1) der Graph einer differenzierbaren Funktion

$$x_2 = f(x_1) \tag{4.7}$$

ist. Ihre Steigung in einem Punkt (z.B. Punkt A $= (x_1^o, x_2^o)$)

$$\left. \frac{dx_2}{dx_1} \right|_{x_1 = x_1^o, x_2 = x_2^o}$$

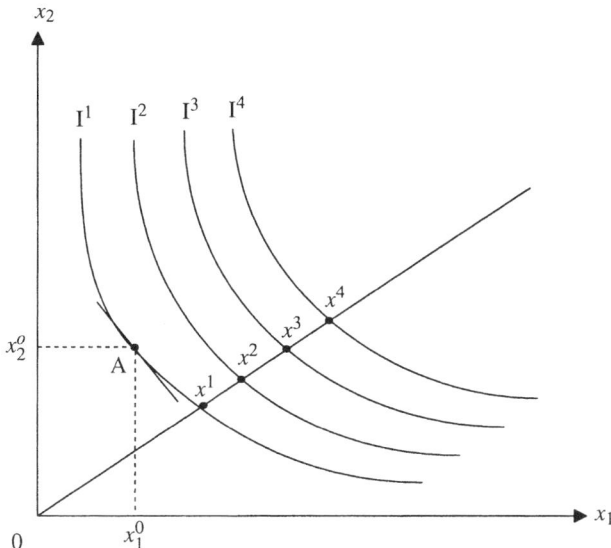

Abbildung 4.3. Einige Indifferenzkurven

gibt – analog zur Steigung einer Isoquante in der Produktionstheorie – das Verhältnis an, in dem der Konsument die beiden Güter bereit ist, gegeneinander zu tauschen (und dennoch „indifferent" bleibt). Der Absolutbetrag dieser Steigung wird „Grenzrate der (indifferenten) Substitution" zwischen den beiden Gütern genannt.

Die Annahme der Konvexität der Indifferenzkurven zum Ursprung wird oft als **Gesetz der abnehmenden Grenzrate der Substitution** bezeichnet, da der Absolutbetrag von dx_2/dx_1 mit steigender Menge x_1 abnimmt.

4.2.2 Wahl eines Güterbündels unter der Einkommensbeschränkung

Der Einfachheit halber gehen wir weiter davon aus, dass es nur **zwei Güter** gibt, um wie bisher die graphische Darstellungsweise verwenden zu können. Ein Teil des positiven Quadranten ist dann die **Menge aller physisch zulässigen Güterbündel**, die dem Konsumenten zur Verfügung stehen. (Negative Gütermengen kann er nicht konsumieren).

$$(x_1, x_2) \geq 0. \tag{4.8}$$

Nicht alle physisch zulässigen Güterbündel sind jedoch **ökonomisch** für einen Konsumenten erreichbar.

Es sei M das Einkommen dieses Konsumenten in einer Periode, x_1 die Menge des ersten Gutes und x_2 die Menge des zweiten Gutes, die er kauft. Es sei p_1 der Preis pro Einheit des ersten und p_2 der Preis pro Einheit des zweiten Gutes.

Annahme 4.6

Die Preise der Güter sind für den Konsumenten exogen gegeben (vollkommene Konkurrenz auf der Nachfrageseite).

Folglich gilt für ein Güterbündel (x_1, x_2), das der Konsument wählen kann

$$p_1 x_1 + p_2 x_2 \leq M \quad \textbf{(Budgetrestriktion)}, \tag{4.9}$$

die Konsumausgaben sind kleiner oder höchstens gleich dem Einkommen. Betrachtet man die Grenze der Budgetrestriktion, so erhält man

$$p_1 x_1 + p_2 x_2 = M$$
$$x_2 = \frac{M}{p_2} - \frac{p_1}{p_2} x_1 \quad \textbf{(Budgetgerade)}. \tag{4.10}$$

Man erkennt sofort, dass die Budgetgerade die gleiche Form wie eine **Iso-Kosten-linie** hat. Graphisch ergibt sich daher das gleiche Bild (Abb. 4.4).

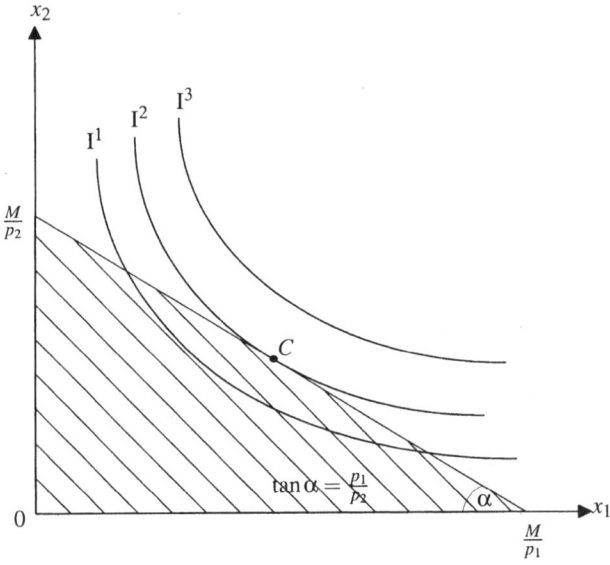

Abbildung 4.4. Ermittlung des optimalen Güterbündels

Die Achsenabschnitte geben an, wieviele Einheiten der Konsument kaufen kann, wenn er sich auf ein **einziges Gut** beschränkt. Die Steigung der Budgetgeraden ist durch das **Preisverhältnis** der beiden Güter gegeben. Da eine Erhöhung des Einkommens eines Konsumenten wegen Annahme 4.6 keinen Einfluss auf die Preise hat, wird durch eine Einkommenserhöhung die Budgetgerade nur **parallel** nach rechts verschoben. Variiert dagegen das Preisverhältnis, so verändert sich die Steigung der Budgetgeraden.

Die Menge der Güterbündel, die ein Konsument sowohl **physisch** wie auch **ökonomisch** erreichen kann, ist der Teil des positiven Quadranten, der unterhalb oder auf der Budgetgeraden liegt. Diese Menge nennen wir die erreichbaren Güterbündel oder die **Budgetmenge**.

Um das Nachfrageverhalten eines Konsumenten mit gegebenen Präferenzen (gegebener Indifferenzkurvenschar) bei gegebenen Preisen und Einkommen (gegebener Budgetmenge) voraussagen zu können, benötigen wir nun lediglich noch eine weitere Annahme:

Annahme 4.7 (Rationales Verhalten)

Der Konsument wählt aus allen erreichbaren Güterbündeln dasjenige aus, das in der höchsten Indifferenzklasse liegt, also den anderen erreichbaren Güterbündeln vorgezogen wird oder gleichwertig ist.

Wegen der Annahmen der Vollständigkeit und der Transitivität existiert ein solches **optimales** Güterbündel zu jeder gegebenen Budgetmenge. Graphisch finden wir es, wenn wir die höchste Indifferenzkurve suchen, die einen Punkt mit der Budgetgeraden gemeinsam hat. (Ein Punkt links unterhalb der Budgetgeraden kann wegen der **Nichtsättigung** nicht optimal sein, also wird der Konsument sein gesamtes Einkommen ausgeben[1]). Hat die entsprechende Indifferenzkurve I^2 keine Knicke, sondern ist eine differenzierbare Kurve, so stellt das optimale Konsumgüterbündel einen Tangentialpunkt dieser Indifferenzkurve an die Budgetgerade dar. Wegen Annahme 4.5 verlaufen die Indifferenzkurven strikt konvex, so dass der Tangentialpunkt eindeutig ist. In diesem Punkt (Punkt C in Abbildung 4.4) ist die Steigung der Indifferenzkurve I^2 gleich der Steigung der Budgetgeraden. Für das optimale Güterbündel C gilt also:

$$\left. \frac{dx_2}{dx_1} \right|_{\text{in Punkt } C} = -\frac{p_1}{p_2}, \tag{4.11}$$

die Grenzrate der Substitution ist gleich dem negativen Preisverhältnis, oder

$$-\frac{dx_2}{dx_1} = \frac{p_1}{p_2}. \tag{4.12}$$

Ökonomisch kann man sich diese Optimalitätsbedingung wie folgt plausibel machen: Die linke Seite in (4.12) gibt das Verhältnis an, in dem der Konsument die

---

[1]Man beachte, dass wir uns hier noch in einer Modellwelt befinden, die **nur eine Periode** lang existiert, so dass **Sparen keinen Sinn hat**. Intertemporale Konsumentscheidungen werden in Abschnitt 4.5 behandelt.

beiden Güter gegeneinander (indifferent) zu tauschen bereit ist, kann also als seine **interne Austauschrate** interpretiert werden. Die rechte Seite gibt das Verhältnis an, in dem er auf dem Markt die beiden Güter gegeneinander tauschen **kann**, denn wenn er auf eine Einheit von Gut 1 verzichtet, gibt er p_1 Geldeinheiten weniger aus, für die er p_1/p_2 zusätzliche Einheiten von Gut 2 kaufen kann (externe Austauschrate). Nur wenn seine interne Austauschrate mit der externen Austauschrate des Marktes übereinstimmt, kann er durch die Wahl eines anderen Güterbündels aus seiner Budgetmenge keine höhere Indifferenzklasse erreichen.

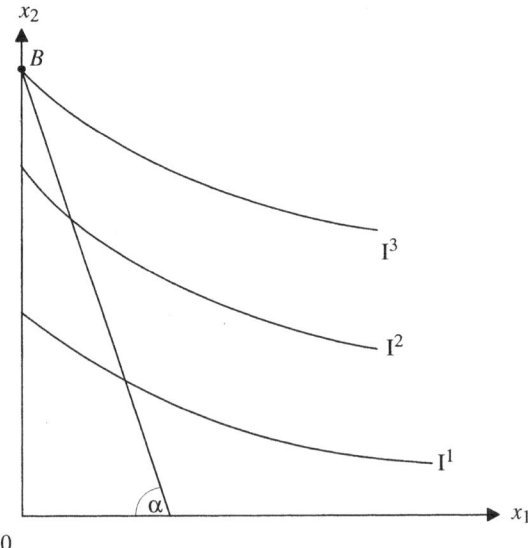

Abbildung 4.5. Randoptiumum

Eine Ausnahme von der in (4.12) abgeleiteten Optimalitätsbedingungen gilt lediglich dann, wenn auf **keinem** Punkt der Budgetgeraden eine Indifferenzkurve tangiert, z.B. weil die Steigung aller Indifferenzkurven dort geringer ist als die der Budgetgeraden. Die höchste Indifferenzkurve, die einen Punkt mit der Budgetmenge gemeinsam hat, erreicht er dann in einem Randpunkt des positiven Quadranten (Punkt B in Abbildung 4.5), wobei er nichts vom ersten Gut konsumiert. Anstelle von (4.12) gilt in Punkt B

$$-\frac{dx_2}{dx_1} \leq \frac{p_1}{p_2}, \tag{4.13}$$

seine interne Tauschrate ist also höchstens gleich dem Preisverhältnis, wobei bei letzterem der Preis des Gutes im Zähler steht, das er **nicht** konsumiert.

4.2.3 Das Schwache Axiom der offenbarten Präferenzen

Im 2. Kapitel haben wir das „Schwache Axiom der Kostenminimierung" kennen gelernt, das uns einen Test dafür lieferte, ob sich eine Firma in zwei oder mehr empirisch beobachteten Situationen Kosten minimierend verhalten hat. Einen analogen Test dafür, ob sich ein Konsument rational verhalten hat (und zwar entweder Nutzen maximierend oder Ausgaben minimierend) wollen wir im Folgenden entwickeln.

Dazu betrachten wir einen Konsumenten, der in zwei verschiedenen Situationen 0, 1, die durch unterschiedliche Preisvektoren $p_1^t, p_2^t, t = 0, 1$ gekennzeichnet sind, zwei unterschiedliche Konsumgüterbündel x_1^t, x_2^t gekauft hat, und unterstellen, dass die Annahmen 4.3 (Stabilität), 4.4 (Nichtsättigung) und 4.5 (Konvexität) erfüllt sind.

Aus der Tatsache, dass der Konsument in Situation $t = 0$ das Bündel x^0 gekauft hat, lässt sich ableiten, dass das Bündel x^1 entweder strikt schlechter oder teurer gewesen sein muss. Ist x^1 jedoch zu diesen Preisen nicht teurer als x^0, gilt also

$$p_1^0 \cdot x_1^1 + p_2^0 \cdot x_2^1 \leq p_1^0 \cdot x_1^0 + p_2^0 \cdot x_2^0 \qquad (4.14)$$

so bedeutet dies, dass $x^0 \succ x^1$ gelten muss. Zu einem Widerspruch kommt es, wenn in der Situation t=1, in der er ja das Bündel x^1 kauft, auch das Bündel x^0 hätte erreichen können. Dies wäre der Fall, wenn

$$p_1^1 \cdot x_1^0 + p_2^1 \cdot x_2^0 \leq p_1^1 \cdot x_1^1 + p_2^1 \cdot x_2^1. \qquad (4.15)$$

Die Ungleichungen (4.14) und (4.15) stellen also zusammen genommen einen Widerspruch gegen die Annahme des Rationalverhaltens dar. Das „Schwache Axiom der offenbarten Präferenzen" sagt aus, dass dies bei einem rationalen Konsumenten nicht vorkommen darf.

4.3 Die Präferenzfunktion, Optimalverhalten und Nachfragefunktionen

Ziel der Konsumententheorie ist es, Aussagen über das Verhalten eines Haushalts, also seine Reaktion auf Änderungen der Marktdaten (Preise und Einkommen) abzuleiten. Dies ist im Prinzip auf graphischem Wege möglich, wie bei der Ermittlung des optimalen Konsumplans in Abbildungen 4.4 und 4.5 gezeigt wurde. Jedoch ist diese Vorgehensweise relativ umständlich und die Beschreibung der Präferenzen eines Konsumenten von der Genauigkeit beim Zeichnen abhängig. Darum wählt man in der mikroökonomischen Theorie allgemein eine algebraische Methode, die auch hier angewandt werden soll.

Dazu müssen wir zunächst eine weitere Annahme an die Präferenzordnung stellen:

Annahme 4.8 (Stetigkeit)

Die Präferenzordnung ist stetig, d.h. für jeden Konsumvektor $y \in X$ ist die Menge aller $x \in X$ mit $x \succsim y$ abgeschlossen.[2]

Die Annahme der Stetigkeit einer Präferenzordnung ist nicht vollkommen harmlos, denn im folgenden Beispiel ist sie nicht erfüllt:

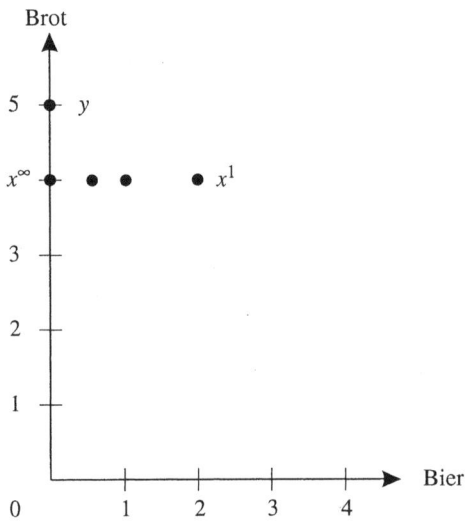

Abbildung 4.6. Unstetigkeit der lexikographischen Präferenzordnung

Beispiel: lexikographische[3] Präferenzordnung:

Paul konsumiert nur zwei Güter, Bier (x_1) und Brot (x_2). Er ordnet alle möglichen Konsumvektoren zunächst einmal nach der in ihnen enthaltenen Menge Bier (in Litern) und nur bei gleicher Menge Bier nach der Brotmenge (in kg). Um zu zeigen, dass seine Präferenzordnung nicht stetig ist, betrachte man den Vektor $y = (0,5)$. Der Vektor $x^1 = (2,4)$ liegt dann in der Menge der schwach vorgezogenen Konsumvektoren, da er mehr Bier enthält als y. Konstruiert man dann eine Folge von Konsumvektoren x^n, in der jedes Glied ebenfalls 4 kg Brot, aber halb so viel Bier enthält wie das vorhergehende, so

---

[2]Eine abgeschlossene Menge ist durch die folgende Eigenschaft charakterisiert: wenn sämtliche Elemente einer konvergenten Folge in der Menge liegen, so auch deren Grenzwert.

[3]Die Präferenzordnung heißt „lexikographisch", weil die Konsumvektoren ähnlich geordnet werden wie die Wörter in einem Lexikon: zunächst nach dem Anfangsbuchstaben, bei gleichem Anfangsbuchstaben nach dem 2. Buchstaben usw.

sind alle Glieder dieser Folge besser als y, ihr Grenzwert $x^\infty = (0,4)$ wird aber von Paul schlechter bewertet als y, somit ist die Menge der Konsumvektoren x mit $x \succsim y$ nicht abgeschlossen und die Präferenzordnung nicht stetig.

Wir können uns dann auf den Satz[4] berufen:

Satz 4.1

Sei $\succsim$ eine stetige Präferenzordnung. Dann existiert eine stetige reellwertige Funktion U auf X mit der Eigenschaft, dass für je zwei Konsumvektoren x^1, x^2 aus X gilt:

$$U(x^1) \geq U(x^2) \quad \text{genau dann, wenn} \quad x^1 \succsim x^2. \qquad (4.16)$$

Mit einer solchen Funktion U wird die gesamte in einem Indifferenzkurvenschema enthaltene Information gebündelt, indem jedem Konsumvektor (x_1, x_2) eine Zahl zugeordnet wird, so dass alle Konsumvektoren in einer Indifferenzklasse die selbe Zahl erhalten und höheren Indifferenzklassen höhere Zahlen zugewiesen werden.

U heißt deshalb „**Präferenzfunktion**" oder auch „**Nutzenfunktion**".

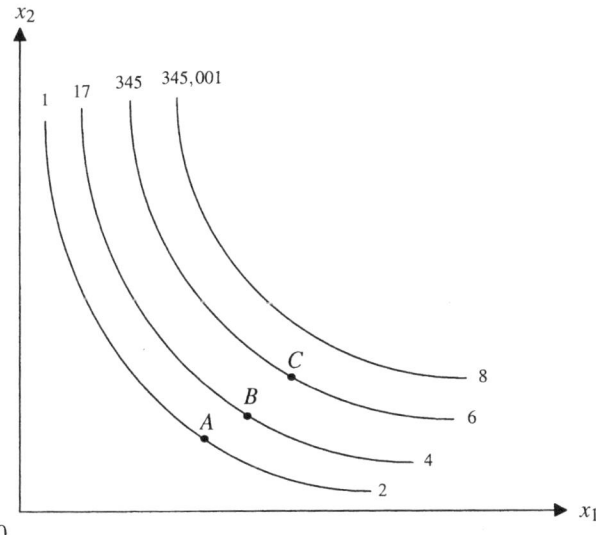

Abbildung 4.7. Ordinalität der Nutzenfunktion

---

[4]Vgl. A. Takayama, Mathematical Economics, Hinsdale 1975, S.180.

In Abbildung 4.7 sind zwei verschiedene Beispiele dafür angegeben, wie man ein und der selben Indifferenzkurvenschar Zahlen so zuordnen kann, dass höhere Indifferenzklassen einen höheren Index erhalten. **Jede** der beiden Zuordnungen ist geeignet, die zugrunde liegende Präferenzstruktur abzubilden, und kann demnach als Ausschnitt einer Präferenzfunktion angesehen werden, da sie (4.16) erfüllt.

Die „Nutzenindizes", also die Werte der Präferenzfunktion, haben als solche keine Bedeutung als Maßzahlen. So ergibt es keinen Sinn zu sagen, dass das Güterbündel in Punkt A „halb so hoch geschätzt wird" wie das in B, weil die rechts angegebene Skala ihnen die Werte 2 bzw. 4 zuordnet. Denn dieselbe Präferenzstruktur wird ja auch von der linken Skala abgebildet, die A und B die Werte 1 bzw. 17 zuordnet. Aus dem gleichen Grund hat es ebensowenig Sinn zu sagen, dass die Nutzendifferenz zwischen Güterbündel A und B ebensogroß ist wie die zwischen B und C, wie die Zahlen 2, 4 und 6 suggerieren. Eine solche Interpretation würde „kardinale" genannt. Wichtig ist allein, welche Zahl größer ist, also die **ordinale** Eigenschaft der Präferenzskalen.

Um der mathematischen Handhabbarkeit willen geht man in der Konsumtheorie noch einen Schritt weiter und benutzt die

---

Annahme 4.9 (Differenzierbarkeit)

Die Präferenzfunktion U ist zweimal stetig differenzierbar.

Die erste partielle Ableitung der Präferenzfunktion nach der Menge des h-ten Gutes,

$$U_h := \frac{\partial U(x_1, x_2)}{\partial x_h}, \qquad h = 1, 2, \tag{4.17}$$

drückt den „Grenznutzen des h-ten Gutes" für den Konsumenten aus, also den Nutzenzuwachs bei Erhöhung des Konsums des h-ten Gutes um eine (marginale) Einheit. Auch hier sollte man sich jedoch davor hüten, dem Wert des Grenznutzens eine absolute (kardinale) Interpretation zu geben. Interessant ist lediglich, ob er positiv ist, was der Fall ist, wenn die Annahme der Nichtsättigung erfüllt ist.

Dagegen hat das **Verhältnis** der Grenznutzen zweier Güter eine sinnvolle ökonomische Interpretation, wie man aus dem **totalen Differential** der Präferenzfunktion an der Stelle $x^0 = (x_1^0, x_2^0)$ ablesen kann:

$$dU(x^0) = \frac{\partial U(x^0)}{\partial x_1} dx_1 + \frac{\partial U(x^0)}{\partial x_2} dx_2 = U_1 dx_1 + U_2 dx_2. \tag{4.18}$$

Bewegt man sich mit den Änderungen der Gütermengen (dx_1, dx_2) entlang einer Indifferenzkurve, so gilt $dU = 0$ und folglich

$$-\frac{dx_2}{dx_1}\bigg|_{dU=0} = \frac{U_1(x^0)}{U_2(x^0)}. \tag{4.19}$$

Das Verhältnis der Grenznutzen an einem Punkt ist gleich der Grenzrate der Substitution zwischen beiden Gütern, also gleich der absoluten Steigung der Indifferenzkurve in Punkt x^0.

Wir kommen nun zur Analyse des Optimalverhaltens eines Haushalts mit Hilfe des Instrumentariums der Differentialrechnung.

4.3.1 Maximierung der Präferenzfunktion unter einer Budgetbeschränkung

4.3.1.1 Ableitung der Marshall´schen Nachfragefunktionen

Das Problem, das wir in Abbildung 4.4 graphisch gelöst haben, formulieren wir jetzt algebraisch. Aus der Zielfunktion

$$\max\ U(x_1,x_2) \tag{4.20}$$

und der Nebenbedingung

$$M = p_1 x_1 + p_2 x_2 \tag{4.21}$$

bilden wir die Lagrangefunktion

$$Z(x_1,x_2,\lambda) = U(x_1,x_2) + \lambda(M - p_1 x_1 - p_2 x_2). \tag{4.22}$$

Die notwendigen Bedingungen 1. Ordnung für ein Maximum von Z mit $x_1,x_2 > 0$ lauten

$$\frac{\partial Z}{\partial x_1} = U_1 - \lambda p_1 = 0 \tag{4.23a}$$

$$\frac{\partial Z}{\partial x_2} = U_2 - \lambda p_2 = 0 \tag{4.23b}$$

$$\frac{\partial Z}{\partial \lambda} = M - p_1 x_1 - p_2 x_2 = 0. \tag{4.23c}$$

Aus (4.23a) und (4.23b) erhalten wir durch Division und unter Berücksichtigung von (4.19) die uns schon aus (4.12) bekannte Bedingung

$$\frac{U_1}{U_2} = -\frac{dx_2}{dx_1} = \frac{p_1}{p_2}. \tag{4.24}$$

Gleichung (4.23c) besagt, dass der Haushalt sein gesamtes Einkommen für die Güterkäufe verwenden wird.

(4.23c) und (4.24) stellen ein System aus zwei Gleichungen in den zwei Unbekannten x_1 und x_2, also den optimalen Konsumgütermengen dar. Ist eine spezielle Funktion U gegeben, so können die Lösungswerte x_1° und x_2° explizit berechnet werden. Durch Einsetzen in (4.23a) oder (4.23b) könnte dann auch der Wert des Lagrange-Multiplikators λ^o im Haushaltsoptimum bestimmt werden.

Setzt man für die Preise p_1 und p_2 und das Einkommen M keine bestimmten Zahlen ein, sondern behandelt sie einfach als unabhängige Variablen (Parameter), so kann man die optimalen Konsumgütermengen x_1^o und x_2^o auch als Funktionen dieser Größen ausdrücken:[5]

$$x_1^o = x_1^M(p_1, p_2, M) \qquad (4.25)$$

$$x_2^o = x_2^M(p_1, p_2, M) \qquad (4.26)$$

Die in (4.25) und (4.26) beschriebenen Funktionen werden nach Alfred Marshall (1842-1924) als **Marshall'sche Nachfragefunktionen** bezeichnet. Sie geben die nutzenmaximierenden Gütermengen in Abhängigkeit von Preisen und Einkommen an.

Um zu untersuchen, ob die Bedingungen (4.23a) - (4.23c) tatsächlich ein beschränktes Maximum von (4.20) charakterisieren, berufen wir uns auf Satz 2.3 und zeigen zunächst, dass die Budgetmenge, d.h. die schraffierte Fläche in Abbildung 4.4, konvex ist. Ferner ist die Nutzenfunktion U nach Annahme 4.5 quasikonkav, so dass die Voraussetzungen von Satz 2.3 erfüllt sind und somit die Maximum-Eigenschaft gesichert ist.

Wegen Annahme 4.5 (strikt konvexe Indifferenzkurven) ist das Maximum eindeutig, so dass wir tatsächlich von einer Nachfrage**funktion** sprechen können: Jeder Preis-Einkommen-Situation wird genau ein Konsumvektor (x_1^o, x_2^o) zugeordnet.

Zudem ist jede Nachfragefunktion stetig: Kleine Preisänderungen können nur zu kleinen Änderungen der nachgefragten Menge führen, der Graph der Funktion weist keine Sprünge auf. Auch dies folgt aus der strikten Konvexität der Indifferenzkurven. Wäre eine Indifferenzkurve linear (vollkommene Substitute), so würde nur eines der beiden Güter gekauft und in bestimmten Situationen genügte eine marginale Preissenkung, um die gekaufte Menge des Gutes h von 0 auf M/p_h hochschnellen zu lassen.

Ein Rechenbeispiel zur Illustration:

Die Präferenzen eines Haushalts seien durch die Funktion

$$U(x_1, x_2) = x_1^2 \cdot x_2 \qquad (4.20')$$

beschrieben.
Wir erhalten dann als Lagrangefunktion

$$Z(x_1, x_2, \lambda) = x_1^2 \cdot x_2 + \lambda(M - p_1 x_1 - p_2 x_2) \qquad (4.22')$$

---

[5]Man beachte, dass wegen Annahme 4.5 die Lösung eindeutig ist und daher die Funktionen existieren.

Ein Rechenbeispiel zur Illustration (Fortsetzung):

und als Bedingungen 1. Ordnung für ein Maximum

$$\frac{\partial Z}{\partial x_1} = 2x_1 \cdot x_2 - \lambda p_1 = 0 \qquad (4.23a')$$

$$\frac{\partial Z}{\partial x_2} = x_1^2 - \lambda p_2 = 0 \qquad (4.23b')$$

$$\frac{\partial Z}{\partial \lambda} = M - p_1 x_1 - p_2 x_2 = 0. \qquad (4.23c')$$

Aus (4.23a') und (4.23b') ergibt sich

$$2p_2 x_2 = p_1 x_1 \qquad (4.24')$$

sowie, nach Einsetzung in (4.23c'),

$$M - 2p_2 x_2 - p_2 x_2 = 0$$

$$x_2 = \frac{M}{3p_2} = x_2^M(p_1, p_2, M), \qquad (4.26')$$

wobei x_2 allerdings nicht auf Änderungen von p_1 reagiert. Ferner erhält man durch Einsetzen in (4.24')

$$x_1 = \frac{p_2}{p_1} \cdot 2x_2 = \frac{2M}{3p_1} = x_1^M(p_1, p_2, M). \qquad (4.25')$$

4.3.1.2 Die indirekte Nutzenfunktion

Setzt man (4.25) und (4.26) in die Präferenzfunktion (4.20) ein, so erhält man den maximal erreichbaren Wert der Präferenzfunktion bei gegebenen Preisen und Einkommen,

$$\max_{x_1, x_2} \{U(x_1, x_2) | p_1 x_1 + p_2 x_2 \leq M\} = U\left[x_1^M(p_1, p_2, M), x_2^M(p_1, p_2, M)\right]$$

$$=: V(p_1, p_2, M), \qquad (4.27)$$

der selbst wiederum eine Funktion von Preisen und Einkommen ist, wofür wir das Funktionssymbol V gewählt haben.[6] V wird als **indirekte Nutzenfunktion** bezeichnet. Die indirekte Nutzenfunktion ordnet also jedem Vektor von Preisen und Einkommen den höchsten erreichbaren Wert der Präferenzfunktion U zu und gehört somit

---

[6]In unserem Rechenbeispiel ergibt sich (4.27') $V(p_1, p_2, M) = (x_1^\circ)^2 \cdot x_2^\circ = \frac{4}{27} \cdot \frac{M^3}{p_1^2 \cdot p_2}$.

zur Gruppe der „Optimalwertfunktionen", wie die Kostenfunktion und die Profit-funktion. Ebenso wie die (direkte) Nutzenfunktion U eignet auch sie sich nicht zu einer kardinalen Interpretation.

Obwohl intuitiv für manche zunächst schwer einzusehen, ist das Konzept der indi-rekten Nutzenfunktion doch in vielerlei Hinsicht nützlich. So lässt sich z.B. mit Hil-fe der indirekten Nutzenfunktion der Langrange-Multiplikator interpretieren. Dazu wenden wir das Envelope-Theorem (2.84) auf (4.27) und (4.22) an:

$$\frac{\partial V}{\partial M} = \frac{\partial Z}{\partial M}\bigg|_{\lambda=\lambda^\circ} = \lambda^\circ. \tag{4.28}$$

Der Lagrange-Multiplikator λ° gibt also an, um wieviel sich der maximal erreichbare Wert der Präferenzfunktion bei einer Erhöhung des Einkommens um eine margina-le Einheit verändert. Deshalb spricht man oft auch verkürzt vom „Grenznutzen des Geldes".

Weitere Anwendungen des Instruments der indirekten Nutzenfunktion werden wir unten im Zusammenhang mit der berühmten Slutsky-Zerlegung kennenlernen.

4.3.2 Ausgabenminimierung bei vorgegebenem Nutzenniveau

4.3.2.1 Ableitung der Hicks'schen Nachfragefunktionen

Bisher lautete das Entscheidungsproblem des Haushalts, bei gegebenem Einkommen das bestmögliche Konsumgüterbündel zu finden. Das gedankliche Gegenstück dazu ist, aus einer vorgegebenen Indifferenzklasse das billigste Güterbündel zu finden. Sei etwa die Indifferenzkurve I^0 in Abbildung 4.8 gegeben. Eingezeichnet ist eine Schar von parallelen Geraden mit der Steigung $-p_1/p_2$, die jeweils (bei gegebenen Prei-sen p_1 und p_2) gleich teure Güterbündel kennzeichnen und daher „Iso-Ausgaben-Kurven" genannt werden.

Gesucht ist also nach der niedrigsten Iso-Ausgaben-Kurve, die einen Punkt mit der Indifferenzkurve I^0 gemeinsam hat. Da I^0 konvex gezeichnet wurde, ist dies in einem Punkt A der Fall, wo I^0 gerade die gleiche Steigung aufweist wie die Iso-Ausgaben-Kurven. Es gilt also ebenso wie beim zuerst betrachteten Entscheidungsproblem die Optimalitätsbedingung „Grenzrate der Substitution gleich negativem reziproken Preisverhältnis".

$$\frac{dx_2}{dx_1} = -\frac{p_1}{p_2}. \tag{4.11}$$

Algebraisch finden wir die Koordinaten des Punktes A durch Minimierung der Ziel-funktion

$$\min p_1 x_1 + p_2 x_2$$

unter der Nebenbedingung

$$U(x_1, x_2) = U^0, \tag{4.29}$$

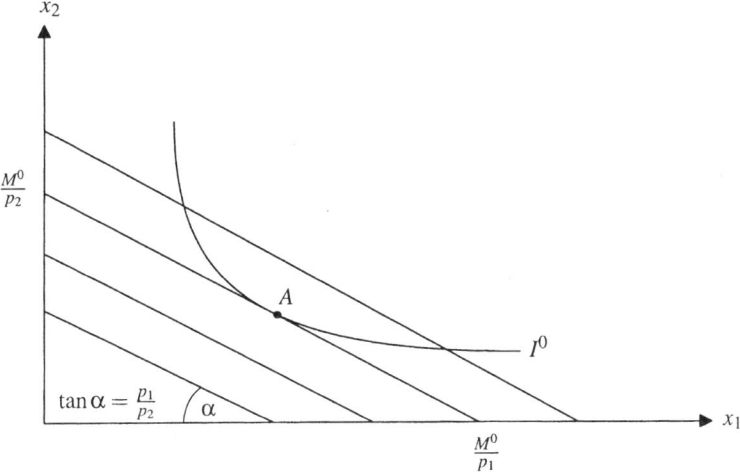

Abbildung 4.8. Ausgabenminimierung

wobei U^0 der Wert der Präferenzfunktion auf der Indifferenzkurve I^0 ist. Die zugehörige Lagrange-Funktion lautet

$$Z(x_1, x_2, \mu) = p_1 x_1 + p_2 x_2 - \mu \left[U(x_1, x_2) - U^0 \right] \qquad (4.30)$$

und die notwendigen Bedingungen erster Ordnung für ein Minimum von Z mit $x_1, x_2 > 0$:

$$\frac{\partial Z}{\partial x_1} = p_1 - \mu U_1 = 0 \qquad (4.31)$$

$$\frac{\partial Z}{\partial x_2} = p_2 - \mu U_2 = 0 \qquad (4.32)$$

$$\frac{\partial Z}{\partial \mu} = -U(x_1, x_2) + U^0 = 0 \qquad (4.33)$$

Nach Satz 2.4 ist die Erfüllung von (4.31)-(4.32) hinreichend für ein beschränktes Minimum der Zielfunktion, da der Beschränkungsraum (die Menge oberhalb der Indifferenzkurve I^0) konvex und die Zielfunktion linear und damit quasikonvex ist.

Aus (4.31) und (4.32) erhalten wir durch Division wiederum die schon bekannte Bedingung

$$\frac{p_1}{p_2} = \frac{U_1}{U_2} = -\frac{dx_2}{dx_1}. \qquad (4.34)$$

Aus (4.33) und (4.34) lassen sich die optimalen Werte für die Konsumgütermengen x_1 und x_2, nämlich x_1^* und x_2^* berechnen. Durch Einsetzen in (4.31) oder (4.32) ergibt sich dann der zugehörige Wert des Lagrange-Multiplikators, μ^*.

Analog zur oben beschriebenen Vorgehensweise können hier die Preise p_1 und p_2 sowie der Nutzenindex U^0 als exogene Variablen behandelt werden, so dass die optimalen Lösungswerte x_1^* und x_2^* als Funktionen dieser Größen ausgedrückt werden können:

$$x_1^* = x_1^H(p_1, p_2, U^0) \qquad (4.35)$$

$$x_2^* = x_2^H(p_1, p_2, U^0). \qquad (4.36)$$

Diese Funktionen werden nach John Hicks (1904-1989), Ökonomie-Nobelpreisträger von 1972, als **Hicks'sche Nachfragefunktionen** oder „kompensierte Nachfragefunktionen" bezeichnet. Sie geben die ausgabenminimierenden Gütermengen in Abhängigkeit von den Preisen und dem geforderten Niveau der Präferenzfunktion an.

Der Begriff der „kompensierten" Nachfrage deutet an, dass der Konsument für jede Preisänderung mit einer ausreichenden Einkommensänderung kompensiert wird, so dass er immer sein Nutzenniveau aufrecht erhalten kann.

In unserem obigen Rechenbeispiel mit $U(x_1, x_2) = x_1^2 \cdot x_2$ ergibt sich

$$\left. \begin{array}{l} p_1/p_2 = 2x_2/x_1 \\[2mm] x_1^2 \cdot x_2 = U^0 \end{array} \right\} U_0 = x_1^2 \cdot \frac{p_1 x_1}{2 p_2} = \frac{p_1}{p_2} \cdot \frac{x_1^3}{2}$$

$$x_1^* = \sqrt[3]{2U^0 \cdot \frac{p_2}{p_1}} = x_1^H(p_1, p_2, U^0). \qquad (4.35')$$

$$x_2^* = \sqrt[3]{\frac{U^0}{4} \cdot \frac{p_1^2}{p_2^2}} = x_2^H(p_1, p_2, U^0). \qquad (4.36')$$

4.3.2.2 Die Ausgabenfunktion

Analog zur Vorgehensweise bei der Konstruktion der indirekten Nutzenfunktion kann man hier die minimale Ausgabenhöhe selbst als Funktion der Preise und des Präferenzniveaus ausdrücken, indem man (4.35) und (4.36) in die Definition der Konsumausgaben einsetzt.

$$\operatorname*{Min}_{x_1, x_2} \left\{ p_1 x_1 + p_2 x_2 \mid U(x_1, x_2) \geq U^0 \right\} =$$

$$p_1 x_1^H(p_1, p_2, U^0) + p_2 x_2^H(p_1, p_2, U^0) =: E(p_1, p_2, U^0) \qquad (4.37)$$

Die Funktion auf der rechten Seite von (4.37) wird **Ausgabenfunktion** genannt („expenditure function"). Sie gibt zu jedem Preisvektor und jedem Präferenzniveau die minimalen Ausgaben zu dessen Erreichung an.[7]

Die beiden oben betrachteten Optimierungsprobleme

1) Maximierung der Präferenzfunktion bei gegebenen Budget,

2) Minimierung der Ausgaben für gegebenes Niveau der Präferenzfunktion

hängen eng miteinander zusammen. Betrachten wir auch dazu noch einmal Abbildung 4.8: Das durch den Punkt A bezeichnete Güterbündel löst sowohl das unter b) genannte Minimierungsproblem, falls das Präferenzniveau mit U^0 (Indifferenzkurve I^0) vorgegeben ist (die minimalen Ausgaben betragen dann M^0), als auch das unter a) genannte Maximierungsproblem für das Budget M^0 (das höchste erreichbare „Nutzenniveau" ist dann U^0). Wir stellen daher fest, dass folgende Identitäten gültig sind, wenn wir die Konzepte der Ausgabenfunktion und der indirekten Nutzenfunktion anwenden:

$$M^0 = E(p_1, p_2, U^0) \tag{4.38}$$
$$U^0 = V(p_1, p_2, M^0) \tag{4.39}$$

und daher

$$E(p_1, p_2, V(p_1, p_2, M^0)) = M^0. \tag{4.40}$$

Die minimalen Ausgaben zur Erreichung des maximalen Nutzenniveaus bei einem Einkommen von M^0 betragen gerade M^0, die Ausgabenfunktion ist die Umkehrfunktion der indirekten Nutzenfunktion bei festen Güterpreisen.

Ferner stimmen die Nachfragemengen in folgender Weise miteinander überein:

$$x_h^H(p_1, p_2, U^0) = x_h^M(p_1, p_2, E(p_1, p_2, U^0)), \quad h = 1, 2 \tag{4.41}$$

Die Hicks´sche Nachfrage beim Präferenzniveau U^0 ist gleich der Marshall'schen Nachfrage bei dem Einkommen M, das den minimalen Ausgaben zur Erreichung der Präferenzniveaus U^0 entspricht. Diese Zusammenhänge sind in Abbildung 4.9 dargestellt.

Eine weitere Anwendung des Envelope-Theorems in der Theorie des Haushalts ist ein unter dem Namen **„Roy´s Identität"** bekannt gewordener Satz. Zu seiner Herleitung gehen wir von Gleichung (4.40) aus, die wir in Form der Umkehrfunktion schreiben:

---

[7]Für unser Rechenbeispiel ergibt sich (4.37')

$$E(p_1, p_2, U^0) = \sqrt[3]{2U^0 \cdot p_2 \cdot p_1^2} + \sqrt[3]{\frac{U^0}{4} \cdot p_2 \cdot p_1^2} = \frac{3}{2} \cdot \sqrt[3]{2U^0 \cdot p_2 \cdot p_1^2}$$

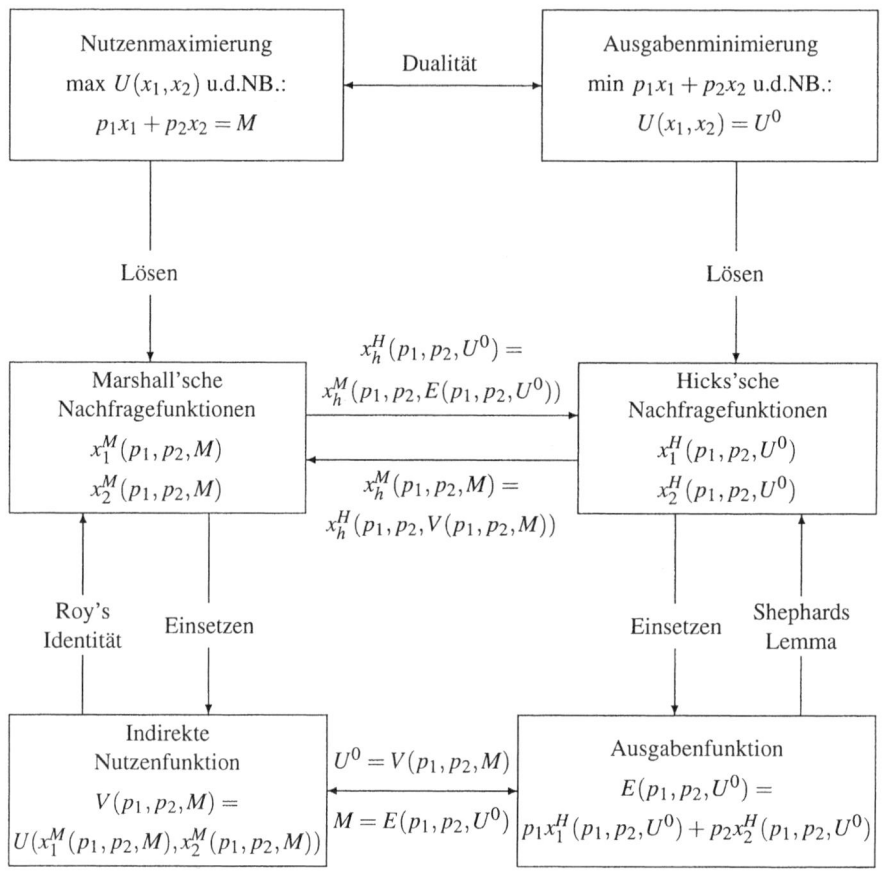

Abbildung 4.9. Übersicht über die Dualität

$$U^0 = V[p_1, p_2, E(p_1, p_2, U^0)] \tag{4.42}$$

Da diese Beziehung zwischen Ausgabenfunktion und indirekter Nutzenfunktion für jeden Preisvektor (p_1, p_2) gelten muss, können wir sie nach einem beliebigen Preis p_h differenzieren und erhalten dann durch Anwendung des Envelope-Theorems auf (4.37) unter Zuhilfenahme von (4.41):

$$0 = \frac{\partial V}{\partial p_h} + \frac{\partial V}{\partial M} \cdot \frac{\partial E}{\partial p_h} = \frac{\partial V}{\partial p_h} + \frac{\partial V}{\partial M} \cdot x_h^H(p_1, p_2, U^0)$$

$$= \frac{\partial V}{\partial p_h} + \frac{\partial V}{\partial M} \cdot x_h^M(p_1, p_2, M^0).$$

Löst man die letzte Zeile nach der Marshall'schen Nachfrage x_h^M auf, so erhält man Roy's Identität:

$$x_h^M(p_1, p_2, M) = -\frac{\partial V(p_1, p_2, M)/\partial p_h}{\partial V(p_1, p_2, M)/\partial M} = -\frac{\partial V/\partial p_h}{\lambda}. \tag{4.43}$$

Sie besagt, dass die Marshall'sche Nachfrage nach Gut h aus der indirekten Nutzenfunktion abgeleitet werden kann, indem man den Quotienten zwischen deren Ableitung nach dem h-ten Preis und dem Grenznutzen des Geldes bildet. Man beachte, dass das letzte Gleichheitszeichen in (4.43) aus (4.28) folgt.

4.3.3 Reaktion der Nachfrage auf Änderungen von Einkommen und Preisen

Wenden wir uns nun wieder der Marshall'schen Nachfragefunktion

$$x_h^\circ = x_h^M(p_1, p_2, M), \quad h = 1, 2$$

zu, die angibt, eine wie große Menge des h-ten Gutes der Konsument bei Preisen p_1 und p_2 und einem Budget M zu kaufen plant. Interessante Fragestellungen sind dann: In welcher Richtung und in welchem Ausmaß wird sich die Nachfrage ändern,

1. wenn alle Parameter proportional verändert werden?
2. wenn nur das Einkommen M erhöht wird?
3. wenn nur der Preis des Gutes selbst, p_h, erhöht wird?
4. wenn nur der Preis des anderen Gutes erhöht wird?

Gefragt ist in den Punkten 2. bis 4. also zunächst nach den Vorzeichen der partiellen Ableitungen $\partial x_h^M/\partial M$, $\partial x_h^M/\partial p_1$ und $\partial x_h^M/\partial p_2$, die die Richtung der jeweiligen Nachfrageänderungen ausdrücken. Das Ausmaß ergibt sich aus den entsprechenden **Elastizitäten**, die wie folgt definiert werden:

$$\eta_{x_h^\circ, M} = \frac{\partial x_h^M}{\partial M} \cdot \frac{M}{x_h^\circ} \qquad \textbf{Einkommenselastizität} \tag{4.44a}$$

$$\eta_{x_h^\circ, p_h} = \frac{\partial x_h^M}{\partial p_h} \cdot \frac{p_h}{x_h^\circ} \qquad \textbf{(Eigen-)Preiselastizität} \tag{4.44b}$$

$$\eta_{x_h^\circ, p_j} \atop (j \neq h) = \frac{\partial x_h^M}{\partial p_j} \cdot \frac{p_j}{x_h^\circ} \qquad \textbf{Kreuzpreiselastizität} \tag{4.44c}$$

Sie drücken das Verhältnis der relativen Veränderung der Nachfragemenge zur relativen Veränderung des Einkommens bzw. des betreffenden Preises aus.

4.3.3.1 Proportionale Änderung der Preise und des Einkommens

Zunächst soll die gleichzeitige und proportionale Veränderung aller Preise und des Einkommens von (p_1, p_2, M) auf $(\lambda p_1, \lambda p_2, \lambda M)$ untersucht werden: Wie man sich graphisch sofort klarmachen kann, ändert sich in diesem Falle die Budgetgerade überhaupt nicht: Weder ändert sich ihre Steigung, also das Preisverhältnis, denn es gilt für $\lambda \geq 0$

$$\frac{\lambda p_1}{\lambda p_2} = \frac{p_1}{p_2},$$

noch ändern sich die Achsenabschnitte, denn es gilt

$$\frac{\lambda M}{\lambda p_1} = \frac{M}{p_1} \quad \text{und} \quad \frac{\lambda M}{\lambda p_2} = \frac{M}{p_2}.$$

Da sich weder die Zielfunktion noch die Nebenbedingung ändert, bleibt folglich auch das Haushaltsoptimum das gleiche und es gilt:

$$x_h^M(\lambda p_1, \lambda p_2, \lambda M) = x_h^M(p_1, p_2, M) \quad h = 1, 2 \tag{4.45}$$

Wir erkennen daraus, dass die Marshall'schen Nachfragefunktionen **homogen vom Grade Null** im Vektor der Preise und des Einkommens sind.[8]

Diese Eigenschaft wird auch als „**Abwesenheit von Geldillusion**" interpretiert. Sie spielt vor allem bei Änderungen der Recheneinheit eine Rolle. Als am 1.1.2002 die DM im Verhältnis $1,95 : 1$ auf Euro umgestellt wurde und alle Preise und Einkommen danach in der neuen Währung ausgedrückt wurden, ergab sich eine Gelegenheit, das Vorliegen dieser Eigenschaft zu überprüfen. Ein Student, der nach Umstellung seines BAFöG-Stipendiums von 1000 DM auf 512 € bereit war, 3,60 € für ein Glas Bier auszugeben, das er kurz zuvor für 7 DM niemals gekauft hätte, zeigt z.B., dass bei ihm Geldillusion vorliegt.

4.3.3.2 Änderung des Einkommens

Wir betrachten als nächstes eine Erhöhung nur des Einkommens M. Im Gütermengen-Diagramm bedeutet dies eine Parallelverschiebung der Budgetgeraden nach rechts oben.

Die jeweiligen vom „nutzenmaximierenden" Haushalt gewählten Güterbündel kann man in Abbildung 4.10 an den Berührpunkten der Budgetgeraden mit den jeweils höchsten Indifferenzkurven ablesen. Führt man diese Konstruktion nicht nur für die Einkommensniveaus M^0, M^1, und M^2, sondern für alle denkbaren Einkommenshöhen durch, so erhält man nicht nur die drei jeweils optimalen Güterbündel x^0, x^1

---

[8]Man überprüfe diese Eigenschaft an den Nachfragefunktionen unseres obigen Rechenbeispiels, (4.25') und (4.26')!

und x^2, sondern einen ganzen Kurvenzug, den man **Einkommens-Konsum-Kurve** nennt.

Definition:

Die Einkommens-Konsum-Kurve ist der geometrische Ort aller optimalen Konsumgüterbündel bei variierendem Einkommen, aber festen Güterpreisen p_1 und p_2.

Die Analogie zum **Expansionspfad** einer kostenminimierenden Unternehmung ist offensichtlich.

Diese Kurve stellt eine Beziehung zwischen den gekauften Gütermengen x_2 und x_1 auf. Hat sie eine positive endliche Steigung, so wird bei einem Zuwachs des Einkommens von beiden Gütern eine größere Menge gekauft (beide Güter sind „normal"); ist die Steigung negativ, wie in Abbildung 4.10 rechts vom Punkt x^1, so wird von einem Gut (hier: Gut 1) mehr, vom anderen (Gut 2) weniger gekauft, wenn das Einkommen steigt.

Das letztgenannte Gut wird **inferior** genannt. Der Begriff drückt aus, dass bei einem Einkommenszuwachs Güter geringerer Qualität (VW Polo) durch Güter höherer Qualität (Mercedes) ersetzt werden.

Algebraisch lässt sich die Einkommens-Konsum-Kurve aus der Bedingung für ein Haushaltsoptimum, (4.24), durch Auflösen nach x_2 gewinnen. In unserem obigen Rechenbeispiel ergibt sich etwa

$$x_2 = \frac{p_1}{2p_2} \cdot x_1. \tag{4.24'}$$

Bei festen Werten von p_1 und p_2 ist dies eine Gerade durch den Ursprung mit Steigung $p_1/2p_2$.

Während die Einkommens-Konsum-Kurve eine Beziehung zwischen den optimalen Gütermengen x_1° und x_2° bei variierendem Haushaltseinkommen darstellt, kann man auch die Menge eines Gutes mit dem Einkommen M in Beziehung setzen, indem man die entsprechende Koordinate der jeweiligen optimalen Güterbündel $(x_1^{\circ}, x_2^{\circ})$ in ein (x_j°, M) - Diagramm überträgt. Dies wird in Abbildung 4.10 dargestellt.

Die resultierenden Kurven werden **Engel-Kurven** genannt (nach dem deutschen Statistiker Ernst Engel (1821-1896)). Algebraisch entspricht einer Engel-Kurve die Nachfragefunktion nach dem jeweiligen Gut in Abhängigkeit vom Einkommen bei Konstanz aller Preise

$$x_h^{\circ} = x_h^M(\bar{p}_1, \bar{p}_2, M) = x_h^{\circ}(M). \tag{4.46}$$

Die Elastizität dieser Kurve, also die Einkommenselastizität, die wir in (4.44a) definiert haben, dient zur Charakterisierung der Bedeutung eines Gutes für einen Haus-

halt in einer bestimmten Preis-Einkommen-Situation. Folgende Klassen werden gebildet:

$$\eta_{x_h,M} \begin{cases} < 0 \text{ inferiores Gut} \\ > 0 \text{ normales Gut} \begin{cases} < 1 \ \text{ essentielles Gut} \\ > 1 \ \text{ Luxusgut} \end{cases} \end{cases}$$

Ist die Einkommenselastizität negativ, so nimmt der Konsum des Gutes mit zuneh-
mendem Einkommen ab (Gut 2 im rechten Teil von Abbildung 4.10 für Einkommen
ab M^1), und das Gut wird inferior genannt.

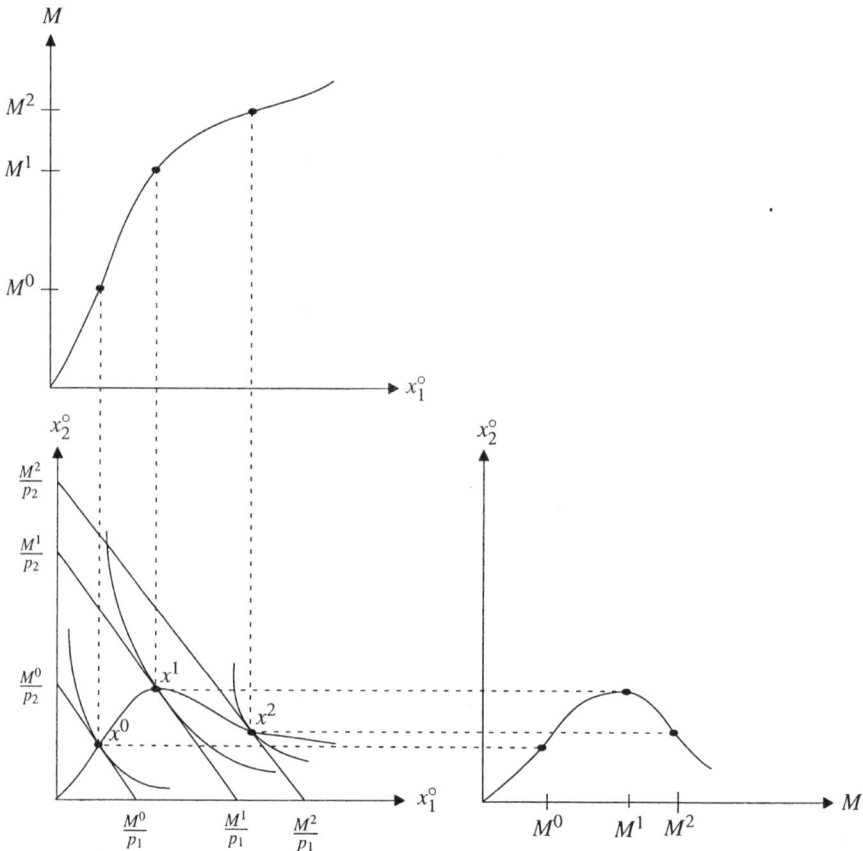

Abbildung 4.10. Herleitung der Engel-Kurven für Gut 1 (oben) und Gut 2 (rechts) aus der
Einkommens-Konsum-Kurve

Ist sie positiv, so unterscheidet man nach dem Kriterium $\eta \lessgtr 1$.

Der Grund ist leicht einzusehen: Gilt

$$\eta = \frac{\partial x_h}{\partial M} \cdot \frac{M}{x_h} < 1 \quad \text{oder} \quad \frac{\partial x_h}{\partial M} < \frac{x_h}{M}, \quad \text{bzw.} \quad \frac{\partial (p_h x_h)}{\partial M} < \frac{p_h x_h}{M},$$

so nimmt der Konsum des Gutes mit dem Einkommen unterproportional zu, d.h. von dem zusätzlichen verfügbaren Euro wird weniger als der bisherige Anteil der Ausgaben für dieses Gut am Einkommen ausgeben.

Gilt $\eta > 1$, so wird von einem zusätzlichen Euro mehr als der bisherige Ausgabenanteil ausgegeben und die Charakterisierung als **„Luxusgut"** liegt nahe.

4.3.3.3 Änderung eines Güterpreises

Die Änderung der Marshall'schen Nachfrage aufgrund von Preisänderungen weist keine eindeutige Struktur auf. In Abhängigkeit von der Form der Indifferenzkurven ist es möglich, dass bei einer Preiserhöhung von p_1^1 auf p_1^2 die Nachfrage sowohl fällt (von x_1^1 auf x_1^2 in Abb. 4.11a) als auch steigt (von x_1^1 auf x_1^2 in Abb. 4.11b).

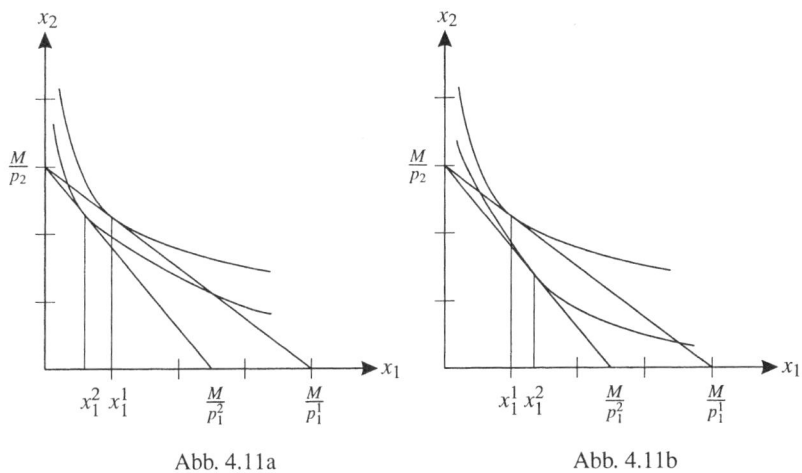

Abb. 4.11a   Abb. 4.11b

Abbildung 4.11. Fallende und steigende Nachfrage bei einer Preiserhöhung

Dies ist ein sehr wichtiges negatives Ergebnis, zeigt es doch, dass die zunächst so plausibel klingende und in den meisten Einführungstexten verwendete Hypothese, dass die Nachfrage eine fallende Funktion des Preises sei („Gesetz der Nachfrage"), nicht notwendig aus der Nutzenmaximierungshypothese folgt. Bei steigender individueller Nachfrage und letztlich steigender Marktnachfrage gelten aber all die intuitiven Eigenschaften eines Marktgleichgewichts unter Umständen nicht mehr. Es ist allerdings möglich, die Ursache für diese mangelnde Struktur der Nachfragefunktion besser zu verstehen. Dazu ist es erforderlich, den Gesamteffekt einer Preisänderung gedanklich in zwei Teileffekte zu zerlegen, nämlich

1) einen **Substitutionseffekt**, der lediglich durch die Änderung des Preisverhältnisses p_1/p_2 ausgelöst wird,

2) einen **Einkommenseffekt**, der dadurch ausgelöst wird, dass die Preiserhöhung für den Haushalt wie eine Realeinkommenssenkung wirkt.

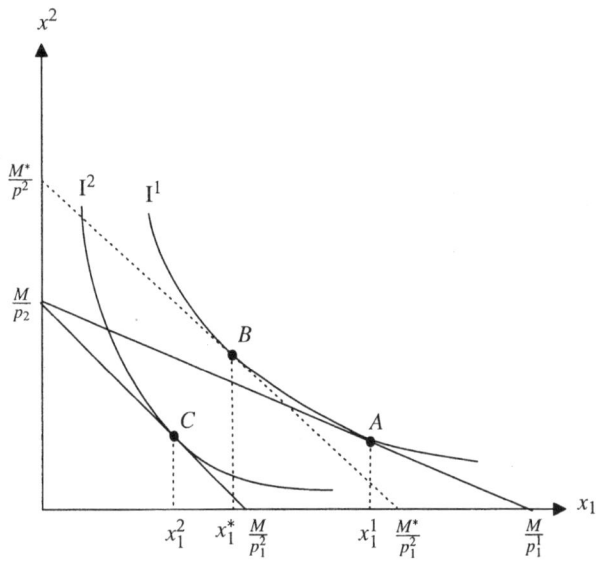

Abbildung 4.12. Substitutions- und Einkommenseffekt bei steigendem Preis von Gut 1

Den Substitutionseffekt erhält man, wenn man unterstellt, es gelte das neue Preisverhältnis p_1^2/p_2, der Haushalt sei jedoch in der Lage, auf der selben Indifferenzkurve zu verbleiben wie vor der Preiserhöhung, und minimiere die Ausgaben unter dieser Voraussetzung. Die Lösung dieses Problems erhält man graphisch aus dem Berührpunkt der alten Indifferenzkurve, I^1, mit der niedrigstmöglichen Iso-Ausgabenlinie, die dieselbe Steigung aufweist wie die neue Budgetgerade. In Abbildung 4.12 ist dies die gestrichelte Gerade, und der Berührpunkt ist B. Den zugehörigen Konsum des 1. Gutes nennen wir x_1^* im Einklang mit der Notation in (4.35), weil es sich um die **Hicks'sche Nachfrage** des Konsumenten bei den neuen Preisen und dem alten Niveau der Präferenzfunktion handelt:

$$x_1^* = x_1^H(p_1^2, p_2, U^1)$$

Das Verhältnis der zugehörigen Mengenänderung, $x_1^* - x_1^1$, zur Preisänderung, $p_1^2 - p_1^1$, nennt man Substitutionseffekt,

$$\frac{\Delta x_1^S}{\Delta p_1} = \frac{x_1^* - x_1^1}{p_1^2 - p_1^1}. \tag{4.47}$$

Er ist bei konvexen differenzierbaren Indifferenzkurven (vgl. Annahme 4.9) **immer negativ**, d.h. eine relative Verteuerung von Gut 1 führt immer zu einer Abnahme der Nachfrage bei Ausgabenminimierung.[9]

Dagegen gibt die Bewegung von *B* nach *C* analog zu dem vorher besprochenen Fall die Änderung der Konsumnachfrage im Zuge einer Einkommenssenkung bei konstanten Preisen an: Hier bewegt sich der Konsument also entlang seiner Einkommens-Konsum-Kurve. Dies kann zu einer Verringerung von x_1 führen (falls das 1. Gut normal ist, wie eingezeichnet), oder auch zu einer Erhöhung (falls es inferior ist). Das Verhältnis von Mengen- und Preisänderung bezeichnet man in diesem Fall als Einkommenseffekt.

$$\frac{\Delta x_1^E}{\Delta p_1} = \frac{x_1^2 - x_1^*}{p_1^2 - p_1^1} \tag{4.48}$$

Erweitert man den Bruch auf der linken Seite von (4.48) mit ΔM^{real}, so erhält man

$$\frac{\Delta x_1^E}{\Delta p_1} = \frac{\Delta M^{\text{real}}}{\Delta p_1} \cdot \frac{\Delta x_1^E}{\Delta M^{\text{real}}}. \tag{4.49}$$

und kann nun den Einkommenseffekt seinerseits in zwei multiplikative Komponenten zerlegen:

• Die Reaktion des Realeinkommens auf die Preisänderung: $\Delta M^{\text{real}}/\Delta p_1$:

  Sie errechnet sich aus der Differenz des Wertes des Güterbündels (x_1^*, x_2^*) zu den alten und den neuen Preisen:

$$\frac{\Delta M^{\text{real}}}{\Delta p_1} = \frac{(p_1^1 x_1^* + p_2 x_2^*) - (p_1^2 x_1^* + p_2 x_2^*)}{p_1^2 - p_1^1} = -x_1^* \tag{4.50}$$

• Die Reaktion der Güternachfrage auf die Realeinkommensänderung: $\Delta x_1^E/\Delta M^{\text{real}}$.

Die erste Komponente ist offensichtlich immer negativ und im Absolutbetrag umso größer, je mehr der Haushalt in der Ausgangssituation von dem betreffenden Gut gekauft hat: Die Preiserhöhung für ein häufig und in großen Mengen gekauftes Gut berührt das Realeinkommen stärker als die für ein selten oder überhaupt nicht gekauftes.

Daher hat $\Delta x_1^E/\Delta p_1$ immer das entgegengesetzte Vorzeichen des reinen Einkommenseffekts, $\Delta x_1^E/\Delta M^{\text{real}}$, und ist negativ für ein normales und positiv für ein inferiores Gut.

Als **Gesamteffekt** bezeichnet man die Summe aus Substitutions- und Einkommenseffekt:

---

[9]Durch Annahme 4.9 sind vollständige Komplemente ausgeschlossen. In diesem Fall (L-förmige Indifferenzkurven) würde die Hicks'sche Nachfrage **nicht** auf Preisänderungen reagieren.

$$\frac{\Delta x_1}{\Delta p_1} = \frac{\Delta x_1^S}{\Delta p_1} + \frac{\Delta x_1^E}{\Delta p_1}$$

$$= \underbrace{\frac{\Delta x_1^S}{\Delta p_1}}_{<0} + \underbrace{\frac{\Delta M^{\text{real}}}{\Delta p_1}}_{<0} \cdot \underbrace{\frac{\Delta x_1^E}{\Delta M^{\text{real}}}}_{\lessgtr 0} \left\{ \begin{array}{l} < 0 \text{ falls Gut 1 normal} \\ \lessgtr 0 \text{ sonst} \end{array} \right. \tag{4.51}$$

Das Vorzeichen des Gesamteffektes ist bei normalen Gütern eindeutig negativ, während es bei inferioren Gütern auf die relative Größe der beiden gegenläufigen Effekte ankommt. Überwiegt der (positive) Einkommenseffekt den (negativen) Substitutionseffekt, so spricht man (nach Sir Robert Giffen, 1837-1910) von einem **Giffen-Gut**: Hier nimmt bei einer Preissteigerung der Konsum sogar zu!

Die zuletzt genannte Verhaltensweise des Konsumenten kann am umgekehrten Beispiel einer Preissenkung folgendermaßen erklärt werden: Ist sein Einkommen gering, so wird er einen beträchtlichen Teil davon für ein Grundnahrungsmittel, wie Brot, Kartoffeln und Reis, ausgeben, um überleben zu können. Fällt der Preis des Grundnahrungsmittels, so steigt sein Realeinkommen. Der Konsument kann es sich nun leisten, die Menge des Grundnahrungsmittels absolut zu verringern, um mehr Gemüse oder Fleisch als bisher zu kaufen.

Die zuvor graphisch demonstrierte Zerlegung des Effekts einer Preisänderung auf die nachgefragte Menge in einen Substitutionseffekt und einen Einkommenseffekt kann auf recht einfache Weise algebraisch vollzogen werden, und zwar in Bezug auf marginale (unendlich kleine) Änderungen der betrachteten Größen.

Als Ausgangspunkt wählen wir Gleichung (4.41), die einen Zusammenhang zwischen der Hicks'schen und der Marshall'schen Nachfrage nach Gut 1 darstellt:

$$x_1^H(p_1, p_2, U^0) = x_1^M(p_1, p_2, M^0) = x_1^M[p_1, p_2, E(p_1, p_2, U^0)] \tag{4.41}$$

Da dies eine Identität ist, also eine Beziehung, die für **alle** Werte von p_1, p_2 und U^0 erfüllt ist, kann man sie partiell nach p_1 ableiten und erhält dann

$$\frac{\partial x_1^H}{\partial p_1} = \frac{\partial x_1^M}{\partial p_1} + \frac{\partial x_1^M}{\partial M} \cdot \frac{\partial E}{\partial p_1}. \tag{4.52}$$

$E(p_1, p_2, U^0)$ ist die in (4.37) definierte Ausgabenfunktion und bezeichnet die minimalen Ausgaben zur Erreichung des Niveaus U^0 der Präferenzfunktion zu Preisen p_1, p_2. Nach dem Envelope-Theorem gilt für ihre partielle Ableitung nach p_1:

$$\frac{\partial E(p_1, p_2, U^0)}{\partial p_1} = x_1^* \tag{4.53}$$

Setzt man (4.53) in (4.52) ein und formt man die Gleichung um, so erhält man

$$\frac{\partial x_1^M}{\partial p_1} = \frac{\partial x_1^H}{\partial p_1} - x_1^* \cdot \frac{\partial x_1^M}{\partial M} \qquad (\text{wobei } x_1^* = x_1^o). \tag{4.54}$$

Dies ist die „Slutsky-Zerlegung",[10] die (für marginale Veränderungen) dieselbe Aussage wie (4.51) für absolute Änderungen enthält:

Der Gesamteffekt wird zerlegt in

- einen **Substitutionseffekt**, der der Reaktion der Hicks´schen Nachfrage auf die Preisänderung $\partial x_1^H / \partial p_1$ entspricht, und
- einen **Einkommenseffekt**, $-x_1^* \cdot \partial x_1^M / \partial M$.

Bemerkung:

Häufig wird der Substitutionseffekt auch als $[\partial x_1 / \partial p_1]_{U=\text{const}}$ geschrieben, und von der **kompensierten Nachfrage** gesprochen, da die Preisänderung durch eine Einkommensänderung kompensiert sei (vgl. Abbildung 4.12).

Dagegen erscheint es sinnvoller, von der Ableitung der Hicks'schen, also ausgabenminimierenden Nachfragefunktion $x_1^H(p_1, p_2, U^0)$ nach dem Preis zu sprechen.

Beispiel:

In unserem obigen Rechenbeispiel ergibt sich wegen

$$x_1^\circ = \frac{2M}{3p_1} \qquad (4.25')$$

$$x_1^* = \left(2U^0 \cdot \frac{p_2}{p_1}\right)^{\frac{1}{3}} \qquad (4.35')$$

$$M^0 = E(p_1, p_2, U^0) = p_1 x_1^* + p_2 x_2^* = 3/2 \cdot (2U^0 \cdot p_2 p_1^2)^{\frac{1}{3}} \qquad (4.40')$$

für die linke Seite von (4.54)

$$\frac{\partial x_1^M}{\partial p_1} = \frac{2M}{3p_1^2} - -(2U^\circ p_2)^{\frac{1}{3}} p_1^{-\frac{4}{3}}$$

und für die rechte Seite

$$\frac{\partial x_1^H}{\partial p_1} - x_1^* \frac{\partial x_1^M}{\partial M} = -\frac{1}{3}(2U^0 p_2)^{\frac{1}{3}} \cdot p_1^{-\frac{4}{3}} - \frac{2}{3p_1} \cdot (2U^0 p_2)^{\frac{1}{3}} \cdot p_1^{-\frac{1}{3}}$$

$$= -(2U^0 \cdot p_2 \cdot p_1^{-4})^{\frac{1}{3}}$$

so dass (4.54) für dieses Beispiel erfüllt ist.

---

[10]Eugenius Slutsky (1880 – 1948) war ein russischer Mathematiker und Ökonom.

4.3.3.4 Ein Anwendungsbeispiel: Preissubventionen oder Einkommenshilfen?

Im Folgenden wollen wir eine Anwendung der Konsumtheorie besprechen. In Abbildung 4.13 sei AB die Budgetgerade eines Konsumenten in der Ausgangssituation, und C ist sein Haushaltsoptimum. Die Regierung habe beschlossen, dem betreffenden Haushalt (bzw. einer Gruppe von Haushalten, zu denen dieser gehört) zu helfen, indem sie den Preis des Gutes 1 (z.B. Wohnungsmiete) um einen bestimmten Prozentsatz bezuschusst. Dadurch muss der Haushalt statt p_1^0 nur noch p_1^1 pro Einheit zahlen, die Budgetgerade dreht sich um Punkt A, wird flacher, und das neue Haushaltsoptimum liegt im Punkt D.

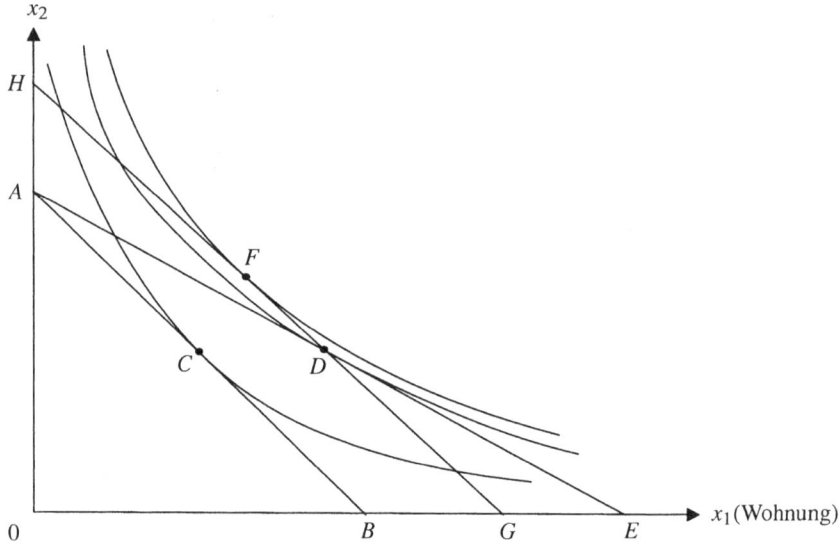

Abbildung 4.13. Preissubvention versus Einkommenshilfe am Beispiel Wohnungsmarkt

Alternativ dazu könnte die Regierung dem Haushalt einen Geldtransfer gewähren. Hat er dieselbe Höhe wie die Kosten der Preissubvention im ersten Fall, so bedeutet dies eine Parallelverschiebung der alten Budgetgeraden so, dass sie auch durch den Punkt D geht (denn laut Annahme hat der Transfer dieselbe Summe, daher kann der Haushalt wieder D realisieren).

Wir erkennen aus der Abbildung folgendes:

1. Im Falle eines Geldtransfers wird weniger von Gut 1 und mehr von Gut 2 konsumiert als bei einer Subventionierung von Gut 1;

2. Das Haushaltsoptimum bei Geldtransfer liegt auf einer höheren Indifferenzkurve als das bei Preissubventionierung und gleichen Kosten für die Regierung.

Die 1. Aussage ist richtig, weil die Preissubventionierung einen Einkommens- **und** einen Substitutionseffekt hat: Das Preisverhältnis p_1/p_2 wird verändert, während der Geldtransfer nur einen Einkommenseffekt hat. Da der Substitutionseffekt immer ein negatives Vorzeichen hat, bedeutet er einen **zusätzlichen** Einfluss zur Vergrößerung des Konsums von Gut 1, die beim Geldtransfer wegfällt. Die 2. Aussage ist richtig, weil die Indifferenzkurve durch D, die tangential an die Budgetgerade AE verläuft, die Budgetgerade GH, die steiler ist, schneiden muss. Folglich gibt es eine **höhere** Indifferenzkurve, die an GH tangential verläuft.

Wir ziehen daraus die Schlussfolgerung, dass es ein Konsument bei gleichem Aufwand für die Staatskasse immer vorziehen würde, einen Transfer von Geldmitteln zu erhalten, anstatt einer Preissubvention auf ein Gut.

4.3.3.5 Modifikation der Slutsky-Zerlegung bei Anfangsausstattung mit Gütern

In Gleichung (4.54) hatten wir gesehen, wie sich die Reaktion der Nachfrage auf eine Preisänderung in einen Substitutions- und einen Einkommenseffekt zerlegen lässt. Diese Analyse wollen wir jetzt auf den Fall verallgemeinern, dass der Haushalt von einem oder beiden Gütern eine Anfangsausstattung besitzt und somit auch Nettoanbieter sein kann.

Wir bezeichnen dazu die konsumierten Gütermengen allgemein mit x_i und nehmen an, der Haushalt verfüge über eine Anfangsausstattung $\bar{x}_i$, $i = 1, 2$, mit Gütern, sowie über ein exogenes Einkommen M. Seine Budgetrestriktion lautet somit

$$p_1 x_1 + p_2 x_2 = p_1 \bar{x}_1 + p_2 \bar{x}_2 + M \equiv Y. \tag{4.55}$$

Wie üblich erhalten wir aus der Maximierung der Nutzenfunktion $U(x_1, x_2)$ unter der Budgetrestriktion die Marshall'schen Nachfragefunktionen $x_j^M(p_1, p_2, Y)$, $j = 1, 2$, und die indirekte Nutzenfunktion $V(p_1, p_2, Y)$. Die Ausgabenminimierung führt zu den Hicks'schen Nachfragefunktionen $x_j^H(p_1, p_2, U)$ und der Ausgabenfunktion $E(p_1, p_2, U)$.

Die Ableitung der Slutsky-Zerlegung führen wir für die Wirkung einer Preisänderung von Gut i auf die Nachfrage nach Gut j durch. Wir verwenden drei Dualitätsbeziehungen. Durch Umschreiben von (4.41) erhalten wir:

$$x_j^M(p_1, p_2, Y) = x_j^H(p_1, p_2, V(p_1, p_2, Y)).$$

Ableiten nach p_i ergibt

$$\frac{\partial x_j^M}{\partial p_i} = \frac{\partial x_j^H}{\partial p_i} + \frac{\partial x_j^H}{\partial U} \left[\frac{\partial V}{\partial p_i} + \frac{\partial V}{\partial Y} \frac{\partial Y}{\partial p_i} \right]. \tag{4.56}$$

Analog zu (4.40) gilt:

$$Y = E(p_1, p_2, V(p_1, p_2, Y)).$$

Daraus folgt

$$\frac{\partial Y}{\partial p_i} = \frac{\partial E}{\partial p_i} + \frac{\partial E}{\partial U}\left[\frac{\partial V}{\partial p_i} + \frac{\partial V}{\partial Y}\frac{\partial Y}{\partial p_i}\right]$$
$$= x_i^* + \frac{\partial E}{\partial U}\left[\frac{\partial V}{\partial p_i} + \frac{\partial V}{\partial Y}\frac{\partial Y}{\partial p_i}\right]. \tag{4.57}$$

Aus (4.55) lässt sich $\dfrac{\partial Y}{\partial p_i} = \bar{x}_i$ ableiten. Durch Einsetzen in die linke Seite von (4.57) und Auflösen nach dem Term in der Klammer erhalten wir

$$\frac{\partial V}{\partial p_i} + \frac{\partial V}{\partial Y}\frac{\partial Y}{\partial p_i} = \frac{\bar{x}_i - x_i^*}{\dfrac{\partial E}{\partial U}}. \tag{4.58}$$

Schließlich erhalten wir aus (4.41)

$$x_j^H(p_1, p_2, U) = x_j^M(p_1, p_2, E(p_1, p_2, U))$$

durch Ableiten nach U:

$$\frac{\partial x_j^H}{\partial U} = \frac{\partial x_j^M}{\partial Y}\frac{\partial E}{\partial U}. \tag{4.59}$$

Einsetzen von (4.58) und (4.59) in (4.56) ergibt die Slutsky-Zerlegung

$$\frac{\partial x_j^M}{\partial p_i} = \frac{\partial x_j^H}{\partial p_i} + (\bar{x}_i - x_i^*)\frac{\partial x_j^M}{\partial Y}. \tag{4.60}$$

Bei Eigenpreisänderungen, d.h. bei $j = i$, lautet die Slutsky-Zerlegung entsprechend

$$\frac{\partial x_i^M}{\partial p_i} = \underbrace{\frac{\partial x_i^H}{\partial p_i}}_{SE} + \underbrace{(\bar{x}_i - x_i^*)\frac{\partial x_i^M}{\partial Y}}_{EE}. \tag{4.61}$$

Der Substitutionseffekt (SE) ist immer negativ. Das Vorzeichen des Einkommenseffekt (EE) hängt zum einen davon ab, ob der Haushalt Nettoanbieter oder -nachfrager des Gutes ist. Zum anderen ist entscheidend, ob es sich um ein normales oder ein inferiores Gut handelt. Der Einkommenseffekt ist bei einer Preiserhöhung somit unter zwei Konstellationen positiv:

a) Der Haushalt ist Nettonachfrager des Gutes, d.h. $x_i^* > \bar{x}_i$, und es handelt sich um ein inferiores Gut.

b) Der Haushalt ist Nettoanbieter des Gutes, d.h. $\bar{x}_i > x_i^*$, und es handelt sich um ein normales Gut.

In diesen beiden Fällen kann das Gut ein Giffen-Gut sein – in dem Sinne, dass die Nachfrage bei steigendem Preis zunimmt.

4.4 Der Haushalt als Arbeitsanbieter

4.4.1 Bedingungen für das optimale Arbeitsangebot

Bisher wurde davon ausgegangen, dass der Konsument über ein fest vorgegebenes Geldeinkommen verfügt, durch das seine Güterkäufe begrenzt sind. Diese Annahme ist in der Realität für einige Konsumenten erfüllt (BAföG-Studenten, Rentner), für die Mehrzahl der Haushalte jedoch nicht. Denn diese beziehen ihr Einkommen aus dem Verkauf von produktiven Faktoren, und somit ist jenes nicht fest vorgegeben, sondern abhängig von

- der Menge der Faktoren, die sie anbieten, und

- den Faktorpreisen.

In diesem Abschnitt wird dargestellt, wie das Einkommen eines Haushalts, der Anbieter des Faktors Arbeit ist, endogen bestimmt werden kann. Hierzu nehmen wir an, dass der Konsument eine ganz bestimmte Qualifikation hat und auf dem Markt für diesen Typ Arbeit beliebig viele Arbeitsstunden zu konstantem Lohnsatz w absetzen kann. Es herrsche also vollkommene Konkurrenz unter den Arbeitsanbietern und von der Existenz von Gewerkschaften wird abgesehen. Einschränkend sind auch die Annahmen, dass er die Arbeitsmenge frei wählen kann (keine Mindestarbeitszeit von 4 oder 8 Stunden) und dass der Lohnsatz konstant ist (kein Überstundenzuschlag). Der Konsument muss dann nicht nur entscheiden, welche Mengen $x_1, x_2, ... x_k$ der einzelnen Konsumgüter er beziehen, sondern auch, welche Zeit L er arbeiten möchte. Zu berücksichtigen hat er dabei die Budgetbeschränkung

$$p_1 x_1 + p_2 x_2 + ... + p_k x_k = \sum_{h=1}^{k} p_h x_h \leq w \cdot L. \tag{4.62}$$

Auch in der Präferenzfunktion U ist zu berücksichtigen, wieviele Stunden der Haushalt arbeitet, d.h. wieviele Stunden Freizeit ihm verbleiben: Ist T die (physisch) maximal mögliche Arbeitszeit, z.B. 16 Stunden pro Tag, und L die Anzahl der Arbeitsstunden, so verbleiben ihm

$$f = T - L \tag{4.63}$$

Stunden Freizeit. Für das Niveau seiner Präferenzfunktion gilt dann

$$U = U(x_1, x_2, ..., x_k, f) \tag{4.64}$$

mit

$$\frac{\partial U}{\partial f} = U_f > 0. \tag{4.65}$$

Wir nehmen also an, dass - bei gleichem Güterkonsum - mehr Freizeit immer positiv bewertet wird. Diese Annahme ist ebenfalls einschränkend, da nicht jeder den totalen

Müßiggang für erstrebenswert halten muss. Den Ausdruck $\partial U/\partial f$ kann man auch als Grenzleid der Arbeit bezeichnen.

Um die graphische Darstellung zu erleichtern, betrachten wir im Folgenden den Fall nur eines Konsumgutes, dessen konsumierte Menge x_1 ist. Die der Funktion U zugrundeliegende Präferenzordnung kann also durch Indifferenzkurven im (f,x_1)-Diagramm beschrieben werden (s. Abb. 4.14).

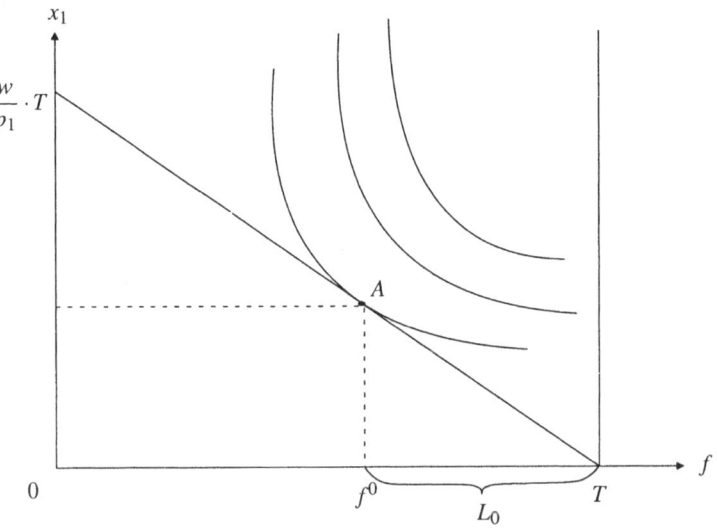

Abbildung 4.14. Konsum-Freizeit-Entscheidung

Die Budgetgerade folgt wegen (4.62) und (4.63) der Formel

$$x_1 = \frac{w}{p_1} \cdot L = \frac{w}{p_1} \cdot (T - f) = \frac{w}{p_1}T - \frac{w}{p_1}f, \tag{4.66}$$

ist also eine fallende Gerade mit Ordinatenabschnitt $w \cdot T/p_1$, der Menge des Konsumguts, die der Konsument bei Verzicht auf Freizeit kaufen kann, und der absoluten Steigung w/p_1, dem **Reallohn**. Er drückt aus, welche Gütermenge sich der Konsument mit dem Lohn für eine Arbeitsstunde kaufen kann. Die Graphik verdeutlicht, dass der Konsument die höchste Indifferenzkurve, falls diese konvex verläuft, dort erreichen kann, wo deren Steigung, also die Grenzrate der Substitution zwischen Konsum und Freizeit, gleich dem Reallohn ist:

$$-\frac{dx_1}{df} = \frac{\partial U/\partial f}{\partial U/\partial x_1} = \frac{w}{p_1} \tag{4.67}$$

Dieses Ergebnis lässt sich auch algebraisch aus dem Lagrange-Ansatz ermitteln, d.h. aus dem Nullsetzen der 1. Ableitungen der Funktion

$$Z(x_1, f, \lambda) = U(x_1, f) + \lambda(wT - wf - p_1 x_1). \tag{4.68}$$

4.4.2 Eigenschaften der Arbeitsangebotsfunktion

Zur Herleitung der Eigenschaften der Arbeitsangebotsfunktion verwenden wir nun die allgemeine Slutsky-Zerlegung. Schreiben wir jetzt wieder f für die konsumierte Freizeit, so lautet die Slutsky-Zerlegung (4.61) für die Freizeitnachfrage

$$\frac{\partial f^M}{\partial w} = \frac{\partial f^H}{\partial w} + (T - f^*)\frac{\partial f^M}{\partial Y}. \tag{4.69}$$

Gleichung (4.69) hilft uns, die Reaktion von Freizeitnachfrage und Arbeitsangebot des Haushalts auf eine Lohnerhöhung in ihre Teileffekte zu zerlegen, und zwar in:

1. einen Substitutionseffekt (erster Term auf der rechten Seite): Durch den gestiegenen Lohnsatz ist Freizeit jetzt teurer geworden, (da sie höhere Opportunitätskosten hat), und wird weniger nachgefragt, also wird mehr gearbeitet.

2. einen Einkommenseffekt (zweiter Term auf der rechten Seite): Durch den gestiegenen Lohnsatz auch schon für die bisher geleisteten $T - f^*$ Arbeitsstunden ist das Einkommen gewachsen. Falls Freizeit ein inferiores Gut ist (d.h. die Ableitung nach dem Einkommen ist negativ), führt dies zu einem weiteren Verzicht auf Freizeit, d.h. auch der Einkommenseffekt bedeutet eine Erhöhung des Arbeitsangebots. Ist Freizeit jedoch normal, so ist der zweite Term positiv, d.h. der Einkommenseffekt allein führt zu einer Verringerung des Arbeitsangebots.

Wie im Fall der Slutsky-Zerlegung (4.54) kommt es auch hier auf die relative Größe der beiden Effekte an, welches Vorzeichen der Gesamteffekt hat.

Graphisch wird die Ableitung der Arbeitsangebotskurve in Abbildung 4.15 demonstriert.

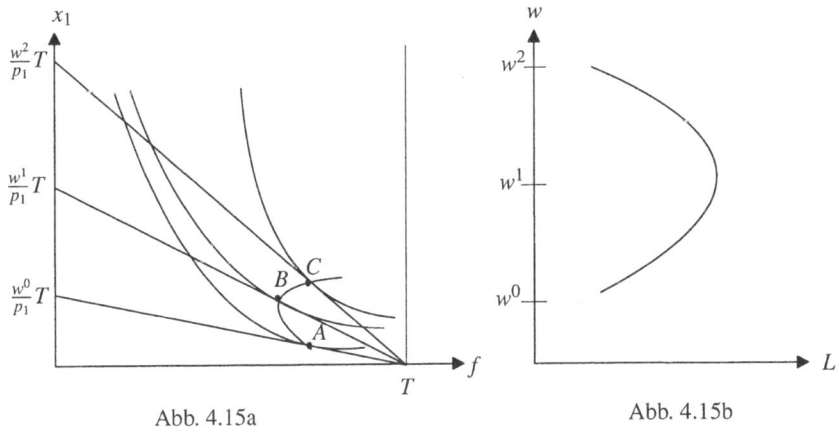

Abb. 4.15a   Abb. 4.15b

Abbildung 4.15. Steigendes und fallendes Arbeitsangebot

Eine Reallohnerhöhung wirkt sich in Abb. 4.15a als eine Drehung der Budgetgeraden um den Punkt $(T, 0)$ im Uhrzeigersinn aus. Liegt der neue Berührpunkt wie
Punkt B in Abb. 4.15a links vom alten (Punkt A), so wird bei steigendem Reallohn
weniger Freizeit konsumiert, also mehr gearbeitet: Die Angebotskurve ist steigend.
Im umgekehrten Fall (Punkt C gegenüber Punkt B) wird bei steigendem Reallohn
weniger gearbeitet, die Arbeitsangebotskurve ist in diesem Bereich fallend.

Dieser Zusammenhang wird in Abb. 4.15b verdeutlicht, indem hier den unterschiedlichen Lohnsätzen w^0, w^1 und w^2 (bei gleichem Güterpreis p_1) die optimalen Werte
des Arbeitsangebots $L = T - f$ aus Abb. 4.15a gegenübergestellt werden.

Im Allgemeinen geht man davon aus, dass die Arbeitsangebotskurve zwei Bereiche
mit negativer Steigung hat, und zwar

1) für sehr niedrigen Lohnsatz: Um ein gewisses Existenzminimum, ausgedrückt
   durch die Konsummenge $\underline{x}_1$, nicht zu unterschreiten, muss der Konsument hier
   bei sinkendem Lohnsatz mehr arbeiten, bis er schließlich die maximale Zeit T
   arbeitet, und

2) für sehr hohen Lohnsatz: Ist er mit Konsumgütern „gesättigt", so bedeutet eine
   weitere Lohnsteigerung, dass er denselben Konsum auch mit weniger Arbeit
   erreichen kann, er wird sich daher mehr Muße gönnen.

Beide Fälle sind in Abb. 4.16 dargestellt: Der erste trifft unterhalb von w^3 zu, der
zweite oberhalb von w^5.

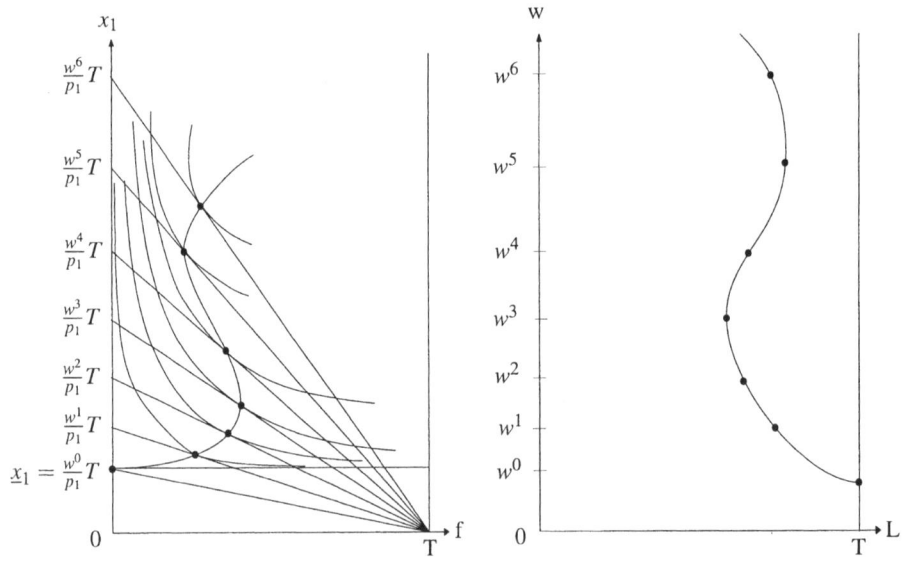

Abbildung 4.16. Arbeitsangebotskurve mit zwei Bereichen negativer Steigung

Der oben erwähnte **Einkommenseffekt** kann auch **isoliert** beobachtet werden, wenn der Haushalt zusätzlich zum Faktoreinkommen ein Transfereinkommen M erhält. Dies bedeutet eine Parallelverschiebung seiner in Abb. 4.14 dargestellten Budgetgeraden um den Betrag $\frac{M}{p_1}$ nach oben (s. Abb. 4.17).

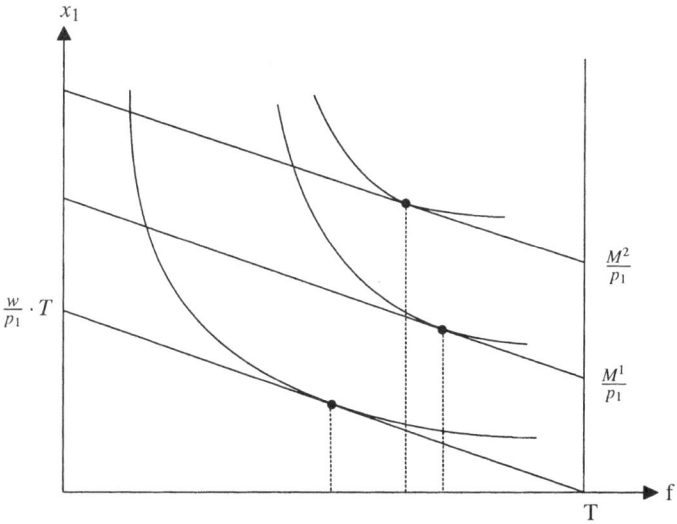

Abbildung 4.17. Konsum-Freizeit-Entscheidung bei unterschiedlichenTransfereinkommen

Nimmt bei einer Erhöhung dieses Transfereinkommens der optimale Freizeitkonsum zu (also das Arbeitsangebot ab), so heißt Freizeit ein normales Gut. Dies trifft in Abb. 4.17 für die Erhöhung von M von 0 auf M^1 zu. Im umgekehrten Fall, wenn also das Arbeitsangebot zunimmt, heißt Freizeit inferior (Bewegung von M^1 auf M^2). Man beachte, dass im letzteren Fall der **Gesamteffekt einer Reallohnsteigerung** immer in einer **positiven Wirkung** auf das Arbeitsangebot bestehen muss.

Die hier dargestellte Analyse hat erhebliche Bedeutung für die Abschätzung der Auswirkungen von staatlichen Maßnahmen der Einkommenspolitik auf das Arbeitsangebot, also z.B. von Einkommenssubventionen, einem gesetzlichen Mindestlohn sowie von (proportionalen) Einkommensteuern und Sozialabgaben.

4.5 Intertemporale Entscheidungen des Haushalts

In allen bisher betrachteten Modellen bezogen sich alle Größen auf ein und dieselbe Zeitperiode: Faktoreinsätze, Güterausbringung, Einkommenserzielung, Konsumgüterkäufe und Verbrauch fallen dabei zeitlich nie auseinander. Wir bezeichneten diese Modelle als **statisch**.

Im Gegensatz dazu haben in der realen Welt viele Entscheidungen von Produzenten und Konsumenten Auswirkungen, die sich auf mehrere Perioden, auf Gegenwart und Zukunft erstrecken. So bedeutet zum Beispiel die Entscheidung eines Abiturienten, 8 Semester lang Volkswirtschaftslehre zu studieren, dass er so lange auf ein Einkommen (außer vielleicht einem knappen BAföG-Stipendium) verzichtet, aber später ein höheres Einkommen erzielen kann als ohne Studium. Auch jemand, der heute Geld auf ein Sparkonto legt oder ein Wertpapier kauft oder umgekehrt einen Kredit aufnimmt, verändert damit sein verfügbares Haushaltsbudget sowohl in der Gegenwart als auch in einer zukünftigen Periode, in der das Wertpapier samt Zinsen fällig wird bzw. der Kredit mit Zinsen zurückgezahlt werden muss.

Gleiches gilt für einen Produzenten, der eine Investition vornimmt, die bei ihrer Anschaffung Geld kostet, aber die zukünftige Güterausbringung und damit die zukünftigen Erlöse zu steigern verspricht. Für die gesamte Gesellschaft stellen sich wichtige intertemporale Entscheidungsprobleme z.B. im Zusammenhang mit erschöpfbaren Rohstoffen wie Erdöl: Wie soll die begrenzte insgesamt verfügbare Menge zwischen dieser, der kommenden und den weiteren Generationen aufgeteilt werden?

In diesem Abschnitt werden wir nur einen sehr einfachen Typ von intertemporalen Entscheidungen des Konsumenten behandeln, nämlich **Zwei-Perioden-Entscheidungen**. Es wird also die vereinfachende Annahme getroffen, dass die Welt nur für zwei Zeitperioden, Gegenwart und Zukunft, existiert. Wie in der Einleitung erwähnt, ist es das Wesen der intertemporalen Theorie, dass sie zwar die Existenz zweier oder mehrerer Zeitpunkte berücksichtigt (im Gegensatz zur statischen Theorie), aber unterstellt, alle Entscheidungen würden nur **zu einem Zeitpunkt**, in der Gegenwart, getroffen. Es herrscht dort vollkommene Voraussicht über alle Daten (z.B. die Einkommen) der zukünftigen Perioden, so dass bereits alles festgelegt werden kann. In der Zukunft werden diese Entscheidungen dann lediglich noch ausgeführt.

4.5.1 Konsum- und Sparentscheidungen eines Haushalts in einer Zwei-Perioden-Welt

Erstreckt sich die Welt bzw. der Planungszeitraum auf zwei Perioden, so lässt sich der Konsum eines Haushalts in einer k-Güter-Welt durch einen Vektor mit $2k$ Komponenten darstellen, wobei sich die ersten k Komponenten auf die Gegenwart ($t = 0$), die zweiten k Komponenten auf die Zukunft ($t = 1$) beziehen. Die Präferenzfunktion des Haushalts müsste demnach lauten

$$U = U(x_{10},...,x_{k0};x_{11},...,x_{k1}). \tag{4.70}$$

Damit sich das Modell jedoch graphisch darstellen lässt, wollen wir im Folgenden davon ausgehen, dass der Konsumvektor jeweils einer Periode durch die Höhe der Ausgaben

$$c_t = p_{1t}x_{1t} + p_{2t}x_{2t} + ... + p_{kt}x_{kt} \qquad t = 0,1 \tag{4.71}$$

ausgedrückt werden kann. Dies bedeutet, dass die Zusammensetzung des Konsums in der jeweiligen Periode sich nicht ändert, auch wenn die Gesamtausgaben variieren.[11] Wir können dann (4.70) vereinfachen zu

$$U = U(c_0, c_1), \tag{4.72}$$

der Nutzen des Haushalts hängt daher nur von den geplanten Ausgaben in der Gegenwart (c_0) und in der Zukunft (c_1) ab, und wir können die Funktion U anhand einer Schar von Indifferenzkurven im c_0, c_1-Diagramm darstellen.

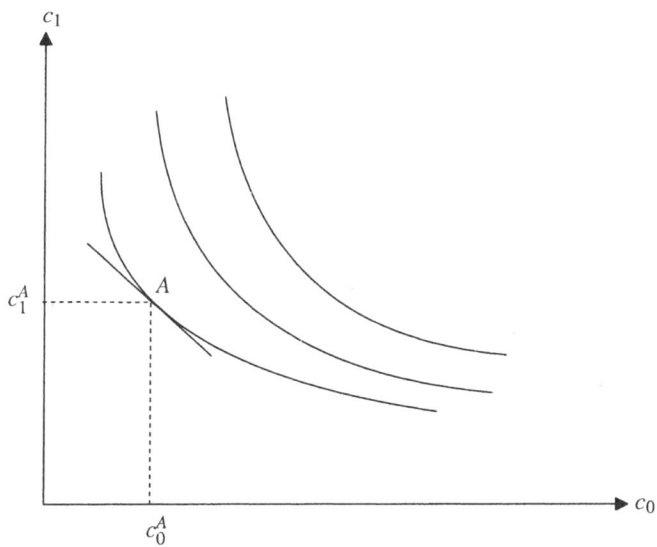

Abbildung 4.18. Intertemporale Substitution

Die Steigung einer solchen Indifferenzkurve in einem Punkt A, wie er in Abb. 4.18 eingezeichnet ist, lässt sich wie üblich aus den partiellen Ableitungen der Präferenzfunktion (4.72) ermitteln

$$-\frac{dc_1}{dc_0} = \frac{\partial U/\partial c_0}{\partial U/\partial c_1} \tag{4.73}$$

und wird als **intertemporale Grenzrate der Substitution** oder Grenzrate der Substitution zwischen heutigem und zukünftigem Konsum interpretiert. Beträgt sie in Punkt A etwa 1,05, so bedeutet dies, dass der Konsument bereit ist, auf Konsum im Wert von 1 Geldeinheit heute ($t = 0$) zu verzichten, wenn er dafür in der nächsten Periode ($t = 1$) um 1,05 Geldeinheiten höhere Ausgaben tätigen kann.

Bisweilen betrachtet man auch die Größe

$$\delta = \left|\frac{dc_1}{dc_0}\right| - 1, \tag{4.74}$$

---

[11]Dies ist z.B. der Fall, wenn alle relativen Preise über die Zeit konstant bleiben und die Nutzenfunktion homothetisch ist.

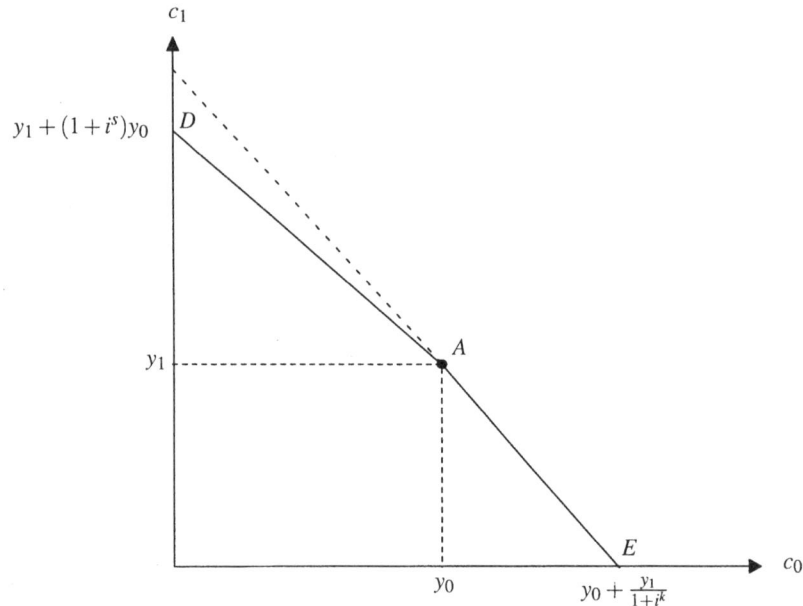

Abbildung 4.19. Intertemporale Konsummöglichkeiten

die als **Zeitpräferenzrate** bezeichnet wird. Sie beträgt im obigen Zahlenbeispiel $0,05$ oder 5% und gibt an, um welchen Anteil der morgige Konsum höher sein muss als der heutige, um den Konsumenten gerade indifferent zwischen heutigem und zukünftigem Konsum sein zu lassen.

Bei streng konvexen Indifferenzkurven hängt die Grenzrate der Substitution, wie man an Abb. 4.18 ablesen kann, davon ab, welchen gegenwärtigen und zukünftigen Konsum der Haushalt in der Ausgangssituation zugrundelegt. Sie ist umso niedriger, je größer der heutige Konsum im Verhältnis zum zukünftigen ist.

Als nächstes sind die **Konsummöglichkeiten** des Haushalts zu beschreiben. Dieser erhalte zu Beginn jeder Periode ein Geldeinkommen, y_0 bzw. y_1. Eine mögliche Ausgabenstruktur besteht also darin, dass er in jeder Periode das laufende Einkommen vollständig ausgibt und daher den Punkt $A = (y_0, y_1)$ in Abb. 4.19 realisiert.

Ferner sei es dem Haushalt möglich,

a) in der Gegenwart Geld auf einem Sparkonto anzulegen, das in der Zukunft ($t = 1$) frei wird, wobei der Sparzins i^S beträgt, oder

b) in der Gegenwart einen Kredit aufzunehmen, der in der Zukunft inklusive Zinsen (Kreditzinssatz i^k) zurückzuzahlen ist.

Seine Konsummöglichkeiten lassen sich dann durch folgende Gleichungen beschreiben: Falls er spart, gilt, da $y_0 - c_0$ die Ersparnis ist,

$$c_1 = y_1 + (y_0 - c_0) \cdot (1 + i^S)$$
$$= y_1 + y_0(1 + i^S) - c_0(1 + i^S), \quad \text{falls } c_0 < y_0. \tag{4.75}$$

Dies ist eine Gerade mit dem Ordinatenabschnitt

$$c_1^{max} = y_1 + y_0(1 + i^S),$$

dem **maximalen Zukunftskonsum**, falls in der Gegenwart völlig auf Konsum verzichtet wird, und der Steigung $-(1 + i^S)$, die durch den Sparzins determiniert wird. In Abb. 4.19 wird sie durch den Abschnitt AD dargestellt.

Falls er dagegen heute einen Kredit aufnimmt, gilt, da $c_0 - y_0$ die Kreditsumme ist,

$$c_1 = y_1 - (c_0 - y_0) \cdot (1 + i^k)$$
$$= y_1 + y_0(1 + i^k) - c_0(1 + i^k), \quad \text{falls } c_0 \geq y_0. \tag{4.76}$$

Dies ist eine Gerade mit dem Ordinatenabschnitt $y_1 + y_0(1 + i^k)$ – der allerdings nicht realisierbar ist, weil (4.76) nur für $c_0 \geq y_0$ gilt – und der Steigung $-(1 + i^k)$, die durch den Kreditzinssatz bestimmt wird (Abschnitt AE). Der Abszissenabschnitt beträgt

$$c_0^{max} = y_0 + \frac{y_1}{1 + i^k}$$

und gibt den maximalen Gegenwartskonsum an, der erreicht wird, wenn das Zukunftseinkommen vollständig auf die Rückzahlung von Krediten verwendet wird, die in der Gegenwart zu Konsumzwecken aufgenommen werden.

Der optimale intertemporale Konsumplan ergibt sich dort, wo die höchste intertemporale Indifferenzkurve aus Abb. 4.18 einen Punkt mit der Budgetkurve EAD in Abb. 4.19 gemeinsam hat (Abb. 4.20). Dies kann der Fall sein

a) in Punkt A, wo weder gespart noch ein Kredit aufgenommen wird, oder

b) rechts unterhalb von A, z.B. in Punkt C, so dass in der Gegenwartsperiode ein Kredit aufgenommen wird, oder

c) links oberhalb von A, z.B. in Punkt B, so dass in der Gegenwartsperiode ein Teil des Einkommens gespart wird.

Ein Haushaltsoptimum auf einem der beiden linearen Teilstücke der Budgetkurve (in Punkt B oder C) setzt voraus, dass die betreffende (höchste) Indifferenzkurve die Budgetkurve dort tangiert.

Dies bedeutet, dass ihre Steigungen dort gleich sind, und es gilt

$$-\frac{dc_1}{dc_0} = 1 + i^S \quad \text{bzw.} \quad -\frac{dc_1}{dc_0} = 1 + i^k,$$

je nachdem, ob gespart oder geliehen wird.

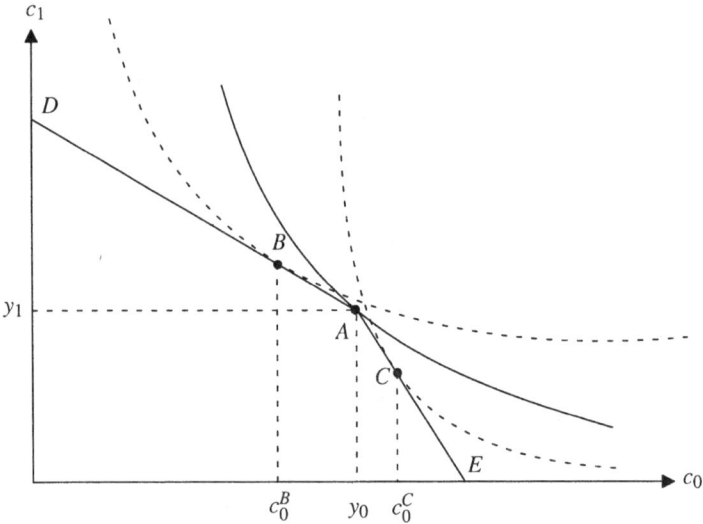

Abbildung 4.20. Haushaltsoptima bei intertemporaler Entscheidung

Damit der Knickpunkt A optimal ist, muss dort gelten

$$1 + i^s \leq -\frac{dc_1}{dc_0} \leq 1 + i^k, \tag{4.77}$$

die Grenzrate der Substitution muss also zwischen den beiden Zinsfaktoren liegen.

Die Reaktion der intertemporalen Konsumentscheidung auf einen Anstieg des Zinssatzes lässt sich (außer in Punkt A) wiederum aus der Slutsky-Zerlegung (4.61) für den Fall einer Anfangsausstattung mit Gütern ablesen, die in diesem Falle lautet:

$$\frac{\partial c_0^M}{\partial(1+i)} = \frac{\partial c_0^H}{\partial(1+i)} + (y_0 - c_0^*)\frac{\partial c_0^M}{\partial Y}.$$

mit

$$Y = y_0 + y_1 \cdot \frac{1}{1+i}$$

als dem Barwert des Lebenseinkommens, wobei i für den jeweiligen Zinssatz steht (i^s im Punkt B, i^k im Punkt C). Ein Anstieg des Zinssatzes hat somit zwei Effekte auf Konsum in der Gegenwart:

1. einen Substitutionseffekt durch die relative Verteuerung des Gegenwartskonsums, durch die dieser abnimmt (und Zukunftskonsum zunimmt),

2. einen Einkommenseffekt, der in die gleiche Richtung weist, falls (i) der Gegenwartskonsum inferior und der Haushalt ein Gläubiger ist ($y_0 > c_0$), oder (ii) der Gegenwartskonsum normal und der Haushalt ein Schuldner ist ($y_0 < c_0$).

In diesen beiden Fällen nimmt die Ersparnis $s = y_0 - c_0$ bei einem Zinsanstieg eindeutig zu.

Aber auch ein positiver Einkommenseffekt ist denkbar. Dies ist der Fall, wenn a) Gegenwartskonsum normal und der Haushalt ein Gläubiger oder b) Gegenwartskonsum inferior und der Haushalt ein Schuldner ist.

Falls dann noch der positive Einkommenseffekt den Substitutionseffekt überwiegt, ist Gegenwartskonsum ein Giffen-Gut. Analoges gilt für den Zukunftskonsum, für den der Substitutionseffekt eines Zinsanstiegs immer positiv ist. Der Einkommenseffekt ist ebenfalls positiv, falls der Haushalt ein Gläubiger (Schuldner) und Zukunftskonsum normal (inferior) ist.

Nimmt man an, dass Konsum in beiden Perioden normal ist, so folgt, dass der **Sparer** auf jeden Fall einen **größeren Zukunftskonsum** realisieren wird, wenn i^S steigt und der **Kreditnehmer** einen **geringeren Gegenwartskonsum**, wenn i^k steigt. Die Kreditnachfrage ist also mit Sicherheit eine fallende Funktion des (Kredit-) Zinssatzes, während das Angebot an Ersparnissen mit dem (Spar-)Zins steigen oder fallen kann. Anders sieht es in Punkt A aus. Falls (4.77) beide Male als strikte Ungleichung erfüllt ist, kann es passieren, dass der Konsument trotz einer Erhöhung oder Senkung beider Zinssätze sein Verhalten **nicht** ändert, weil es für ihn weiterhin optimal ist, in jeder Periode gerade sein laufendes Einkommen auszugeben.

4.5.2 Investitionsentscheidungen eines Haushalts

Bislang wurde unterstellt, dass das **Einkommen** der beiden Perioden **exogen** vorgegeben ist. Im Folgenden soll der Fall betrachtet werden, dass die Einkommenshöhen variabel sind und voneinander abhängen:

$$y_1 = g(y_0) \quad \text{mit} \quad g'(y_0) < 0,\ g''(y_0) \leq 0. \tag{4.78}$$

Dies kann man sich etwa dadurch plausibel machen, dass ein Student, der Taxi fährt, umso mehr lernen und daher ein umso höheres späteres Berufseinkommen (z.B. als Volkswirt) erzielen kann, je weniger Stunden pro Woche er Taxi fährt und damit in der Gegenwart Geld verdient. Seine intertemporale Einkommensbeschränkung sei also durch die in Abb. 4.21 dargestellte Kurve gegeben. Sie verläuft konkav, sofern die Grenzproduktivität des Lernens abnehmend ist. Wir nennen sie „Transformationskurve", da sie angibt, wie heutiges Einkommen in morgiges Einkommen „transformiert" werden kann.

Sehen wir zunächst von der Existenz eines Kreditmarktes ab, so stellt der Linienzug AB gleichzeitig die Konsummöglichkeiten des Haushalts dar. Der optimale intertemporale Konsumplan ergibt sich dann aus dem Berührpunkt der höchsten erreichbaren Indifferenzkurve der intertemporalen Präferenzfunktion (4.72) mit dieser Transformationskurve (Punkt C). Die Grenzrate der Transformation muss also im Optimum gleich der Grenzrate der intertemporalen Substitution sein:

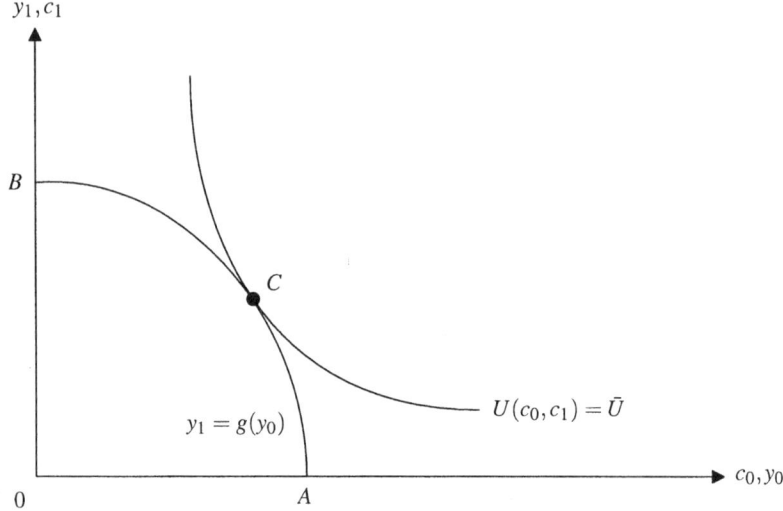

Abbildung 4.21. Transformationskurve der intertemporalen Einkommensbeschränkung

$$\frac{dy_1}{dy_0} = g'(y_0) = \frac{dc_1}{dc_0} = -\frac{\partial U/\partial c_0}{\partial U/\partial c_1}. \tag{4.79}$$

Wir fügen nun noch die Möglichkeit hinzu, auf einem Kreditmarkt ein Darlehen aufzunehmen oder Ersparnisse anzulegen.

Der Einfachheit halber sei jetzt unterstellt, Sparzins und Kreditzins seien identisch. Algebraisch lässt sich das Optimierungsproblem des Haushalts wie folgt formulieren:

$$\max \quad U(c_0, c_1) \quad \text{unter den Nebenbedingungen}$$

$$y_1 = g(y_0) \tag{4.78}$$

$$c_0 + \frac{c_1}{1+i} \leq y_0 + \frac{y_1}{1+i} \tag{4.80}$$

Die zweite Nebenbedingung kennen wir bereits aus (4.75) und (4.76). Sie sagt aus, dass der Barwert des Lebenskonsums nicht größer sein darf als der Barwert des Lebenseinkommens.

Setzt man die Nebenbedingungen (als Gleichungen) in die Zielfunktion ein, so erhält man

$$\max_{c_0, y_0} \quad U(c_0, y_0(1+i) + g(y_0) - c_0(1+i))$$

und die Bedingungen erster Ordnung lauten

$$\frac{dU}{dc_0} = \frac{\partial U}{\partial c_0} - (1+i)\frac{\partial U}{\partial c_1} = 0 \tag{4.81}$$

$$\frac{dU}{dy_0} = \frac{\partial U}{\partial c_1}[(1+i) + g'(y_0)] = 0 \tag{4.82}$$

Aus (4.82) ergibt sich die Regel für die optimale Investitionshöhe y_0 als

$$\frac{dy_1}{dy_0} = g'(y_0) = -(1+i), \tag{4.83}$$

es wird also so viel investiert bis der Grenzertrag der Investition der Marktverzinsung entspricht. Diese Investitionsregel entspricht der Maximierung des Barwerts des Gesamteinkommens,

$$Y = y_0 + \frac{1}{1+i}y_1 = y_0 + \frac{1}{1+i}g(y_0).$$

Graphisch wird diese in Punkt D erreicht, wo eine Linie gleichen Barwerts, DF, die Transformationskurve berührt.

Das in D maximierte Gesamteinkommen, $y_0^D + \frac{1}{1+i}y_1^D$, wird dann durch Aufnahme eines Kredits so auf die beiden Perioden aufgeteilt, dass die intertemporale Grenzrate der Substitution, $-dc_1/dc_0$, gemäß (4.81) dem Zinsfaktor $1+i$ entspricht, was im Punkt F der Fall ist, wie man an der Tangentialeigenschaft ablesen kann. Die Kredithöhe in Periode 0 beträgt folglich $c_0^F - y_0^D$.

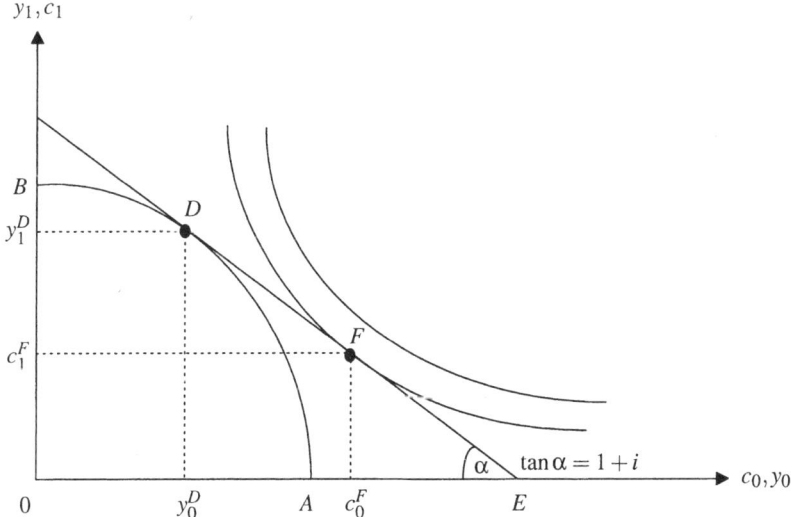

Abbildung 4.22. Optimaler Konsumplan im 2-Perioden-Modell

Diese Lösung hat eine bemerkenswerte Eigenschaft, die nach dem amerikanischen Ökonomen Irving Fisher das „**Fisher'sche Separationstheorem**" genannt wird: Die optimale Investitionstätigkeit ist bei Existenz eines „perfekten" Kreditmarktes **unabhängig** von der Präferenzstruktur des betrachteten Haushalts. Es wird **immer Punkt**

D gewählt, gleich welche Lage der intertemporalen Indifferenzkurven man voraussetzt. Dies bedeutet, dass der Haushalt seine Investitionsentscheidungen an einen Anlageberater delegieren kann, der nichts über die Präferenzen des Haushalts zu wissen braucht, sondern lediglich die Aufgabe hat, den Gegenwartswert des Gesamteinkommens über die Zeit zu maximieren.

Wir stellen ferner fest, dass die Existenz eines Kreditmarktes den Haushalt besser stellen kann, da er hier einen Konsumpunkt F erreicht, der außerhalb seiner eigenen Transformationskurve AB liegt.

4.6 Entscheidungen eines Haushalts bei Unsicherheit

4.6.1 Lotterien

Bisher wurde generell die Annahme getroffen, dass ein Konsument oder ein Unternehmer, der eine Entscheidung trifft, die Folgen seiner Handlung exakt voraussehen kann. Wir sprechen von einer Situation der Sicherheit. Der Kauf eines Konsumgutes z.B. bedeutet immer, dass dieses tatsächlich genutzt werden könnte. In der Realität ist diese Annahme jedoch nicht immer erfüllt. Es gibt zahlreiche Situationen, in denen die Möglichkeit, ein erworbenes Gut tatsächlich zu nutzen, oder zumindest der Genuss, den man daraus ziehen kann, auch noch von irgend einem weiteren äußeren Ereignis abhängt, das entweder eintreten kann oder nicht, also „unsicher" oder „zufallsbehaftet" ist. Beispiele für Situationen der Unsicherheit, unter denen Entscheidungen getroffen werden müssen:

- Kauf eines neuen Mountain-Bikes für 500 €, um damit zur Uni zu radeln, mit der Gefahr, dass es dort gestohlen wird.

- Kauf einer Eintrittskarte für ein Open-Air-Konzert, wenn man nicht weiß, ob es an dem betreffenden Tag regnen wird und das Konzert ersatzlos (und ohne Rückerstattung des Eintrittsgeldes) ausfällt. Analog: Kauf einer Saisonkarte für einen Tennisplatz.

- Ausfüllen und Abgeben eines Lottoscheins, wobei man nicht weiß, ob gerade diese Zahlen gezogen werden.

Man kann das dabei erworbene Gut nicht einfach durch seine Menge beschreiben und eindimensional darstellen, sondern man benötigt dazu mehrere Angaben, denn was der Konsument erwirbt, ist genaugenommen eine Wahrscheinlichkeitsverteilung oder „Lotterie".

Betrachten wir etwa das zweite Beispiel. Sei hier π_1 die Wahrscheinlichkeit, dass es trocken bleibt, so erwirbt der Käufer des Tickets die Lotterie $\{\pi_1, \text{Genuß des Konzerts}; 1 - \pi_1, \text{nichts}\}$. Man kann nun eine Kaufentscheidung bei Unsicherheit in die bekannte Terminologie der mikroökonomischen Theorie einordnen, wenn man sie als einen Tausch von Lotterien versteht.

Wenden wir diese Sichtweise auf das erste Beispiel an, und sei dort π die Wahrscheinlichkeit, dass das Fahrrad gestohlen wird, so tauscht die Studentin, die vielleicht gerade 1000 € besitzt, zunächst die Lotterie

$$L^1 = \{1, 1000 \,€ \}$$

gegen die Lotterie

$$L^2 = \{\pi, 500 \,€; 1 - \pi, 500 \,€ \text{ und ein Fahrrad}\}$$

oder, wenn sie sich im Fall eines Diebstahls sofort wieder eins beschaffen würde,

$$L^3 = \{\pi, \text{ ein Fahrrad}; 1 - \pi, 500 \,€ \text{ und ein Fahrrad}\}.$$

Welche der beiden Lotterien L^1 und L^3 die Studentin vorzieht, wird von drei Dingen abhängen:

1. ihrer Präferenz fürs Fahrrad fahren gegenüber dem Konsum anderer Güter (im Wert von insgesamt 500 €), auf die sie dafür verzichten muss,

2. ihrer subjektiven Einschätzung der Wahrscheinlichkeit π, dass das Rad gestohlen wird, und schließlich

3. ihrer Bereitschaft, Risiken einzugehen.

Nun werde ihr der Abschluss einer Diebstahlversicherung für ihr Fahrrad offeriert, die gegen einmalige Zahlung einer Prämie von 50 € vollen Schadenersatz gewährt. Dieses Angebot kann man als eine weitere Lotterie auffassen:

$$L^4 = \{\pi, 450 \,€ \text{ und ein Fahrrad}; 1 - \pi, 450 \,€ \text{ und ein Fahrrad}\}$$
$$= \{1, 450 \,€ \text{ und ein Fahrrad}\}$$

Vergleichen wir jetzt noch die Alternativen L^3 und L^4, so erkennen wir, dass die Auswahl zwischen diesen beiden Alternativen – „Fahrrad mit Versicherung kaufen" und „Fahrrad ohne Versicherung kaufen"– von den Präferenzen fürs Radfahren und damit von den Spezifika dieses Beispiels abgekoppelt werden kann. Die Alternativen unterscheiden sich damit nur noch in ihren finanziellen Konsequenzen verschiedener Ereignisse oder „Zustände der Welt" (Diebstahl - kein Diebstahl), und wir können uns auf die unter 2. und 3. genannten Motive für eine Tauschentscheidung konzentrieren.

4.6.2 Theorien des Verhaltens bei Unsicherheit

Eine naive Vorstellung wäre es, zu postulieren, dass die Studentin immer diejenige Lotterie mit der höchsten erwarteten Auszahlung wählt. Bezeichnet y_s den Geldbetrag, den sie im Zustand s ($s = 1$ kein Diebstahl, $s = 2$ Diebstahl) besitzt, so würde sie den Wert von

$$E(y) = \sum_{s=1}^{2} \pi_s \cdot y_s$$

maximieren (wobei wir hier $\pi_1 = \pi$ und $\pi_2 = (1-\pi)$ setzen). Wenn dies ihre Entscheidungsregel ist, unter welcher Bedingung wird sie sich dann für den Abschluss einer Versicherung entschließen? Dies ist offensichtlich dann der Fall, wenn

$$\pi \cdot 0 + (1-\pi) \cdot 500 < \pi \cdot 450 + (1-\pi) \cdot 450 = 450 \quad \text{oder} \quad \pi > 0,1 = 10\% \quad (4.84)$$

gilt, d.h. wenn das Verhältnis von Versicherungsprämie zu Versicherungsleistung kleiner ist als die (subjektive) Wahrscheinlichkeit eines Schadensfalls. Andererseits ist (4.84) genau die Bedingung dafür, dass eine Versicherungsgesellschaft, die viele gleichartige Verträge abgeschlossen hat, einen Verlust erleidet, wenn die subjektiven Wahrscheinlichkeiten sich für die Gruppe der Versicherten insgesamt als relative Häufigkeiten erweisen.

Die Hypothese der Maximierung der erwarteten Auszahlung kann also das weit verbreitete Phänomen des Abschlusses von Versicherungen nicht erklären. Besonders deutlich wird dies bei der Betrachtung von sehr großen potentiellen Verlusten, die mit sehr kleiner Wahrscheinlichkeit auftreten, z.B. brenne ein Wohnhaus im Wert von 250.000 € mit der Wahrscheinlichkeit $\pi = 1 : 100.000$ innerhalb eines Jahres ab. Der Erwartungswert des Schadens pro Jahr beträgt also 2,50 €. Die meisten Hauseigentümer wären jedoch sicher bereit, eine sehr viel größere Prämie (100 €, 500 €?) für eine entsprechende Feuerschutzversicherung zu bezahlen.

Um ein derartiges Verhalten zu erklären, wurde die Theorie von der **Maximierung des „erwarteten Nutzens"** entwickelt. Demnach maximiert das Individuum den Ausdruck

$$EU := E[U(y)] = \sum_{s=1}^{2} \pi_s \cdot U(y_s), \quad (4.85)$$

wobei die Funktion U jedem möglichen Geldbetrag einen Nutzenindex zuweist. Man kann sich vorstellen, dass es sich bei U um die oben abgeleitete „indirekte Nutzenfunktion" bei festen Güterpreisen handelt, d.h. es wird unterstellt, dass der jeweilige Geldbetrag nutzenmaximierend für den Kauf der verschiedenen Konsumgüter verwendet wird.

4.6.3 Risikopräferenzen

Die Hypothese der Maximierung des Erwartungsnutzens ist vom theoretischen Standpunkt aus betrachtet sehr befriedigend, denn sie erfüllt eine Reihe von Anforderungen an „rationales" Verhalten bei Unsicherheit. Diese Anforderungen sind in Form von vier Axiomen formuliert, von denen jedes einzelne harmlos und plausibel klingt. Zwei dieser Axiome seien hier angeführt (die beiden übrigen sind noch harmloser)[12]:

---

[12]Diese besagen, dass die strikten Präferenzen über Lotterien asymmetrisch und negativ transitiv sind. Asymmetrie bedeutet, dass es keine zwei Lotterien L^1 und L^2 gibt, so dass

Axiom 4.1 (Stetigkeit)

Seien x, y und z drei Ereignisse oder Auszahlungen mit

$$U(x) > U(y) > U(z),$$

dann gibt es ein π mit $0 < \pi < 1$, so dass das Individuum zwischen den beiden folgenden Lotterien indifferent ist:

$$L^1 = \{\pi, x; (1-\pi), z\} \text{ und } L^2 = \{1, y\}$$

Axiom 4.2 (Unabhängigkeit)

Seien x, y und z drei Ereignisse oder Auszahlungen mit

$$U(x) = U(y),$$

und sei $0 \leq \pi \leq 1$, dann ist das Individuum zwischen den beiden folgenden Lotterien indifferent:

$$L^1 = \{\pi, x; (1-\pi), z\} \text{ und } L^2 = \{\pi, y; (1-\pi), z\}$$

Obwohl alle vier Axiome plausibel sind, scheinen sich Individuen nicht immer so zu verhalten, denn es gibt inzwischen eine umfangreiche Literatur über empirische Beobachtungen (teilweise durch Ausfüllen von Fragebögen, teilweise aufgrund von Verhalten im Experiment oder in realen Situationen), die mit einer Maximierung des Erwartungsnutzens bzw. mit den Axiomen 4.1 und 4.2 nicht vereinbar sind.

Die Funktion U drückt die „Risikopräferenz" des Individuums aus. Sie wird nach ihren Entwicklern **„Von-Neumann-Morgenstern-Nutzenfunktion"** genannt.[13] Im Gegensatz zur oben betrachteten indirekten Nutzenfunktion hat sie eine **kardinale** Interpretation, d.h. eine beliebige monotone Transformation dieser Funktion würde nicht die gleichen „Risikopräferenzen" ausdrücken.

Als grundlegende Haltungen zum Risiko unterscheidet man

1) Risikoaversion(-scheu),

2) Risikoneutralität,

3) Risikofreude.

---

sowohl $L^1 \succ L^2$ als auch $L^2 \succ L^1$ gilt. Negative Transitivität bedeutet: Für jedes Paar von Lotterien mit $L^1 \succ L^2$ und jede dritte Lotterie gilt: $L^1 \succ L^3$ oder $L^3 \succ L^2$ oder beides.
[13]John von Neumann (1903-1957), Oskar Morgenstern (1902-1976).

Man grenzt diese Haltungen dadurch ab, dass man fragt, welche Wahl ein Individuum zwischen einer (unsicheren) Lotterie und einer sicheren Zahlung in Höhe des Erwartungswerts der Lotterie treffen würde. „Risikoscheu" bedeutet, dass immer die sichere Zahlung des Erwartungswerts vorgezogen wird. Welcher Verlauf für U ist dadurch impliziert? Betrachten wir zum Beispiel die Lotterie

$$L^\pi = \{\pi, 200; 1 - \pi, 100\},$$

deren Erwartungswert

$$E = \pi \cdot 200 + (1 - \pi) \cdot 100 = 100 + 100 \cdot \pi$$

beträgt, so dass die „sichere" Alternative

$$L^E = \{1, 100 + 100 \cdot \pi\}$$

ist. Für alle π mit $0 \le \pi \le 1$ ist

$$EU(L^E) = 1 \cdot U(100 + 100 \cdot \pi) = U(E)$$

der Wert der Von-Neumann-Morgenstern-Nutzenfunktion U für das Vermögen $100 + 100\pi$. Dagegen ist der Erwartungsnutzen der unsicheren Lotterie L^π gegeben durch

$$EU(L^\pi) = \pi \cdot U(200) + (1 - \pi) \cdot U(100)$$

und damit eine mit den Faktoren π und $1 - \pi$ gewichtete Summe der Nutzen für die Vermögenswerte 200 und 100. Graphisch liegen sie im (y, U)-Diagramm also auf der Verbindungsstrecke zwischen den Punkten $(100, U[100])$und$(200, U[200])$.

Abb. 4.23 zeigt den Verlauf der Von-Neumann-Morgenstern-Nutzenfunktion U bei Risikoaversion. Risikoaversion bedeutet nun, dass für jedes π die „sichere Lotterie" L^E der unsicheren Lotterie L^π vorgezogen wird. Daher muss die Verbindungsgerade vollständig unterhalb des Graphen der Nutzenfunktion U selbst verlaufen; diese ist also **konkav**. Analog dazu drückt ein konvexer Verlauf von U Risikofreude und ein linearer Verlauf Risikoneutralität aus. Natürlich ist es vorstellbar, dass ein und dieselbe Funktion U konkave und konvexe Bereiche (für unterschiedliche Vermögenshöhen) aufweist.

Risikoaversion bzw. -neutralität oder -freude lässt sich auch mit Hilfe der zweiten Ableitung der Von-Neumann-Morgenstern-Nutzenfunktion ausdrücken. Wie jede indirekte Nutzenfunktion hat diese eine positive erste Ableitung nach dem Vermögen $U'(y) > 0$.

Die Unterscheidung lautet dann:

$$U''(y) \begin{cases} < 0 & \text{Risikoaversion} \\ = 0 & \text{Risikoneutralität} \\ > 0 & \text{Risikofreude} \end{cases} \tag{4.86}$$

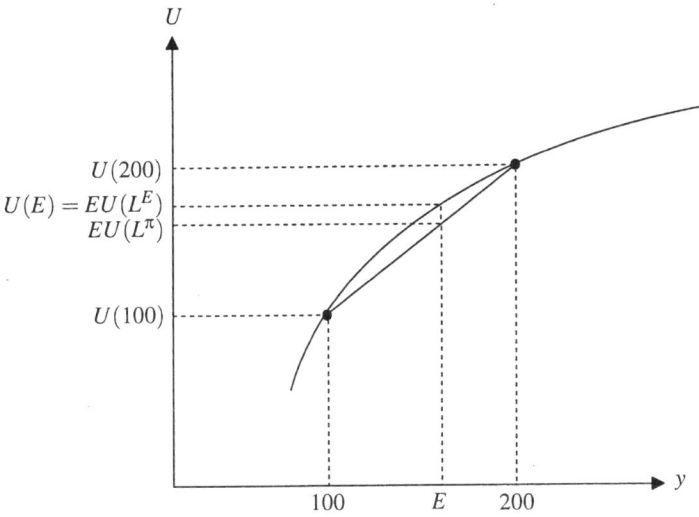

Abbildung 4.23. Von-Neumann-Morgenstern-Nutzenfunktion bei Risikoaversion

Risikoaversion liefert eine Erklärung dafür, dass Individuen Versicherungsverträge selbst dann nachfragen, wenn die Prämie dafür größer ist als der Erwartungswert des Schadens, den sie abdecken, so dass die Versicherungsgesellschaft auch noch einen Gewinn erzielt. Umgekehrt muss Risikofreude vorliegen, wenn Individuen Lotterielose kaufen, deren Preis typischerweise weit höher ist als der Erwartungswert des Gewinns.

Beispiel 1:

Ein Versicherungsnachfrager mit der Nutzenfunktion

$$U(y) = \sqrt{y} = y^{1/2}$$

und dem Vermögen von 100 € könne sich gegen einen Totalverlust, der mit der Wahrscheinlichkeit $\pi = 0,3$ eintritt, durch Zahlung einer Prämie in Höhe von 36 € versichern. Wegen

$$U(100-36) = U(64) = 8 > 0,3 \cdot U(0) + 0,7 \cdot U(100) = 7$$

schließt er die Versicherung ab, obwohl die Prämie den erwarteten Verlust um 20% übersteigt.

Beispiel 2:

Ein Lotterieteilnehmer mit der Nutzenfunktion

$$U(y) = y^2$$

und dem Vermögen von $10 \, €$ könne für $6 \, €$ ein Los kaufen, das mit der Wahrscheinlichkeit $\pi = 0,1$ gewinnt und ihm dann eine Auszahlung von $36 \, €$ beschert. Wegen

$$U(10) = 100 < 0,1 \cdot U(36+4) + 0,9 \cdot U(4) = 160 + 14,4 = 174,4$$

kauft er das Los, obwohl dessen Preis erheblich über dem erwarteten Gewinn von $3,60 \, €$ liegt.

4.6.4 Anwendung: Die Nachfrage nach Versicherungsverträgen

Wir wollen nun den oben bereits mehrfach angesprochenen Anwendungsfall der Erwartungsnutzentheorie, den Kauf von Versicherungsschutz, systematischer untersuchen. In den bisher diskutierten Beispielen wurden nur die Alternativen „Vollversicherung" und „keine Versicherung" betrachtet. Im Folgenden soll auch teilweiser Versicherungsschutz möglich sein.

Wir betrachten dazu ein Individuum mit dem Vermögen V, das mit einer bestimmten Wahrscheinlichkeit π einen Verlust in Höhe von S erleide.

Eine Versicherungsgesellschaft biete ihm nun an, im Schadensfall eine Zahlung Z zu leisten, falls der Versicherungsnehmer eine zustandsunabhängige Prämie in Höhe von

$$P = \gamma \cdot Z \tag{4.87}$$

bezahle. Der Betrag Z sei zwischen den Grenzen 0 und S frei wählbar.

Wie groß ist die optimale Versicherungssumme Z^*, wenn das betrachtete Individuum sein verfügbares Einkommen y mit der Nutzenfunktion $u(y)$ bewertet und seinen erwarteten Nutzen maximiert? Dazu stellen wir zunächst fest, dass das Problem so formuliert werden kann, dass das oben eingeführte Instrumentarium der Maximierung des Nutzens unter einer Budgetrestriktion analog anwendbar ist: Bezeichnen wir mit y_2 das verfügbare Einkommen im Schadensfall und y_1 im Nicht-Schadensfall,

$$y_2 = V - S + Z - P \tag{4.88a}$$
$$y_1 = V - P, \tag{4.88b}$$

so können wir unter Verwendung von (4.87) die Menge aller (y_1, y_2)-Kombinationen berechnen, die das Individuum durch Wahl einer Versicherungssumme $Z \in [0, S]$ erreichen kann. Wir setzen dazu (4.87) in (4.88b) ein und lösen nach Z auf:

$$Z = \frac{V - y_1}{\gamma} \tag{4.89}$$

Einsetzen von (4.89) und (4.88b) in (4.88a) ergibt:

$$y_2 = V - S + (1 - \gamma) \cdot Z = V - S + \frac{1-\gamma}{\gamma} \cdot (V - y_1) = \frac{1}{\gamma} \cdot V - S - \frac{1-\gamma}{\gamma} \cdot y_1 \tag{4.90}$$

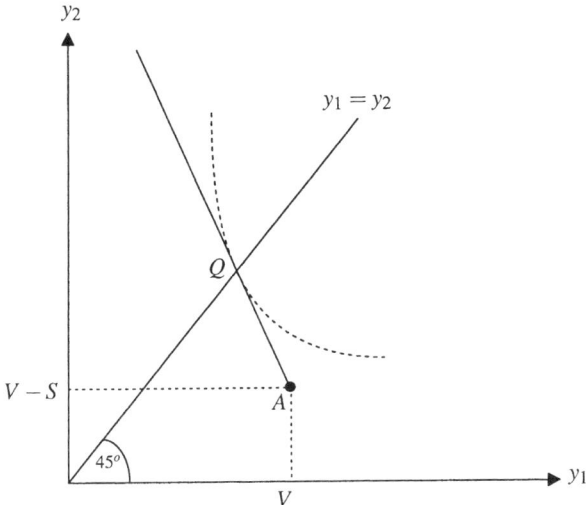

Abbildung 4.24. Versicherungsgerade und Indifferenzkurven der Erwartungsnutzenfunktion

Dies ist eine Gerade mit der Steigung $-(1-\gamma)/\gamma$ durch den Punkt A, der die Werte der Ausgangssituation ($y_1 = V, y_2 = V - S$) beschreibt (Abb. 4.24).

Analog dazu ermittelt man die Grenzrate der Substitution zwischen den Einkommenshöhen in beiden Zuständen der Welt aus dem totalen Differential der Erwartungsnutzenfunktion:

$$EU = \pi \cdot u(y_2) + (1-\pi) \cdot u(y_1) \tag{4.91}$$

$$0 = dEU = \pi \cdot u'(y_2)dy_2 + (1-\pi) \cdot u'(y_1) \cdot dy_1 \tag{4.92}$$

$$\frac{dy_2}{dy_1} = -\frac{(1-\pi)}{\pi} \cdot \frac{u'(y_1)}{u'(y_2)} \tag{4.93}$$

Die Grenzrate der Substitution ergibt sich also aus dem Absolutbetrag des Verhältnisses der Grenznutzen in den beiden Zuständen multipliziert mit dem Quotienten der zugehörigen Wahrscheinlichkeiten.

Wo liegt nun der Tangentialpunkt einer Indifferenzkurve mit der Budgetgeraden? Unter welchen Voraussetzungen ist es der Punkt Q auf der Winkelhalbierenden? Man beachte, dass hier $y_1 = y_2$ gilt und somit wegen (4.88a) und (4.88b) $Z = S$, d.h. der gesamte Schaden wird durch die Versicherungssumme abgedeckt.

Wir stellen fest, dass in jedem Tangentialpunkt die beiden Steigungen übereinstimmen müssen,

$$\frac{(1-\pi)}{\pi} \cdot \frac{u'(y_1)}{u'(y_2)} = \frac{1-\gamma}{\gamma}, \tag{4.94}$$

und dass in Punkt Q wegen $y_1 = y_2$ der zweite Faktor auf der linken Seite wegfällt. Somit ist dies nur bei $\gamma = \pi$ möglich. Dies wiederum bedeutet, dass die in (4.87) definierte Versicherungsprämie genau dem Erwartungswert der Versicherungsleistung entsprechen muss – eine Bedingung, die nur dann erfüllbar ist, wenn der Versicherungsgesellschaft keine Verwaltungskosten entstehen und sie – im Erwartungswert – keinen Gewinn erzielt. Ein solcher Versicherungsvertrag, der durch die Gleichung $P = \pi \cdot Z$ gekennzeichnet ist, wird „fair" genannt.

Gilt dagegen aufgrund von Verwaltungskosten und eingeplanten Gewinnen $\gamma > \pi$, so ist Gleichung (4.94) nur erfüllbar, wenn $u'(y_1) < u'(y_2)$ gilt. Bei Risikoaversion ($u''(y) < 0$) impliziert dies $y_1 > y_2$ bzw. wegen (4.88a) und (4.88b) $Z < S$; die Versicherungssumme wird also geringer gewählt als die Schadenhöhe. Man spricht in diesem Fall von einem „Versicherungsvertrag mit Selbstbeteiligung", wie er z.B. in der Kfz-Kaskoversicherung üblich ist.

Abschließend soll das bereits graphisch analysierte Entscheidungsproblem des Versicherungsnachfragers noch algebraisch formuliert und gelöst werden. Dazu setze man (4.87) und (4.88a) und (4.88b) in (4.91) ein:

$$\max_{Z} EU(Z) = \pi \cdot u[V - S + (1 - \gamma) \cdot Z] + (1 - \pi) \cdot u[V - \gamma \cdot Z]$$

mit der Bedingung 1. Ordnung

$$\frac{dEU}{dZ} = \pi \cdot (1 - \gamma) \cdot u'(y_2) - \gamma \cdot (1 - \pi) \cdot u'(y_1) = 0,$$

woraus unmittelbar die Tangentialbedingung (4.94) folgt.

4.7 Übungsaufgaben

4.1. Drei Personen haben folgende Präferenzen bezüglich Mineralwasser und Apfelsaft:

- **Person 1**: „Je mehr Flüssigkeit desto besser!"

- **Person 2**: „Ich trinke ausschließlich Schorle halb und halb."

- **Person 3**: „Ich mag eh nur Sprudel."

a) Stellen Sie die Präferenzen der Personen in $M - A$-Diagrammen dar, wobei M bzw. A die eingekaufte Menge an Mineralwasser bzw. Apfelsaft in Litern angibt. Gegen welche der in Kapitel 4 getroffenen Annahmen 4.1 bis 4.9 verstoßen diese Präferenzen?

b) Welche Mengen an Mineralwasser und Apfelsaft würden die Personen 1, 2 und 3 in Abhängigkeit von den Literpreisen p_M und p_A gemäß ihrer Präferenzen kaufen? Argumentieren Sie graphisch und verbal.

4.2. Erläutern Sie folgende Annahmen bezüglich der Präferenzen eines Konsumenten:

1. Vollständigkeit der Präferenzen
2. Transitivität der Präferenzen
3. Stabilität der Präferenzen
4. Nichtsättigung
5. Strenge Konvexität der Präferenzen
6. Rationales Verhalten

Diskutieren Sie die Realitätsnähe dieser Annahmen und nennen Sie nach Möglichkeit Beispiele, in denen die Annahmen verletzt sind.

4.3. Die Präferenzen eines Konsumenten lassen sich durch die Nutzenfunktion

$$U(x_1, x_2) = x_1^\alpha x_2^\beta$$

beschreiben. Dabei ist x_i die konsumierte Menge von Gut i, $i = 1, 2$. Die Güterpreise seien p_1 und p_2, sein Einkommen M.
Bestimmen Sie

- die Grenzrate der Substitution
- die Marshall'schen Nachfragefunktionen (*)
- die Einkommens-, Eigenpreis- und Kreuzpreiselastizität der Nachfrage
- die Ausgabenanteile für beide Güter
- die Einkommens-Konsum-Kurve (*)
- die Engel-Kurven für beide Güter (*)

und erläutern Sie diese Konzepte. Zeichnen Sie die mit (*) gekennzeichneten Funktionen.

4.4. Die Präferenzordnung eines Konsumenten lasse sich durch die Nutzenfunktion

$$u(x_1, x_2) = x_1 \cdot x_2$$

abbilden. Die Güterpreise seien p_1 und p_2, sein Einkommen M.

a) Bestimmen Sie die Marshall'schen Nachfragefunktionen für die beiden Güter und den „Grenznutzen des Geldes". Ist der betrachtete Konsument frei von Geldillusion?

b) Bestimmen Sie die indirekte Nutzenfunktion und verifizieren Sie Roy's Identität.

c) Welche Mengen der beiden Güter wird der Konsument bei Nutzenmaximierung nachfragen, wenn das Einkommen $M = 900$ und die Preise $p_1 = 25, p_2 = 30$ betragen?

d) Der Preis des 1. Gutes steige auf $p_1 = 36$, während p_2 unverändert bleibt. Geben Sie nun die Mengen von x_1 und x_2 bei Nutzenmaximierung an.

e) Wie hoch muss das Einkommen sein, damit das alte Nutzenniveau u^0 beibehalten werden kann, nachdem der Preis von Gut 1 auf 36 gestiegen ist? (Hinweis: Ermitteln Sie die Hicks'schen Nachfragefunktionen zu u^0 und berechnen Sie die zu den neuen Preisen gehörigen minimalen Konsumausgaben).

f) Zerlegen Sie mit Hilfe von e) den Gesamteffekt der Preisänderung aus d) rechnerisch in den Substitutions- und den Einkommenseffekt.

g) Nehmen Sie Stellung zu der Behauptung: „Ein Konsument mit einer Cobb-Douglas-Nutzenfunktion bildet feste Teilbudgets seines Einkommens für die einzelnen Güter, die nicht von den Preisen abhängen."

4.5. Ein arbeitsanbietender Konsument habe die Nutzenfunktion

$$U = (x - 1) \cdot f = (x - 1) \cdot (24 - L),$$

wobei x die konsumierte Menge des einzigen existierenden Konsumgutes, f seine Freizeit (in Stunden pro Tag) und L seine Arbeitszeit bezeichnen. Er beziehe ferner ein exogenes Einkommen in Höhe von M. Der Preis des Konsumgutes betrage p, der Lohnsatz w.

a) Bestimmen Sie die optimale Menge an Freizeit pro Tag in Abhängigkeit von den exogenen Größen p, w und M. Ist Freizeit ein normales oder ein inferiores Gut?

b) Ermitteln Sie die Arbeitsangebotsfunktion des Konsumenten. Wovon hängt es ab, ob die Arbeitsangebotskurve im (L, w)-Diagramm eine positive Steigung besitzt?

4.6. Ein Haushalt mit der Nutzenfunktion

$$U = x^{\frac{1}{2}} + af$$

sei mit T Stunden je Monat ausgestattet und sehe sich dem Konsumgüterpreis p und dem Lohnsatz w gegenüber.

a) Bestimmen Sie seine Arbeitsangebotsfunktion und seine indirekte Nutzenfunktion. Welche Argumente haben beide?

b) Der Haushalt habe nun Anspruch auf eine Arbeitslosenunterstützung in Höhe von M, falls er nicht arbeitet. Berechnen Sie mit Hilfe der in a) ermittelten indirekten Nutzenfunktion den Mindestlohn, unterhalb dessen es sich für ihn nicht lohnt zu arbeiten. Zeichnen Sie für diesen Lohnsatz seine Budgetgerade und eine Indifferenzkurve im (f, x)-Diagramm ein.

4.7. In einer Zwei-Perioden-Welt erhalte ein Konsument ein Einkommen von y_0 in der 1. Periode („Gegenwart") und von y_1 in der 2. Periode („Zukunft"). Soll- und Habenzinssatz seien beide gleich i. Sein Konsum in der jeweiligen Periode sei mit c_0 bzw. c_1 bezeichnet.

a) Zeigen Sie, dass seine intertemporalen Konsummöglichkeiten durch eine Ungleichung beschränkt sind, die wie folgt interpretiert werden kann: „Der Barwert der Konsumausgaben ist nicht höher als der Barwert der Einnahmen."

b) Wann würden Sie den Konsument einen Gläubiger, wann einen Schuldner nennen?

c) Kann ein Gläubiger zu einem Schuldner werden, wenn der Zinssatz steigt?

d) Nehmen Sie Stellung zu der folgenden Aussage eines Bankdirektors: „Schon der gesunde Menschenverstand sagt uns, dass die Leute bei steigenden Zinsen mehr sparen."

4.8. Eine häufig verwendete intertemporale Nutzenfunktion lautet:

$$U(c_0, c_1) = u(c_0) + \rho \cdot u(c_1).$$

Berechnen Sie für diese Funktion die Zeitpräferenzrate δ

a) allgemein

b) für einen beliebigen Konsumpfad mit $c_0 = c_1$.

4.9. Die Präferenzordnung von K. lasse sich durch die intertemporale Nutzenfunktion

$$u(c_0, c_1) = c_0 \cdot c_1$$

beschreiben. Der Zinssatz betrage 50%, und sein Einkommensstrom ($y_0 = 40, y_1 = 20$). Ferner könne er in der Gegenwart eine Investition tätigen, bei der eine Einzahlung x zu einem (sicheren) zukünftigen Ertrag in Höhe von $f(x) = 12 \cdot x^{1/2}$ führt. Ermitteln Sie seine nutzenmaximalen Werte für

a) seine Investition x,

b) seine Ersparnis bzw. Kreditaufnahme,

c) seinen Konsum in den beiden Perioden.

Stellen Sie die Lösung zeichnerisch dar!

4.10. Ein Hausbesitzer an der Mosel habe ein Gesamtvermögen von 60 Geldeinheiten (1 G.E. = 10.000 €). Durch eine Überschwemmung, die mit der Wahrscheinlichkeit von 20% zu erwarten ist, würde er sein gesamtes Vermögen bis auf 10 G.E. verlieren. Drei Versicherungsgesellschaften bieten ihm nun folgende Verträge an:

Vertrag	Versicherungs-summe	Prämie
A	50	14
B	10	2
C	10	2,5

a) Drücken Sie die folgenden Vermögensverteilungen als „Lotterien" aus:

1. Verzicht auf Abschluss eines Versicherungsvertrags

2. Abschluss des Vertrags A

3. Abschluss des Vertrags B

4. Abschluss des Vertrags C

b) Berechnen Sie für die vier Verteilungen den erwarteten Wert des Vermögens und den dazugehörigen Erwartungsnutzen, wenn seine Nutzenfunktion $U(y) = \ln y$ lautet. Zeigen Sie, dass die Nutzenfunktion Risikoaversion ausdrückt.

c) Ist einer der Versicherungsverträge fair? Sollte er diesen (als rationaler Erwartungsnutzenmaximierer) kaufen?

d) Nehmen Sie nun an, der Hausbesitzer könne die Versicherungssumme Z selbst wählen. Der Preis pro Geldeinheit im Schadensfall sei γ. Die Prämie beträgt folglich $P = \gamma Z$. Bestimmen Sie für die Nutzenfunktion $U(y) = \ln y$ zunächst allgemein die optimale Deckung Z^* als Funktion der Schadenswahrscheinlichkeit π, des Preises pro Einheit Versicherungssumme γ, des Vermögens V sowie der Schadenhöhe S. Nehmen Sie an, dass der Hausbesitzer gemäß dieser Nutzenfunktion handelt. Bestimmen Sie seine optimale Versicherungssumme für $\gamma = 0,1, \gamma = 0,2$ und $\gamma = 0,25$. Erläutern Sie Ihr Ergebnis.

5

Allgemeines Gleichgewicht und Wohlfahrt

5.1 Das allgemeine Konkurrenzgleichgewicht

In früheren Kapiteln haben wir gesehen, wie im Modell der vollkommenen Konkurrenz eine einzelne Unternehmung ihr Produktangebot und ihre Faktornachfrage bestimmt (Abschnitt 3.2) bzw. wie ein einzelner Haushalt seine Güternachfrage und sein Arbeitsangebot festlegt (Abschnitte 4.3 und 4.4). Dabei wurde jeweils Mengenanpasser-Verhalten unterstellt, d.h. für den einzelnen Anbieter bzw. Nachfrager sind Güter- und Faktorpreise exogen gegeben. Somit verfügen wir für den Fall vollkommener Märkte – anders als für Monopol- und Oligopolmärkte (vgl. Abschnitte 3.3 und 3.4) – noch über keine Erklärung der Preisbildung selbst. Diese soll jetzt geliefert werden, wobei wir allerdings der Einfachheit halber eine Ein-Perioden-Welt betrachten und von Unsicherheit absehen.

Das Modell geht von folgenden Voraussetzungen aus:

Annahme 5.1

Die Technologie ist exogen gegeben. Jeder Unternehmer kennt die für seine Firma relevante Produktionsfunktion.

Annahme 5.2

Die Präferenzen aller Haushalte sind exogen gegeben. Jeder Haushalt kennt seine Nutzenfunktion.

Annahme 5.3

Die Verteilung des Vermögens (an produktiven Faktoren) ist exogen gegeben. Jeder Haushalt kennt seine Faktorausstattung.

Annahme 5.4

Es herrscht vollkommene Konkurrenz auf den Güter- und Faktormärkten, d.h. alle Marktteilnehmer nehmen die Preise als unbeeinflussbar hin.

Annahme 5.5

Jede Unternehmung verhält sich gewinnmaximierend.

Annahme 5.6

Jeder Haushalt verhält sich nutzenmaximierend.

Im Rahmen dieses Modells interessieren wir uns für Gleichgewichtszustände, die wie folgt definiert sind:

Definition:

Ein **allgemeines** (oder: **totales**) mikroökonomisches **Konkurrenzgleichgewicht** ist ein Vektor von Güter- und Faktorpreisen mit folgenden Eigenschaften:
1. Alle Güter- und Faktormärkte sind geräumt, d.h. auf jedem Markt entspricht das (zu diesen Preisen geplante) Gesamtangebot der (zu diesen Preisen geplanten) Gesamtnachfrage,
2. alle Marktteilnehmer verhalten sich als Mengenanpasser,
3. jede Unternehmung befindet sich mit ihren Angebots- und Nachfrageplänen in ihrem Gewinnmaximum,
4. jeder Haushalt befindet sich mit seinen Angebots- und Nachfrageplänen in seinem Nutzenmaximum.

Bei der Analyse eines solchen Gleichgewichtszustandes ergibt sich nun die Problematik, dass man die Suche nach gleichgewichtigen Preisen für die einzelnen Märkte nicht sequentiell, d.h. für jeden Markt gesondert, aufnehmen kann, wie das z.B. in der Monopol- oder Oligopoltheorie im Rahmen einer Partialanalyse vorgeführt worden ist. Denn will man z.B. mit einem beliebigen Faktormarkt beginnen, so lauten dort die Gleichgewichtsbedingungen: „Angebot des jeweiligen Faktors gleich Nachfrage nach dem Faktor". Da Angebot und Nachfrage jedoch nicht nur vom Preis des Faktors selbst, der hierdurch bestimmt werden soll, sondern auch von den Preisen aller anderen Faktoren und von den Güterpreisen abhängen, müssen diese als bekannt vorausgesetzt werden. Umgekehrt gilt aber auch für jeden Gütermarkt die Gleichgewichtsbedingung „angebotene gleich nachgefragte Menge des Gutes", wodurch der Preis des Gutes bestimmt wird. Da die angebotene und die nachgefragte Gutsmenge jedoch auch von den Preisen aller anderen Güter und von den Faktorpreisen abhängt, müssen diese wiederum als bekannt vorausgesetzt werden.

Es ergibt sich sofort die Frage nach der Reihenfolge der Bestimmung der Güter- und Faktorpreise: Die Bestimmung der Faktorpreise ist von den Güterpreisen abhängig und umgekehrt. Wegen dieser wechselseitigen Abhängigkeit können die Gleichgewichtspreise nur auf allen Märkten **simultan** gebildet werden. Dies wird im folgenden Abschnitt analytisch gezeigt.

Die Zusammenhänge können wir wie folgt schematisch darstellen (s. Abb. 5.1).

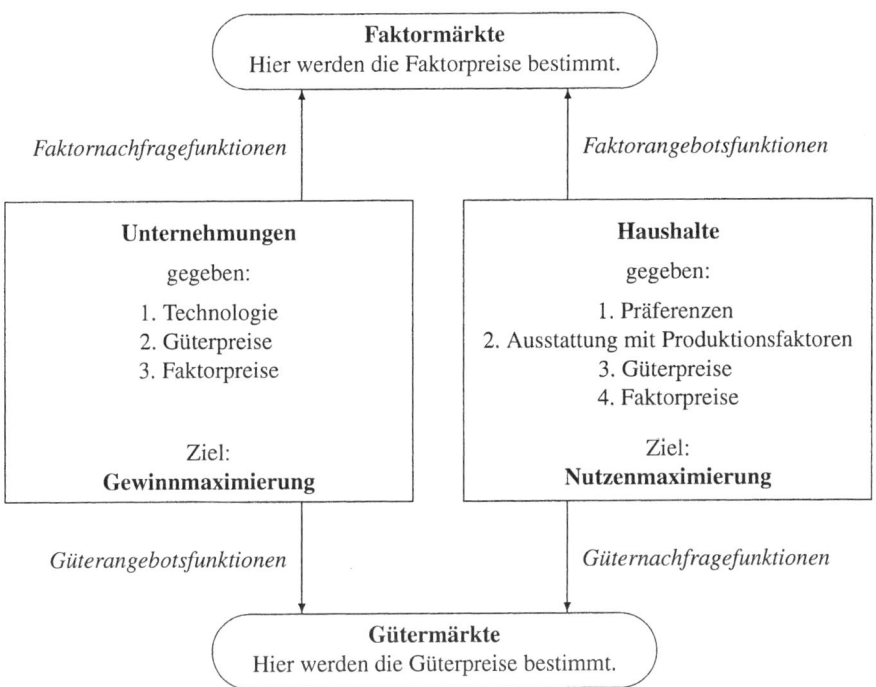

Abbildung 5.1. Zusammenhänge zwischen Güter- und Faktormärkten

5.1.1 Eine algebraische Darstellung

Wir betrachten dazu das vereinfachte Modell einer Wirtschaft, in der es nur zwei Konsumgüter, G_1 und G_2, sowie zwei Produktionsfaktoren, Arbeits- und Maschinenstunden gibt. Ferner gebe es insgesamt $n = n_1 + n_2$ Unternehmungen, von denen die ersten n_1 nur das Gut G_1 und die restlichen n_2 nur das Gut G_2 herstellen. In beiden Unternehmenssektoren werden Arbeits- und Maschinenstunden als Faktoren eingesetzt.

Aus Kapitel 3, „Unternehmen und Märkte", wissen wir, dass jede einzelne Unternehmung des ersten Sektors bei Gewinnmaximierung eine Güterangebotsfunktion

$$x_1^j = x_1^j(p_1, r, w) \quad j = 1, ..., n_1 \tag{5.1}$$

und zwei Faktornachfragefunktionen

$$L^j = L^j(p_1, r, w) \quad j = 1, ..., n_1 \tag{5.2}$$
$$K^j = K^j(p_1, r, w) \quad j = 1, ..., n_1 \tag{5.3}$$

ableiten kann. Entsprechendes gilt für die Unternehmungen des 2. Sektors:

$$x_2^j = x_2^j(p_2, r, w) \quad j = n_1 + 1, ..., n \tag{5.4}$$
$$L^j = L^j(p_2, r, w) \quad j = n_1 + 1, ..., n \tag{5.5}$$
$$K^j = K^j(p_2, r, w) \quad j = n_1 + 1, ..., n. \tag{5.6}$$

Summation über alle Unternehmungen des jeweiligen Sektors ergibt die beiden Marktangebotsfunktionen für Gut G_1 bzw. G_2, nämlich x_1^A bzw. x_2^A:

$$\sum_{j=1}^{n_1} x_1^j(p_1, r, w) = x_1^A(p_1, r, w) \tag{5.7}$$

$$\sum_{j=n_1+1}^{n} x_2^j(p_2, r, w) = x_2^A(p_2, r, w) \tag{5.8}$$

Summation über alle Unternehmen ergibt die Marktnachfragefunktionen für die beiden Produktionsfaktoren, nämlich L^N und K^N:

$$\sum_{j=1}^{n_1} L^j(p_1, r, w) + \sum_{j=n_1+1}^{n} L^j(p_2, r, w) = L^N(p_1, p_2, r, w) \tag{5.9}$$

$$\sum_{j=1}^{n_1} K^j(p_1, r, w) + \sum_{j=n_1+1}^{n} K^j(p_2, r, w) = K^N(p_1, p_2, r, w) \tag{5.10}$$

Entsprechend gebe es Haushalte, von denen jeder über eine bestimmte Ausstattung mit Arbeits- und Maschinenstunden verfüge (diese Ausstattung kann auch in einer Komponente Null betragen). In Kapitel 4 wurde die Güternachfrage eines Konsumenten bei Nutzenmaximierung und **gegebenem Geldeinkommen** abgeleitet. Die

Güternachfragefunktionen enthielten die Güterpreise und das Geldeinkommen als Argumente. Ebenso wurde gezeigt, wie das Einkommen endogen durch das Faktorangebot bei gegebenen Faktorpreisen determiniert wird. Fügt man beide Betrachtungen zusammen, so erhält man für jeden Haushalt zwei Güternachfragefunktionen und zwei Faktorangebotsfunktionen.[1]

$$x_1^i = x_1^i(p_1, p_2, r, w) \tag{5.11}$$

$$x_2^i = x_2^i(p_1, p_2, r, w) \tag{5.12}$$

$$L^i = L^i(p_1, p_2, r, w) \tag{5.13}$$

$$K^i = K^i(p_1, p_2, r, w) \quad i = 1, \dots, m \tag{5.14}$$

Summation über alle Haushalte ergibt zum einen die Marktnachfragefunktionen nach beiden Konsumgütern,

$$\sum_{i=1}^{m} x_1^i(p_1, p_2, r, w) = x_1^N(p_1, p_2, r, w) \tag{5.15}$$

$$\sum_{i=1}^{m} x_2^i(p_1, p_2, r, w) = x_2^N(p_1, p_2, r, w), \tag{5.16}$$

zum anderen die Marktangebotsfunktionen beider Faktoren:

$$\sum_{i=1}^{m} L^i(p_1, p_2, r, w) = L^A(p_1, p_2, r, w) \tag{5.17}$$

$$\sum_{i=1}^{m} K^i(p_1, p_2, r, w) = K^A(p_1, p_2, r, w) \tag{5.18}$$

Bemerkung:

Graphisch erhält man eine Marktnachfragekurve durch horizontale Aggregation der individuellen Nachfragekurven (analog für Angebotskurve). Dies ist in Abb. 5.2 exemplarisch für die Summation in (5.15) für $m = 3$ Haushalte vorgeführt, wobei $\bar{p}_2$, $\bar{w}$ und $\bar{r}$ als konstant angenommen werden.

Ein totales mikroökonomisches Konkurrenzgleichgewicht liegt in diesem Fall vor, wenn beide Güter- und beide Faktormärkte gleichzeitig geräumt sind, d.h. wenn die folgenden Gleichgewichtsbedingungen erfüllt sind:

Gütermärkte:

$$x_1^A(p_1, r, w) = x_1^N(p_1, p_2, r, w) \tag{5.19}$$

$$x_2^A(p_2, r, w) = x_2^N(p_1, p_2, r, w) \tag{5.20}$$

---

[1]Besitzt ein Haushalt keine Maschine, so spielt in seinen Angebots- und Nachfragefunktionen die Maschinenmiete r keine Rolle.

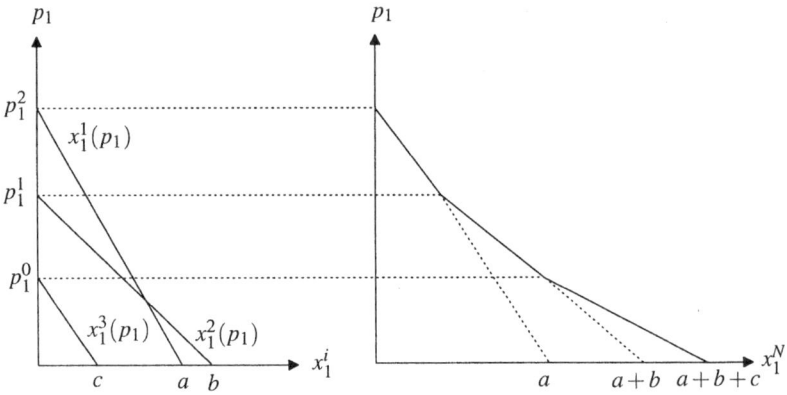

Abbildung 5.2. Herleitung der Marktnachfragefunktion durch horizontale Aggregation der individuellen Nachfragefunktionen

Faktormärkte:

$$L^A(p_1, p_2, r, w) = L^N(p_1, p_2, r, w) \tag{5.21}$$

$$K^A(p_1, p_2, r, w) = K^N(p_1, p_2, r, w) \tag{5.22}$$

wobei die jeweiligen Funktionen aus (5.7) - (5.10) und (5.15) - (5.18) gewonnen wurden. Das System zur Bestimmung eines totalen Konkurrenzgleichgewichts umfasst also vier Gleichungen in vier Unbekannten, nämlich den Preisen p_1, p_2, w und r.

5.1.2 Zur Existenz eines allgemeinen Gleichgewichts

Eine wichtige Frage ist die nach der Existenz eines allgemeinen Wettbewerbsgleichgewichts, d.h. eines Preisvektors (p_1, p_2, r, w), der die Gleichungen (5.19) bis (5.22) simultan löst. Denn wenn das in Abbildung 5.1 dargestellte Modell von Wettbewerbsmärkten kein Gleichgewicht aufwiese, so könnte man aus ihm auch keine Schlüsse ziehen. Weder könnte man komparative Statik betreiben, d.h. Vorhersagen darüber ableiten, wie sich die Marktpreise ändern, wenn sich exogene Daten (z.B. Ressourcenausstattungen) ändern, noch könnte man etwas über die Wohlfahrtseigenschaften von Marktallokationen aussagen (vgl. dazu Abschnitt 5.2).

Der Franzose Léon Walras (1834-1910), der als erster Ökonom die oben dargestellten Bedingungen für ein totales Konkurrenzgleichgewicht formulierte, glaubte, dass die Übereinstimmung der Anzahl der Gleichungen mit der Anzahl der Unbekannten die Existenz und Eindeutigkeit einer Lösung des Gleichungssystems garantiere. Aus der Mathematik wissen wir heute jedoch, dass dies z.B. für **lineare** Gleichungen zutrifft, dort aber nur dann, wenn die Gleichungen voneinander linear unabhängig sind.

Angebots- und Nachfragefunktionen einzelner Wirtschaftssubjekte sind jedoch, wie wir z.B. in der Theorie des Haushalts mehrfach nachweisen konnten, in der Regel nichtlinear. Umso mehr gilt dies für die durch Summation gewonnenen Marktangebots- und -nachfragefunktionen. Dass bei nichtlinearen Funktionen die **Anzahl** der Gleichungen und der Unbekannten aber keine Aussage über die Lösbarkeit des Systems mehr liefert, sei im folgenden am Beispiel **zweier** Gleichungen mit **zwei** Unbekannten graphisch verdeutlicht. Für feste Werte von $w = \bar{w}$ und $r = \bar{r}$ sei die Menge aller (p_1, p_2)-Kombinationen, die (5.19) erfüllen, durch den Kurvenzug AB, und die Menge aller (p_1, p_2)-Kombinationen, die (5.20) erfüllen, durch CD symbolisiert. Im ersten Fall (Abb. 5.3a) existiert überhaupt keine simultane Lösung für beide Gleichungen, im zweiten Fall (Abb. 5.3b) gibt es nicht nur eine, sondern drei Lösungen, d.h. die Lösung ist nicht eindeutig.

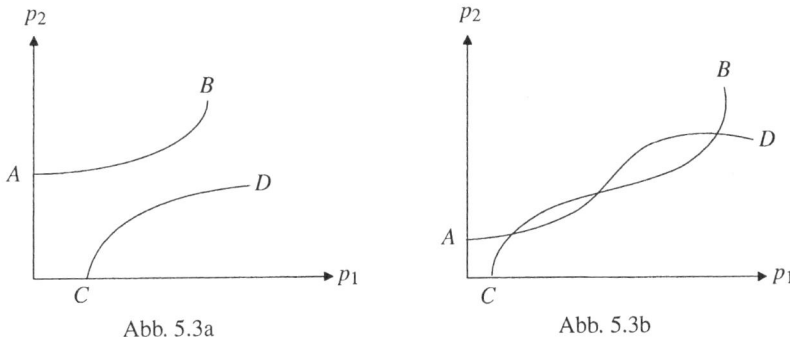

Abb. 5.3a   Abb. 5.3b

Abbildung 5.3. Mögliche Probleme bei der Lösung nicht-linearer Gleichungssysteme

Dennoch wollen wir zunächst untersuchen, wie viele Unbekannte und Gleichungen das System (5.19) - (5.22) hat:

1. Aus der Theorie des Haushalts wissen wir, dass alle Güternachfragefunktionen homogen vom Grade null sind, d.h. werden alle Güter- und Faktorpreise mit demselben Faktor λ multipliziert, so ändert sich die Lage der Budgetgeraden eines Haushalts nicht, und dieser fragt unveränderte Gütermengen nach. Das gleiche gilt für sein Faktorangebot. Damit ändern sich auch die Marktnachfrage- und Marktangebotsfunktionen nicht, d.h. die Marktnachfragefunktionen für alle Güter und die Marktangebotsfunktionen für Faktoren sind homogen vom Grade null im Preisvektor. Dasselbe gilt, wie wir aus der Theorie der Unternehmung wissen, für die Güterangebotsfunktionen und die Faktornachfragefunktionen der Firmen und die daraus gebildeten Marktangebots- bzw. -nachfragefunktionen.

    Daraus folgt: Stellt der Preisvektor (p_1^*, p_2^*, w^*, r^*) eine Lösung des Gleichungssystems (5.19) - (5.22) dar, so gilt das auch für jedes Vielfache dieses Vektors, also für $(\lambda p_1^*, \lambda p_2^*, \lambda w^*, \lambda r^*)$ mit beliebigem $\lambda > 0$. Die absoluten Güter- und

Faktorpreise sind also nicht determiniert, sondern lediglich die relativen Preise, da sich diese bei einer Ver-λ-fachung des Preisvektors nicht ändern:

$$\frac{p_1}{p_2} = \frac{\lambda p_1}{\lambda p_2}, \quad \frac{p_1}{w} = \frac{\lambda p_1}{\lambda w}, \quad \frac{p_1}{r} = \frac{\lambda p_1}{\lambda r} \quad \text{usw.} \tag{5.23}$$

Anders ausgedrückt hat das System also nicht **vier** endogene Größen, die es bestimmt, sondern nur **drei**, nämlich die relativen Preise, denn ein Preis ist durch geeignete Wahl von λ frei wählbar. Dies kann man sich zunutze machen, indem man einen Preis (z.B. den Lohnsatz w) gleich 1 setzt. Damit werden Arbeitsstunden zur Recheneinheit, zum Numéraire-Gut. Alle Preise werden in Arbeitsstunden ausgedrückt, denn es gilt:

$$\frac{1}{w} \cdot (p_1, p_2, r, w) = \left(\frac{p_1}{w}, \frac{p_2}{w}, 1, \frac{r}{w}\right) =: (\tilde{p}_1, \tilde{p}_2, 1, \tilde{r}) \tag{5.24}$$

2. Soeben wurde gezeigt, dass das Gleichungssystem nur drei unbekannte Größen enthält. Da es nun aber vier Gleichungen hat, ist es dadurch etwa überbestimmt? Kann es überhaupt noch lösbar sein? Im Folgenden wird jedoch gezeigt, dass auch von den Gleichungen eine überflüssig, nämlich aus den anderen drei ableitbar ist. Dies ist die Aussage des **Gesetzes von Walras**.

Um dieses Gesetz zu formulieren, gehen wir von der Bilanzgleichung einer einzelnen Unternehmung aus. Diese sagt aus, dass die gesamten geplanten Einnahmen, d.h. der Wert der geplanten Güterverkäufe, gleich den geplanten Ausgaben, d.h. dem Wert der geplanten Faktornachfragen plus dem Gewinn sind. Summiert über alle Firmen ergibt sich:

$$p_1 x_1^A + p_2 x_2^A = w \cdot L^N + r \cdot K^N + \pi \tag{5.25}$$

Den Haushalten fließen als Einkommen die Einnahmen aus den (geplanten) Faktorverkäufen sowie sämtliche Unternehmensgewinne zu, da sie die Firmeneigner sind. Dieses Einkommen geben sie in ihrem Haushaltsoptimum, wie wir in Kapitel 4 gesehen haben, restlos für Konsumgüterkäufe aus, ihre Budgetbeschränkung ist also als Gleichung erfüllt. Summiert über alle Haushalte ergibt sich:

$$p_1 x_1^N + p_2 x_2^N = w \cdot L^A + r \cdot K^A + \pi \tag{5.26}$$

Bildet man die Differenz aus (5.25) und (5.26) und bringt alle Terme auf die linke Seite, so erhält man das

Gesetz von Walras:

$$p_1(x_1^A - x_1^N) + p_2(x_2^A - x_2^N) + w(L^A - L^N) + r(K^A - K^N) = 0. \quad (5.27)$$

Seine ökonomische Aussage ist: „Die Summe der wertmäßigen Angebotsüberschüsse auf allen Märkten ist immer gleich null."

Diese Aussage gilt wohlgemerkt immer, nicht nur im totalen Konkurrenzgleichgewicht. Gleichung (5.27) zeigt, dass zwischen den Gleichgewichtsbedingungen (5.19) bis (5.22) eine lineare Abhängigkeit besteht: Sind 3 der 4 Märkte im Gleichgewicht, d.h. die entsprechenden Klammerausdrücke in (5.27) sind null, so muss bei positiven Preisen auch der 4. Klammerausdruck null sein, d.h. auch der 4. Markt ist dann automatisch geräumt. Es handelt sich also bei (5.19) bis (5.22) eigentlich um ein System von nur drei (unabhängigen) Gleichungen zur Bestimmung von drei Größen (den relativen Preisen).

3. Sind die Preise alle bestimmt, so liegen auch die Angebots- und Nachfragemengen im Gleichgewicht fest. Sie können von der rechten oder linken Seite der Gleichung (5.19) bis (5.22) abgelesen werden.

Eine allgemeine Beantwortung der Frage nach der Existenz und Eindeutigkeit eines Gleichgewichtspreisvektors (p_1, p_2, r, w) für das Gleichgewichtssystem (5.19) bis (5.22) ist mathematisch schwierig. Wir können jedoch einige Vorarbeiten leisten und uns plausibel machen, unter welchen Bedingungen die Existenz eines Gleichgewichts gesichert sein wird.

Dazu betrachten wir im Folgenden eine noch weiter vereinfachte Wirtschaft, in der die Produktionsentscheidungen bereits gefallen und nun bestimmte Mengen $\bar{x}_1$ und $\bar{x}_2$ der beiden Konsumgüter vorhanden sind. Eine solche Ökonomie wird „Tauschwirtschaft" genannt. Aus dem Walras'schen Gesetz wissen wir, dass das Gleichgewicht in dieser Ökonomie als die Lösung einer Gleichung mit einer Unbekannten dargestellt werden kann. Die Unbekannte ist der relative Preis des Gutes 1 (in Einheiten des Gutes 2), p_1/p_2, für den wir auch einfach p schreiben können. Die Gleichung drückt aus, dass die Gesamtnachfrage nach Gut 1 dem Anfangsbestand an diesem Gut entsprechen muss:

$$z(p) := x_1^N(p) - \bar{x}_1 = 0. \quad (5.28)$$

Die Funktion $z(p)$ nennt man die „Überschussnachfrage-Funktion". Sie ordnet jeder Höhe des relativen Preises die Überschussnachfrage nach Gut 1, also die Differenz zwischen nachgefragter und angebotener Menge, zu. Diese Funktion hat die folgenden Eigenschaften:

1. Sie ist stetig, da die Marshall'schen Nachfragefunktionen aller Haushalte stetig sind (vgl. Abschnitt 4.3.1.1),

2. es gibt einen genügend hohen Wert des Preises, etwa p^0, so dass ihr Funktionswert negativ ist, da die Gesamtnachfrage $x_1(p^0)$ geringer ist als die vorhandene Menge $\bar{x}_1$,

3. ihr Funktionswert an der Stelle $p = 0$ ist positiv, da die Nachfrage jedes einzelnen Haushalts nach Gut 1 beim Preis von null wegen Nichtsättigung alle Grenzen übersteigt.

Wir können dann den **Zwischenwertsatz** anwenden, der besagt, dass eine stetige Funktion z, die an zwei Stellen a und b in ihrem Definitionsbereich die Funktionswerte z^1 und z^2 annimmt, auch alle Werte zwischen z^1 und z^2 annehmen muss. Also gibt es einen Preis p^* mit $z(p^*) = 0$ (vgl. Abbildung 5.4).

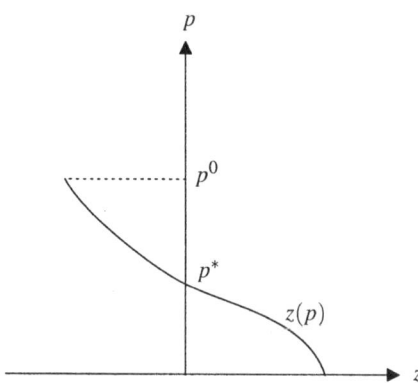

Abbildung 5.4. Überschussnachfrage-Funktion und Existenz eines Gleichgewichts

Mit etwas mehr Mühe und zusätzlichen Annahmen (z.B. dürfen keine zunehmenden Skalenerträge in der Produktion vorliegen) kann man die Existenz eines allgemeinen Gleichgewichts in einer Ökonomie mit Produktion und mit beliebig, aber endlich vielen Gütern beweisen.

5.1.3 Grenzraten der Substitution im totalen Konkurrenzgleichgewicht

Zusätzlich wollen wir jetzt die Eigenschaft ausnutzen, dass in einem totalen Konkurrenzgleichgewicht

1) jede Unternehmung in ihrem Gewinnmaximum und

2) jeder Haushalt in seinem Haushaltsoptimum (Nutzenmaximum) ist.

Da jedes Unternehmen j, gleichgültig, welches Gut es herstellt, im Gewinnmaximum kostenminimierend produzieren muss, gilt bei gegebenen Faktorpreisen w und *r*: „Grenzrate der technischen Substitution gleich Faktorpreisverhältnis" oder

$$-\frac{dK^j}{dL^j} = \frac{w}{r} \quad j = 1,...,n. \tag{5.29}$$

Da die Faktorpreise im Gleichgewicht – rechte Seite von (5.29) – für alle Firmen identisch vorgegeben sind, sind auch die **Grenzraten der technischen Substitution** zwischen Arbeits- und Maschinenstunden – linke Seite von (5.29) – im Konkurrenzgleichgewicht **für alle Firmen gleich**.

Desgleichen gilt für jeden Haushalt im Optimum die Regel „Grenzrate der Substitution gleich Güterpreisverhältnis" oder

$$-\frac{dx_2^i}{dx_1^i} = \frac{p_1}{p_2} \quad i = 1,...,m. \tag{5.30}$$

Da die Güterpreise im Gleichgewicht – rechte Seite von (5.30) – für alle Haushalte identisch vorgegeben sind, sind auch die **Grenzraten der Substitution** zwischen den beiden Gütern – linke Seite von (5.30) – im Konkurrenzgleichgewicht **für alle Haushalte gleich**.

Eine analoge Beziehung zu denen für zwei Faktoren und für zwei Güter lässt sich auch für ein Gut und einen Faktor herstellen:

In Abschnitt 4.4 wurde gezeigt, dass für einen nutzenmaximierenden arbeitsanbietenden Haushalt die Grenzrate der Substitution zwischen dem Konsum eines Gutes, etwa G_1, und der Freizeit gleich dem Reallohn in Einheiten des betreffenden Gutes sein muss. Dies gilt für alle Haushalte:

$$-\frac{dx_1^i}{df^i} = \frac{w}{p_1} \quad i = 1,...,m. \tag{5.31}$$

D.h. die Grenzrate der Substitution zwischen dem Konsum eines bestimmten Gutes und Freizeit sind für alle Haushalte gleich. Aber nicht nur das. Betrachten wir eine beliebige Firma, die Gut G_1 herstellt. Aus den Bedingungen für ein Gewinnmaximum wissen wir, dass für diese Unternehmung die Grenzproduktivität der Arbeit gleich der realen Entlohnung sein muss:

$$F_L^j = \frac{w}{p_1} \quad j = 1,...,n_1, \tag{5.32}$$

wobei $F^j(L,K)$ jetzt die Produktionsfunktion der j-ten Unternehmung bezeichnet. Wir wissen daher, dass im Konkurrenzgleichgewicht die **Grenzproduktivitäten der Arbeit in allen Firmen**, die das gleiche Produkt herstellen, **gleich sind** und den **Grenzraten der Substitution zwischen Konsum und Freizeit aller Haushalte** entsprechen.

Wir werden im nächsten Kapitel die Bedeutung dieser Aussagen für die Wohlfahrtstheorie kennenlernen.

5.1.4 Graphische Darstellung für eine Tauschwirtschaft

Wir betrachten wiederum die in Abschnitt 5.1.2 definierte Tauschwirtschaft, in der die Produktionsentscheidungen bereits gefallen und nun bestimmte Mengen der beiden Konsumgüter vorhanden sind. Es gebe ferner nur zwei Haushalte, auf die die Konsumgütermengen in irgend einer Weise aufgeteilt sind. Jeder der beiden Haushalte besitzt eine „Anfangsausstattung" mit beiden Gütern. Diese Situation kann in einem Rechteck, der sogenannten Edgeworth-Box[2], dargestellt werden, dessen Seitenlängen die insgesamt verfügbaren Mengen der beiden Güter, $\bar{x}_1$ und $\bar{x}_2$, symbolisieren (Abb. 5.5).

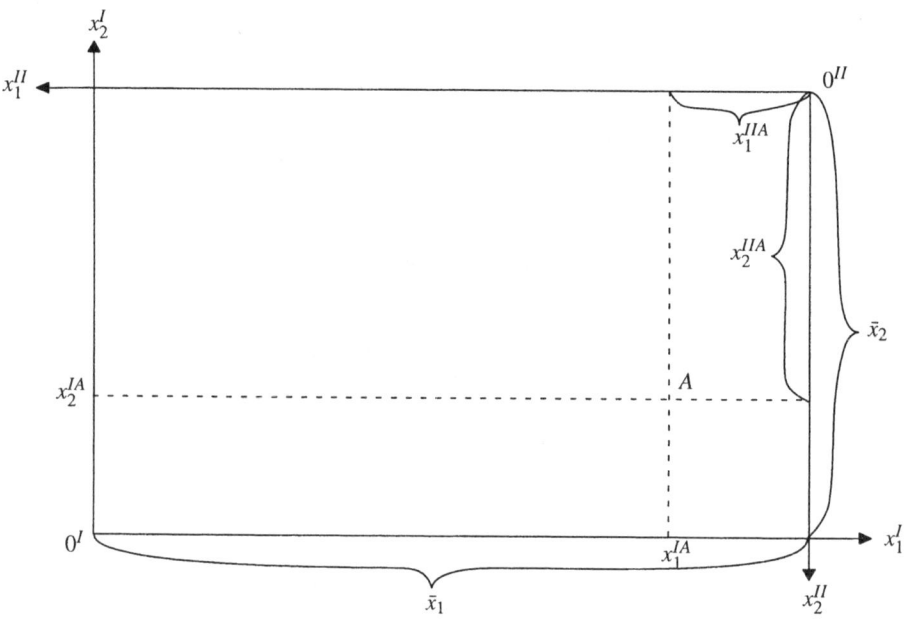

Abbildung 5.5. Anfangsausstattungen in einer Tauschwirtschaft

Betrachtet man nun den linken unteren Eckpunkt als Ursprung eines Koordinatensystems für den Konsum des Haushalts I, so lässt sich seine Anfangsausstattung (x_1^I, x_2^I) als Punkt in diesem System darstellen (Punkt A). Entsprechend kann man die Anfangsausstattung des Haushalts II, $x_1^{II} = \bar{x}_1 - x_1^I$ bzw. $x_2^{II} = \bar{x}_2 - x_2^I$ an demselben Punkt A ablesen, wenn man das Blatt um 180^0 dreht und den gegenüberliegenden Eckpunkt des Rechtecks als Ursprung seines Koordinatensystems interpretiert.

Da keine Produktion mehr stattfindet und die Haushalte folglich auch keine Faktoren liefern können, besteht die einzige mögliche ökonomische Aktivität in einem Aus-

---

[2]Nach Francis Ysidro Edgeworth, (1845-1926)

tausch der beiden Güter zwischen den Haushalten. Wir wollen im Folgenden einen gleichgewichtigen Tauschvorgang ermitteln, bei dem die zuvor unterstellten Annahmen gültig sind:

1) Beide Individuen verhalten sich als Nutzenmaximierer.

2) Beide Individuen nehmen die Marktpreise als gegeben hin und verhalten sich als „Mengenanpasser".

Da wir es hier mit nur zwei Gütern zu tun haben, gibt es gemäß unseren früheren Überlegungen nur einen relevanten Preis, nämlich den relativen Preis p_1/p_2, d.h. das Austauschverhältnis zwischen beiden Gütern.

Zunächst ist exemplarisch für Haushalt I zu zeigen, welche Tauschakte er zu alternativen Preisen plant. Das Preisverhältnis drückt sich in der Steigung einer Tauschgeraden aus, die natürlich durch Punkt A aus Abb. 5.5 laufen muss, da jeder der Haushalte einfach durch Verzicht auf den Austausch von Gütern seine Anfangsausstattung behalten kann. In Abb. 5.6 sind verschiedene Preisgeraden durch Punkt A eingezeichnet, und für jede dieser Preisgeraden, die für Haushalt I gleichzeitig Budgetgeraden darstellen, ist sein jeweiliges Haushaltsoptimum als Tangentialpunkt einer Indifferenzkurve an diese Budgetgerade eingezeichnet.

Verbindet man alle diese Haushaltsoptima miteinander, so erhält man die sogenannte **Tauschkurve** (oder „offer curve") des Haushalts I, T_I. Sie entspricht gleichzeitig seiner Angebotskurve für Gut 1 und seiner Nachfragekurve für Gut 2. Alle Punkte auf T_I werden von Haushalt I gegenüber Punkt A vorgezogen, sie liegen auf höheren Indifferenzkurven als Punkt A. Die Begründung ist einfach die, dass die Teilnahme am Tausch freiwillig ist und Punkt A jeweils zur erreichbaren Budgetmenge gehört, aber **nicht** gewählt wird.

Analog dazu kann man eine Tauschkurve T_{II} für Haushalt II als Menge der Berührpunkte von Preisgeraden und seinen Indifferenzkurven konstruieren (Kurve FDA in Abb. 5.6).

Wie kann man ein Gleichgewicht für diese Tauschwirtschaft finden? Betrachten wir die flachste der eingezeichneten Preisgeraden: Bei diesem Preisverhältnis bietet Haushalt I gemäß seinem Tangentialpunkt B $(x_1^A - x_1^1)$ Einheiten des 1. Gutes an, Haushalt II fragt jedoch $(x_1^A - x_1^0)$ Einheiten des 1. Gutes nach (Punkt F), dieses Preisverhältnis stellt also kein Gleichgewicht her. Ein Gleichgewicht kann folglich nur im Schnittpunkt der Tauschkurven T_I und T_{II} vorliegen (Punkt D). Hier entspricht das Angebot des Haushalts I an Gut 1, nämlich $(x_1^A - x_1^2)$, genau der Nachfrage des Haushalts II.

Ferner sehen wir, dass in Punkt D gemäß der Konstruktion der Tauschkurven

1) eine Indifferenzkurve des Haushalts I tangential an die Preisgerade AD verläuft und

2) eine Indifferenzkurve des Haushalts II tangential an dieselbe Preisgerade verläuft

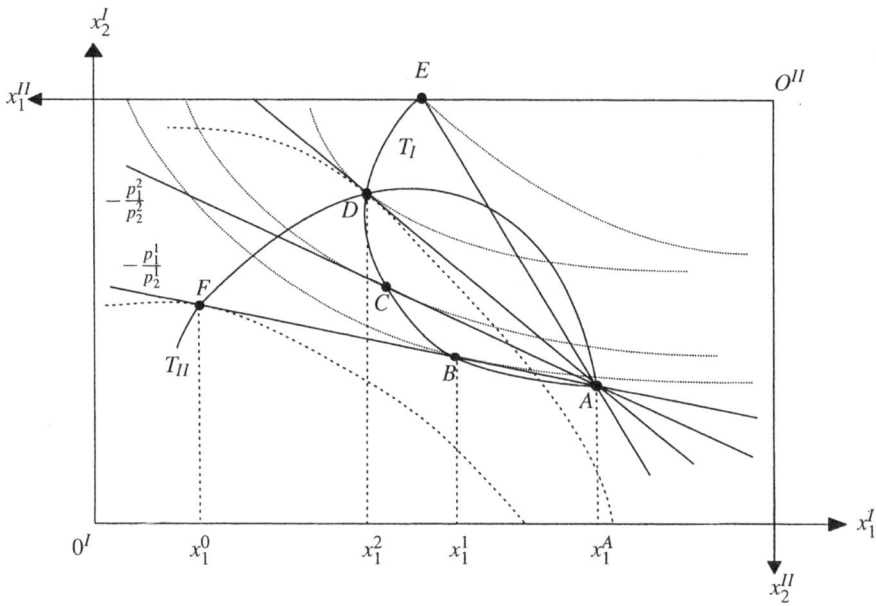

Abbildung 5.6. Herleitung der Tauschkurven T_I und T_{II}

und folglich

3) die Indifferenzkurven der beiden Haushalte einander berühren.

Damit wird unser Ergebnis aus Abschnitt 5.1.3 bestätigt, dass im Konkurrenzgleichgewicht die **Grenzraten der Substitution** für das betrachtete Güterpaar **bei beiden Haushalten übereinstimmen**. Auch auf dieses Ergebnis werden wir im nächsten Abschnitt noch zurückkommen.

5.2 Gesamtwirtschaftliche Effizienz und Pareto-Optimalität

5.2.1 Zur Wahl eines Wohlfahrtskriteriums

Ökonomen beschränken sich nicht darauf, wirtschaftliche Vorgänge zu erklären und zu prognostizieren, sondern sie werden häufig von Politikern beauftragt, wirtschaftspolitische Empfehlungen abzugeben. Solche Empfehlungen basieren auf Werturteilen darüber, ob ein Zustand der Ökonomie eine höhere Wohlfahrt für die Gesellschaft mit sich bringt als ein anderer oder umgekehrt. Dazu ist zunächst zu klären, was man unter „Wohlfahrt" und „Gesellschaft" zu verstehen hat.

Ist die „Gesellschaft"

a) die Summe aller ihrer Mitglieder, oder

b) eine eigenständige Einheit?

Bejaht man Antwort b), so kann man der Gesellschaft einen eigenen Willen unterstellen, wie das Rousseau mit seiner Idee eines Gemeinwohls, einer „volonté générale", getan hat. Die möglichen Zustände der Ökonomie können dann in Bezug auf das „Wohlbefinden" dieses Ganzen beurteilt werden, und Wohlfahrtsprobleme vereinfachen sich. Welche Auswirkungen die Zustände auf die einzelnen Mitglieder der Gesellschaft haben, braucht dagegen nicht weiter berücksichtigt zu werden, da diese wie die Organe eines Körpers dem ganzen Kollektiv untergeordnet sind. Man bezeichnet diese Sichtweise daher als die **organische Staatsauffassung**.

Basierend auf der Tradition der griechischen Stadtstaaten in der Antike hat sich in den westlichen Demokratien jedoch die individualistische Staatsauffassung durchgesetzt: Die Gesellschaft besteht aus der Summe ihrer Mitglieder. Der Staat ist kein eigenständiger Organismus, sondern ein künstliches Gebilde, das von seinen Mitgliedern lediglich geformt worden ist, um bestimmte, letztlich individuelle Ziele zu realisieren. Diese **individualistische Auffassung** wird in der Volkswirtschaftslehre in der Tradition von Max Weber (1864-1920) zumeist vertreten. Dementsprechend meinen wir, wenn wir von „gesellschaftlicher Wohlfahrt" sprechen, das Wohlergehen der einzelnen Gesellschaftsmitglieder.

Eine weitere wichtige Frage ist, wer am besten in der Lage ist, das Wohlergehen eines Bürgers zu messen und zu beurteilen, ob eine bestimmte Maßnahme der Regierung dessen Wohlergehen steigert oder senkt. Auch hier gibt es wieder zwei Möglichkeiten, nämlich

a) das Individuum selber, oder

b) jemand anderes?

Es herrscht weitgehender Konsens darüber, dass die Frage bei Kindern mit b) beantwortet werden muss und dass in der Regel die eigenen Eltern das Wohlergehen des Kindes am besten beurteilen können. Im Hinblick auf erwachsene Bürger ist ein solcher **paternalistischer Standpunkt** jedoch schwer zu begründen, denn er wirft sofort die Folgefrage auf, **wer** denn diese Rolle einnehmen soll. Die mögliche Antwort: ein **anderes** Individuum, verstößt entweder gegen die Idee der Gleichberechtigung der Bürger oder sie schafft die paradoxe Situation, dass dem Einzelnen zugebilligt wird, das Wohlergehen eines anderen grundsätzlich besser beurteilen zu können als sein eigenes. Die alternative Vorstellung einer allwissenden Regierung passt nicht zu einer Demokratie, in der eben diese Regierung ja von den Bürgern gewählt wird, die nicht einmal in der Lage sein sollen, ihre eigenen Interessen zu beurteilen. Es bleibt also nur die Antwort a), und wir postulieren die

---

Annahme 5.7

Zieht ein Individuum den Zustand A dem Zustand B vor $(A \succ B)$, dann erhöht sich seine Wohlfahrt, wenn er sich von B nach A verändert, Präferenzen sind also ein Ausdruck der Wohlfahrt.[3]

Annahme 5.8

Das Individuum handelt entsprechend seinen Präferenzen; seine Handlungen offenbaren daher seine Präferenzen.

Bezüglich der Präferenzordnungen gelten die im 4. Kapitel erläuterten Voraussetzungen und Eigenschaften.

Wie kommt man nun von den Präferenzordnungen der einzelnen Gesellschaftsmitglieder zu Aussagen über die Wohlfahrt der Gesellschaft insgesamt? Um dieses Problem adäquat beschreiben (und eventuell lösen) zu können, bezeichnen wir mit X die Menge der möglichen Zustände einer Ökonomie, die wir „Allokationen" nennen wollen, und mit A, B, C usw. die einzelnen Allokationen.

Definition:

Eine **Allokation** ist eine vollständige Beschreibung der Produktionsaktivitäten aller Unternehmen und der Konsumaktivitäten (einschließlich der erbrachten Arbeitsleistungen) aller Haushalte.

Ferner habe jedes Individuum $i(i = 1, ..., m)$ eine (vollständige und transitive) Präferenzordnung über die zulässigen Allokationen, die sich z.B. danach richten könnte, welchen Nutzen das Individuum aus seinem eigenen Konsumvektor zieht (vgl. Kapitel 4).[4] Die von uns gesuchte Aussage über die **gesellschaftliche Wohlfahrt** hat im günstigsten Fall ebenfalls die Eigenschaften einer (vollständigen und transitiven) Rangordnung der Allokationen, nun aber aus der Sicht der Gesellschaft als Ganzes. Wenn dann noch die bereits in Abschnitt 4.3 besprochene Stetigkeitseigenschaft erfüllt ist, kann man die gesellschaftliche Wohlfahrtsordnung durch eine „gesellschaftliche Wohlfahrtsfunktion" repräsentieren.

---

[3]Diese Annahme ist in bestimmten Ausnahmefällen problematisch, z.B. bei Drogensüchtigen.

[4]Sie kann aber auch vom Konsum anderer, z.B. der eigenen Kinder abhängen.

Definition:

Eine **gesellschaftliche Wohlfahrtsfunktion** ist eine Funktion, die jeder Allokation $A \in X$ eine reelle Zahl $W(A)$ zuordnet, so dass für A, $B \in X$ die Ungleichung $W(A) > W(B)$ die Aussage enthält: Die gesellschaftliche Wohlfahrt ist in Allokation A höher als in Allokation B.

Natürlich sollte diese gesellschaftliche Wohlfahrtsordnung bzw. Wohlfahrtsfunktion auf den Präferenzordnungen der Gesellschaftsmitglieder basieren, und die Verfahren der Gewinnung der ersteren aus den letzteren, die man „Präferenzaggregation" nennt, bilden einen eigenen umfangreichen Zweig der Wirtschaftstheorie. Im Rahmen dieser Einführung können wir nur die grundlegendsten Ergebnisse dieses Theoriezweigs darstellen.

Beginnen wir mit dem Vergleich **zweier** Allokationen, A und B. Der einfachste Fall ist der, in dem die Mitglieder der Gesellschaft in ihren schwachen Präferenzen bezüglich dieser beiden Allokationen übereinstimmen, etwa darin, dass jedes Individuum die Allokation A mindestens so gut findet wie Allokation B. In diesem Fall liegt es nahe zu definieren, dass auch für die Gesellschaft Allokation A mindestens so gut ist wie Allokation B. Die auf diesem „Einstimmigkeitsprinzip" basierenden Urteile nennt man nach dem italienischen Ökonomen und Soziologen Vilfredo Pareto (1848-1924), der dieses Entscheidungskriterium vorgeschlagen hat, das Pareto-Kriterium.

Definition: Pareto–Kriterium

Falls in Allokation A jedes Individuen gleich gut gestellt ist wie in Allokation B, so heißen A und B **Pareto-gleichwertig.**
Falls in A alle Individuen mindestens so gut gestellt sind wie in B und zumindest ein Individuum strikt besser als in B, so heißt A **Pareto-superior** oder **Pareto-vorgezogen** gegenüber B.
Allokation A heißt **Pareto–optimal**, falls es keine Allokation C gibt, die gegenüber A Pareto-superior ist, d.h. falls es ausgehend von A nicht möglich ist, ein Individuum besser zu stellen, ohne mindestens ein anderes schlechter zu stellen.

Das Pareto–Kriterium sei im Folgenden in Abbildung 5.7 verdeutlicht. Für jede Allokation einer Zwei–Personen–Ökonomie sind die Nutzenniveaus beider Individuen durch einen Punkt im (U_1, U_2)–Diagramm dargestellt. Die Fläche OP_1P_2 gebe dabei die Menge der Nutzenkombinationen aller realisierbaren Allokationen an.

Wendet man das Pareto–Kriterium an, so gilt beispielsweise

$$A \succ B \succ C.$$

Alle Punkte im doppelt schraffierten Feld sind gegenüber B Pareto–vorgezogen. Pareto–optimal sind nur die Punkte auf dem Linienzug P_2P_1. Diese Darstellung

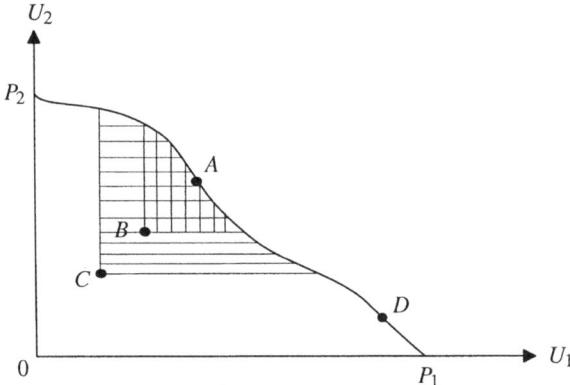

Abbildung 5.7. Pareto–Kriterium im Nutzenmöglichkeitsraum

zeigt gleichzeitig den Nachteil des Pareto–Kriteriums: Nicht alle Paare von Zuständen können miteinander verglichen werden, z.b. nicht die Zustände A und D. Beim Übergang von A nach D verbessert sich Individuum 1, aber 2 verschlechtert sich. Das Pareto–Kriterium schweigt hier. Ja, noch **nicht einmal zwischen C und D** ist ein Vergleich möglich, obwohl D Pareto–optimal ist und C nicht.

Damit wird deutlich, dass das Pareto–Kriterium das oben gestellte Problem nur teilweise löst, da ein Teil der Zustände nicht geordnet wird. Mathematisch ausgedrückt: das Pareto–Kriterium liefert keine vollständige gesellschaftliche Ordnung zwischen allen Zuständen, sondern nur eine Teilordnung. Aber immerhin haben wir den Umfang des Problems doch wesentlich verringert, da man mit dem Pareto–Kriterium viele Zustände als nicht gesellschaftlich optimal eliminieren kann, nämlich alle, die nicht auf dem Linienzug $P_2 P_1$ liegen.

Auf der anderen Seite ist hervorzuheben, dass man zur Anwendung des Pareto-Kriteriums von den Individuen nur **ordinale Präferenzfunktionen** benötigt, d.h. deren Rangordnung von Allokationen.

Eine weitaus schwierigere Frage ist die, wie ein Vergleich zwischen zwei Allokationen vorgenommen werden kann, über die das Pareto-Kriterium keine Aussage trifft, insbesondere also ein Vergleich zwischen verschiedenen Pareto-Optima. Per definitionem liegt hier ein Interessenkonflikt vor, wie man für die Zwei-Personen-Gesellschaft in Abbildung 5.6 an den Allokationen A und D ablesen kann: Individuum I zieht Allokation D vor, Individuum II Allokation A. [5]

Eine mögliche Lösung eines solchen Interessenkonflikts könnte darin bestehen, einen Vergleich der **Intensität** der Präferenzen zwischen den beiden Individuen an-

---

[5]Die Problematik der Lösung von Interessenkonflikten wird ausführlich in Lehrbüchern zur Wohlfahrtsökonomik besprochen, z.B. in F. Breyer und M. Kolmar, Grundlagen der Wirtschaftspolitik, Tübingen 2001, Kapitel 2.

zustellen, etwa in der Form, dass Allokation D für besser erklärt wird, sofern Individuum I diese Allokation sehr stark gegenüber A präferiert, während Individuum II nur eine schwache Präferenz für A hat. Derartige Vergleiche verlangen allerdings

1. **kardinale Präferenzfunktionen** der Individuen, bei denen Nutzendifferenzen eine Bedeutung haben, und

2. die **Vergleichbarkeit** der Nutzeneinheiten zwischen den Individuen.

Kann man sich über die Messung des Nutzens auf einer kardinalen Skala, analog zur Messung der Temperatur, und über den Vergleich der Skalen zwischen den Individuen einigen, so wäre es sinnvoll, eine gesellschaftliche Wohlfahrtsfunktion z.B. aus der Summation der individuellen Nutzenfunktionen zu gewinnen. Eine solche Einigung ist aber sehr unwahrscheinlich, weil die Individuen bemerken werden, dass jeder Einzelne mehr Gewicht erhält, wenn sein Nutzen auf einer möglichst feinen Skala mit großen Nutzenabständen gemessen wird.

Eine andere Möglichkeit der Lösung des beschriebenen Interessenkonflikts besteht darin, dass man sich über ein Kriterium für die **Gerechtigkeit** der Güterverteilung einigt, das auf die Pareto-optimalen Zustände angewendet wird. So könnte man postulieren, dass in Abbildung 5.6 ein Punkt „in der Mitte" der Nutzenmöglichkeitskurve eine gerechtere Verteilung widerspiegelt als ein Punkt in der Nähe einer der Achsen, wo die Nutzenverteilung sehr „ungleich" ist. Aber auch hierzu benötigt man interpersonelle Nutzenvergleiche, genauer: einen Vergleich der absoluten Nutzenniveaus zwischen den Individuen.

Schließlich kann man bei einem Interessenkonflikt auf die Berücksichtigung der Intensität der Präferenzen der Individuen verzichten und nur die **Anzahl** der Individuen berücksichtigen, die die eine oder andere Allokation vorziehen. Diese Form der Aggregation wird regelmäßig in Demokratien angewendet, wo das Prinzip „eine Person – eine Stimme" gilt. Die am häufigsten benutzte Regel ist die Mehrheitsregel. Auch diese führt jedoch nicht in allen Fällen zu einer gesellschaftlichen Wohlfahrtsordnung oder gar einer Wohlfahrtsfunktion.

Wir betrachten dazu eine Situation mit drei alternativen Zuständen der Ökonomie, A, B, und C, und drei Individuen, I, II und III, die jeweils transitive Präferenzordnungen besitzen:

$$I: A \succ B \succ C$$
$$II: B \succ C \succ A$$
$$III: C \succ A \succ B$$

Bei einer **paarweisen Abstimmung** über diese Alternativen mit der **Mehrheitsregel** ergeben sich für die Gruppe intransitive Präferenzen, nämlich

$$Gruppe: \quad A \succ B \succ C \succ A,$$

es existiert daher **keine gesellschaftliche Wohlfahrtsfunktion W**, die jeder Alternative eine Zahl zuordnet, so dass höher präferierte Zustände eine höhere Zahl erhalten.

Denn dann müsste gelten

$$W(A) > W(B) > W(C) > W(A)!$$

Auf Grund der Schwierigkeit der Lösung von Interessenkonflikten begnügen wir uns in diesem einführenden Text mit der Anwendung des Pareto-Kriteriums. Wir werden allerdings feststellen, dass wir trotz der aufgezeigten Mängel dieses Kriteriums eine Reihe weit reichender Aussagen aus ihm ableiten können.

5.2.2 Pareto-Optimalität bei reinem Tausch

Als einfachsten Fall betrachten wir wieder wie in Abschnitt 5.1.4 eine Zwei-Personen-Zwei-Güter-Ökonomie, in der die Produktionsentscheidungen bereits getroffen sind und lediglich noch über die **Aufteilung** der insgesamt produzierten Gütermengen x_1 und x_2 auf die beiden Individuen entschieden werden muss.

Zur Illustration betrachten wir in Abb. 5.8 wieder die Edgeworth-Box aus Abb. 5.5, in der jeder Punkt eine Aufteilung der Gesamtmengen auf die beiden Individuen darstellt, und fragen nach **Pareto-optimalen Aufteilungen**. Beispielsweise ist Punkt C nicht Pareto-optimal: Bewegt man sich auf der Indifferenzkurve des 1. Individuums durch C nach links, so erreicht man Aufteilungen, bei denen sich Person I definitionsgemäß nicht schlechter, aber II sich besser stellt, da er höhere Indifferenzkurven (weiter von seinem Ursprung O_{II} entfernte) erreicht. Dies gilt für alle Punkte zwischen C und D.

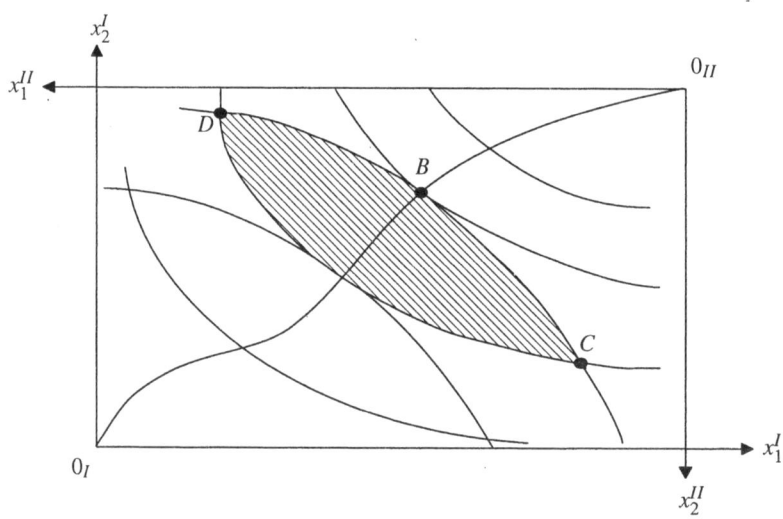

Abbildung 5.8. Kontraktkurve zweier Konsumenten

Analog dazu erreicht man gegenüber C Pareto-vorgezogene Aufteilungen, wenn man sich auf der durch C laufenden Indifferenzkurve des Individuums II nach links oben bis Punkt D bewegt, sowie in dem schraffierten Raum zwischen beiden Indifferenzkurven. Im Inneren dieser Fläche liegen die Punkte, bei denen sich sogar **beide** gegenüber C verbessern. Keine Verbesserung ist nur dann möglich, wenn sich im Ausgangspunkt die Indifferenzkurven der beiden tangieren (z.B. Punkt B).

Der geometrische Ort aller dieser Tangentialpunkte, also der Linienzug $O_I B O_{II}$, wird die **Kontraktkurve** genannt. Alle Punkte der Kontraktkurve sind Pareto-optimal, denn ein Individuum kann nicht bessergestellt werden, ohne dass ein anderes schlechtergestellt wird. Analytisch und ökonomisch können wir diese Punkte dadurch kennzeichnen, dass in ihnen die **Grenzrate der Substitution für diese beiden Individuen gleich** ist.

Die Suche nach Pareto-optimalen Aufteilungen fester Gütermengen x_1 und x_2 auf zwei Individuuen kann man auf folgende Weise als ein Optimierungsproblem darstellen: Da es ausgehend von einem Pareto-Optimum nicht möglich ist, Individuum I – bei konstantem Nutzen von Individuum II – noch besser zu stellen, heißt dies, dass der Nutzen von Individuum I maximal ist unter der Nebenbedingung, dass der Nutzen von Individuum II auf einem bestimmten Niveau $\bar{U}^{II}$ konstant gehalten wird und der weiteren Nebenbedingung, dass die insgesamt verteilten Gütermengen die verfügbaren nicht überschreiten. Zu diesem Maximierungsproblem gehört die Lagrange-Funktion:

$$Z(x_1^I, x_2^I, x_1^{II}, x_2^{II}, \lambda, \mu_1, \mu_2) = U^I(x_1^I, x_2^I) + \lambda[U^{II}(x_1^{II}, x_2^{II}) - \bar{U}^{II}]$$
$$+ \mu_1(x_1 - x_1^I - x_1^{II}) + \mu_2(x_2 - x_2^I - x_2^{II}) \quad (5.33)$$

mit den notwendigen Bedingungen 1. Ordnung

$$\frac{\partial Z}{\partial x_h^I} = \frac{\partial U^I}{\partial x_h^I} - \mu_h = 0 \qquad h = 1, 2 \qquad (5.34a)$$

$$\frac{\partial Z}{\partial x_h^{II}} = \lambda \cdot \frac{\partial U^{II}}{\partial x_h^{II}} - \mu_h = 0 \quad h = 1, 2 \qquad (5.34b)$$

Daraus folgt:

$$-\frac{dx_2^I}{dx_1^I} = \frac{\partial U^I / \partial x_1^I}{\partial U^I / \partial x_2^I} = \frac{\mu_1}{\mu_2} = \frac{\lambda \cdot \partial U^{II} / \partial x_1^{II}}{\lambda \cdot \partial U^{II} / \partial x_2^{II}} = -\frac{dx_2^{II}}{dx_1^{II}}. \qquad (5.35)$$

Wir erhalten also wiederum die Bedingung, dass die Grenzraten der Substitution zwischen den Gütern bei beiden Haushalten identisch sein müssen.

5.2.3 Gesamtwirtschaftlich effiziente Faktorallokationen

Wir wollen nun Produktionsentscheidungen in die Analyse einbeziehen, indem wir die Annahme fester Gesamtmengen der beiden Konsumgüter, x_1 und x_2, aufgeben.

Statt dessen gehen wir jetzt von festen Gesamtmengen aller produktiven Faktoren, L bzw. K, aus. Diese Annahme ist ebenfalls einschränkend, denn in Kapitel 4 haben wir gesehen, dass die Menge an Arbeit, die von den Haushalten insgesamt angeboten wird, durchaus nicht konstant zu sein braucht, sondern von den Preisen auf den Faktormärkten abhängt.

Wie im vorherigen Abschnitt wollen wir hier vom Pareto-Kriterium ausgehen. Das bedeutet, dass Produktion als solche demnach kein gesellschaftliches Ziel ist. Auch spielen die Gewinne der Unternehmen keine Rolle in dieser gesellschaftlichen Bewertung.

Die gesamtwirtschaftliche Produktion muss aber bestimmte Bedingungen erfüllen, damit ein Zustand Pareto-optimal sein kann. Nehmen wir etwa an, dass ausgehend von bestimmten Gesamtmengen der beiden Konsumgüter, x_1 und x_2, von Gut 1 noch mehr produziert werden könnte, ohne die Produktion von Gut 2 zu verringern. Die zusätzlich produzierte Menge des 1. Gutes könnte dann einem Haushalt zugeteilt werden, der sich dadurch aufgrund der Annahme der Nichtsättigung verbessert. Ist jeder Haushalt nur an den selbst konsumierten Gütermengen interessiert, so wird dadurch eine Pareto-Verbesserung erreicht, die Ausgangssituation war also nicht Pareto-optimal. Pareto-Optimalität setzt demnach voraus, dass in der Produktion die folgende Bedingung erfüllt ist, die wir „gesamtwirtschaftliche Effizienz" nennen:

Definition:

Eine Faktorallokation ist **gesamtwirtschaftlich effizient**, wenn es mit den gegebenen Gesamtmengen an Produktionsfaktoren nicht möglich ist, die Produktion eines Gutes zu erhöhen, ohne die Produktion (mindestens) eines anderen Gutes zu verringern.

Bemerkung 1:

Der Begriff der gesamtwirtschaftlichen Effizienz ist gewissermaßen spiegelbildlich zur technischen Effizienz in einer Firma. Dort kam es darauf an, dass bei **gegebenem Output** die Menge eines Inputs nicht verringert werden kann, ohne mindestens die eines anderen Inputs zu erhöhen.

Bemerkung 2:

Gesamtwirtschaftliche Effizienz setzt voraus, dass jede **einzelne** Firma auf ihrer Produktionsfunktion produziert, d.h. für gegebene Faktormengen maximalen Output erzielt. Dies schließt technische Effizienz ein, sofern alle Faktoren positive Grenzproduktivitäten aufweisen.

Die Bedingung der gesamtwirtschaftlich effizienten Faktorallokation soll anhand von zwei Gütern, G_1 und G_2, und zwei Faktoren, Arbeits- und Maschinenstunden, mit festen verfügbaren Mengen $\bar{L}$ und $\bar{K}$, illustriert werden. Dabei wird angenommen,

jedes der beiden Güter werde in nur einem Betrieb hergestellt, und die Produktionsfunktionen seien gegeben:

$$x_1 = F^1(L_1, K_1) \qquad (5.36)$$
$$x_2 = F^2(L_2, K_2) \qquad (5.37)$$

wobei L_j, K_j $(j = 1, 2)$ den Arbeits- und Maschinenstundeneinsatz im j-ten Betrieb
bezeichnen.

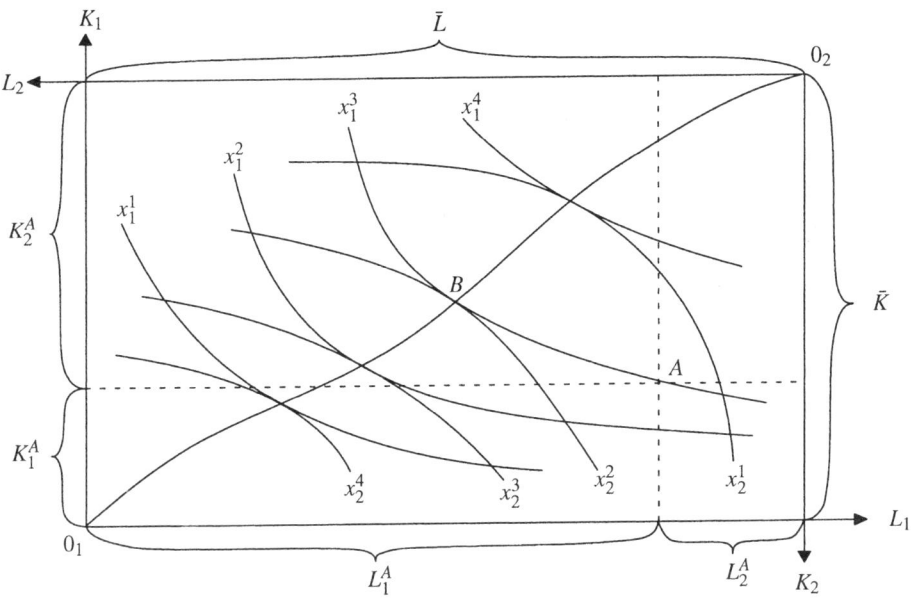

Abbildung 5.9. Faktor-Box mit Kontraktkurve zweier Unternehmen

Wir können nun ein der Edgeworth-Box analoges Diagramm mit den Seitenlängen
$\bar{L}$ und $\bar{K}$ zeichnen, das wir „Faktor-Box" nennen. Jeder Punkt in diesem Diagramm
entspricht einer Aufteilung der insgesamt vorhandenen Inputmengen auf die beiden
Betriebe, wie es an Punkt A in Abb. 5.9 demonstriert wird.

In Abb. 5.9 sind die konvexen Isoquanten der Produktionsfunktion F^1 im Koordinatensystem mit dem Ursprungspunkt O_1 eingetragen und die konvexen Isoquanten
der Produktionsfunktion F^2 im Koordinatensystem mit dem Ursprung O_2. Geht man
vom Punkt A die Isoquante für die entsprechende Ausbringungsmenge x_1^3 entlang
nach links oben, so bedeutet das gleichzeitig eine Zunahme der Produktion des 2.
Gutes so lange, bis der Punkt B erreicht ist, der Berührpunkt dieser Isoquante mit
einer Isoquante der Produktionsfunktion F^2. Von Punkt B aus gesehen ist keine weitere Erhöhung der Produktion eines der beiden Güter ohne eine Senkung der Ausbringungsmenge des anderen Gutes mehr möglich, falls alle Isoquanten konvex sind.

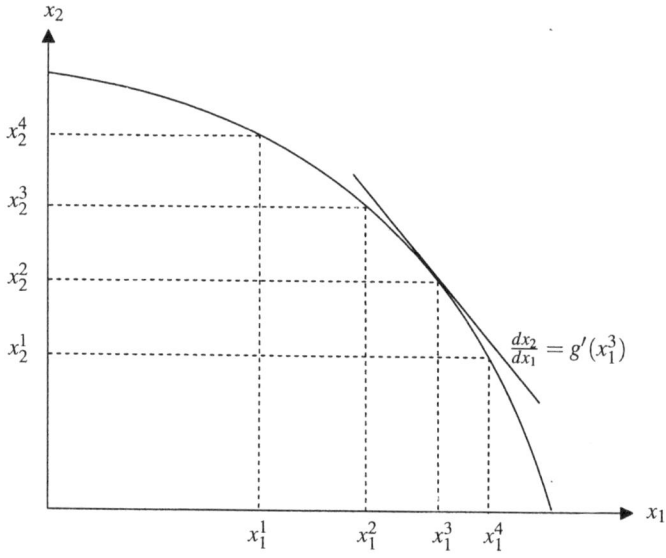

Abbildung 5.10. Gesamtwirtschaftliche Transformationskurve

Punkt B stellt somit eine **gesamtwirtschaftlich effiziente** Aufteilung der Produktionsfaktoren dar.

Der geometrische Ort aller gesamtwirtschaftlich effizienten Faktoraufteilungen, also die Menge aller Berührpunkte von je zwei Isoquanten in dieser Faktor-Box, ist durch die Linie zwischen O_1 und O_2 gekennzeichnet. Sie wird Kontraktkurve genannt.

Bemerkung:

> Der Begriff „Kontraktkurve" ist etwas missverständlich, da es sich ja nicht um Verträge zwischen Betrieben handelt. Die Analogie zur Kontraktkurve beim Problem der Aufteilung von Gütern auf Konsumenten ist also nicht vollständig.

Jeder dieser Berührpunkte von je 2 Isoquanten in Abb. 5.9 entspricht nun einer Ausbringungsmenge des 1. Gutes (im Punkt B: x_1^3) und einer Menge des 2. Gutes (im Punkt B: x_1^2). Diese Punkte kann man dann in ein Gütermengen-Diagramm eintragen, auf dessen Achsen die gesamtwirtschaftlichen Ausbringungsmengen x_1 und x_2 abgetragen werden. Die Punkte der Kontraktkurve aus Abb. 5.9 bilden in dieser neuen Abb. 5.10 die **gesamtwirtschaftliche Transformationskurve**.

Die algebraische Form für den Linienzug in Abb. 5.10,

$$x_2 = g(x_1) \tag{5.38}$$

gibt dann für jede Menge des 1. Gutes x_1 die **maximale** Ausbringungsmenge des 2. Gutes an. Die Steigung dieser Kurve in einem Punkt (x_1^0, x_2^0)

$$\frac{dx_2}{dx_1} = g'(x_1^0) \tag{5.39}$$

repräsentiert die **Grenzrate der Transformation** der gesamten Wirtschaft. Sie drückt das Verhältnis aus, in dem die Wirtschaft insgesamt Gut 1 in Gut 2 durch Umschichtung der Produktionsfaktoren „transformieren" kann. Man kann $-dx_2/dx_1$ auch als die **Alternativkosten** der Mehrproduktion von Gut 1 in Einheiten von Gut 2 interpretieren.

Neben dem zeichnerischen Verfahren zur Ermittlung gesamtwirtschaftlich effizienter Faktorallokationen soll auch hier wieder die **algebraische** Vorgehensweise vorgeführt werden. Dabei wird die Menge des 1. Gutes maximiert, wobei die Menge x_2 und die insgesamt eingesetzten Mengen beider Produktionsfaktoren L und K gegeben sind. Die entsprechende Lagrange-Funktion für das Maximierungsproblem lautet:

$$Z(L_1, K_1, L_2, K_2, \lambda, \mu_1, \mu_2) = F^1(L_1, K_1) + \lambda(F^2(L_2, K_2) - \bar{x}_2)$$
$$+ \mu_1(\bar{L} - L_1 - L_2) + \mu_2(\bar{K} - K_1 - K_2) \tag{5.40}$$

mit den Bedingungen 1. Ordnung für ein Maximum von Z:

$$\frac{\partial Z}{\partial L_1} = F_{L_1}^1 - \mu_1 = 0 \tag{5.41}$$

$$\frac{\partial Z}{\partial K_1} = F_{K_1}^1 - \mu_2 = 0 \tag{5.42}$$

$$\frac{\partial Z}{\partial L_2} = \lambda \cdot F_{L_2}^2 - \mu_1 = 0 \tag{5.43}$$

$$\frac{\partial Z}{\partial K_2} = \lambda \cdot F_{K_2}^2 - \mu_2 = 0 \tag{5.44}$$

woraus durch Elimination der Lagrange-Multiplikatoren folgt:

$$F_{L_1}^1 = \lambda \cdot F_{L_2}^2 \tag{5.45}$$

$$F_{K_1}^1 = \lambda \cdot F_{K_2}^2 \tag{5.46}$$

$$-\frac{dK_1}{dL_1} = \frac{F_{L_1}^1}{F_{K_1}^1} = \frac{F_{L_2}^2}{F_{K_2}^2} = -\frac{dK_2}{dL_2}, \tag{5.47}$$

d.h. die Grenzraten der Substitution zwischen den beiden Produktionsfaktoren müssen in beiden Firmen identisch sein. Dies ist die algebraische Formulierung für die bereits graphisch ermittelte Bedingung, dass die Isoquanten der beiden Produkte sich berühren müssen und daher die gleiche Steigung aufweisen.

Im Folgenden soll gezeigt werden, in welcher Weise die **Grenzrate der Transformation** von den zugrundeliegenden Produktionsfunktionen abhängt. Hierzu wenden wir das Envelope-Theorem (2.85) auf die Lagrange-Funktion (5.40) an. Da der Optimalwert die maximierte Menge des 1. Gutes ist, folgt aus (5.40):

$$\frac{dx_1}{dx_2} = \frac{\partial Z}{\partial \bar{x}_2} = -\lambda \qquad (5.48)$$

bzw. in der üblichen Schreibweise von (5.39) und unter Verwendung von (5.45) und (5.46):

$$\frac{dx_2}{dx_1} = -\frac{1}{\lambda} = -\frac{\partial F^2/\partial L_2}{\partial F^1/\partial L_1} = -\frac{\partial F^2/\partial K_2}{\partial F^1/\partial K_1} \quad < 0. \qquad (5.49)$$

Die Grenzrate der Transformation ist also negativ, und ihr Betrag ist gleich dem **Verhältnis der Grenzproduktivitäten eines Faktors** in beiden Verwendungsrichtungen. Dabei gibt der Ausdruck $\frac{1}{\partial F^1/\partial L_1}$ an, wie viele Arbeitsstunden eingespart werden, wenn man eine Einheit weniger von Gut 1 produziert, und $\partial F^2/\partial L_2$ gibt an, wie viele Einheiten von Gut 2 je eingesparter Arbeitsstunde zusätzlich produziert werden können.

5.2.4 Pareto-Optimalität in einer Wirtschaft mit Produktion

Bisher haben wir Bedingungen für eine gesamtwirtschaftlich effiziente Faktorallokation und für eine Pareto-optimale Aufteilung des Produktionsergebnisses auf die einzelnen Haushalte getrennt betrachtet. Damit sich die Wirtschaft insgesamt in einem Pareto-optimalen Zustand befindet, muss noch eine weitere Bedingung erfüllt sein. Betrachten wir dazu wieder die gesamtwirtschaftliche Transformationskurve einer Wirtschaft mit zwei Gütern, zwei Faktoren und zwei Konsumenten und nehmen an, der Punkt A sei realisiert (Abb. 5.11), d.h. insgesamt werden $\bar{x}_1$ Einheiten des 1. und $\bar{x}_2$ Einheiten des 2. Gutes produziert. Die Aufteilung dieser Mengen auf die beiden Haushalte kann nun wie in Abb. 5.8 durch einen Punkt in der Edgeworth-Box mit den Seitenlängen $\bar{x}_1$ und $\bar{x}_2$ dargestellt werden.

In dieser Box ist O der Ursprung des Indifferenzkurvensystems des Haushalts I und A der Ursprung des Systems des Haushalts II. OBA ist die Kontraktkurve, d.h. die Menge der Pareto-optimalen Aufteilungen der Gesamtmengen x_1 und x_2 auf die beiden Haushalte. Hier stimmen die Grenzraten der Substitution der beiden Haushalte überein.

Nehmen wir an, die tatsächliche Aufteilung entspricht Punkt B auf der Kontraktkurve. Ist diese Situation Pareto-optimal? Obwohl die Produktion gesamtwirtschaftlich effizient ist (Punkt A auf der gesamtwirtschaftlichen Transformationskurve) **und** das Produktionsergebnis Pareto-optimal aufgeteilt wird (Punkt B auf der Kontraktkurve OA), lautet die Antwort: Nein!

Die Begründung lautet: Die gesamtwirtschaftliche Grenzrate der Transformation, also die Steigung der Tangente AA' an die Transformationskurve in A, ist ungleich den Grenzraten der Substitution der beiden Konsumenten, also der Steigung der gemeinsamen Tangente an die jeweiligen Indifferenzkurven I_0^I und I_0^{II} in B. Die Steigung der

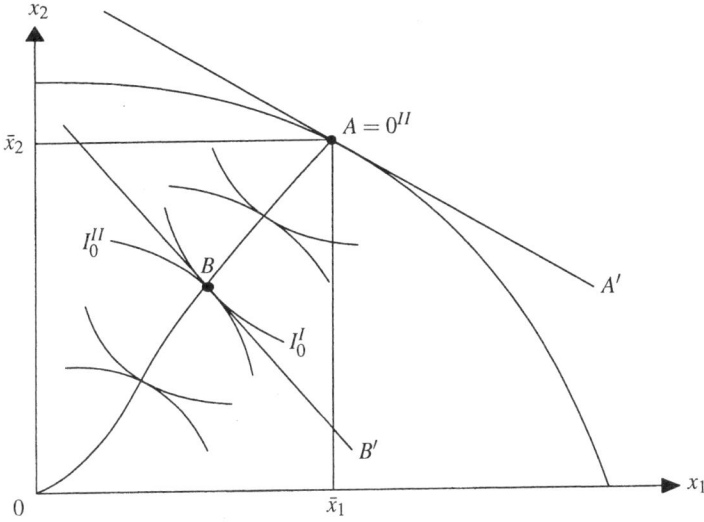

Abbildung 5.11. Nicht Pareto-optimale Aufteilung der produzierten Gütermengen auf die Haushalte

Tangente *BB'* drückt aus, in welchem Verhältnis die beiden Konsumenten die Güter gegeneinander (indifferent) zu tauschen **bereit sind**, die Steigung der Tangente *AA'*, in welchem Verhältnis die Gesellschaft insgesamt diese Transformation vornehmen kann. Ein **Zahlenbeispiel** soll klarmachen, dass kein Pareto-optimaler Zustand vorliegen kann, wenn die Steigungen unterschiedlich sind.

Beispiel:

AA' weise eine Steigung von $-1/2$ auf, *BB'* eine Steigung von -1. Reduziert die Gesellschaft nun die Produktion des 2. Gutes um eine Einheit, so kann sie gemäß der Grenzrate der Transformation zwei Einheiten von Gut 1 mehr produzieren. Gleichzeitig wird einem Konsumenten eine Einheit des 2. Gutes entzogen (damit die produzierte wieder der aufgeteilten Menge entspricht) und eine Einheit des 1. Gutes zusätzlich gegeben, wodurch dieser gemäß seiner Substitutionsrate genauso gut gestellt ist wie zuvor. Nun ist jedoch eine Einheit des 1. Gutes zur Verteilung frei, durch die mindestens ein Haushalt gemäß der Nichtsättigungsannahme auf eine höhere Indifferenzkurve gebracht werden kann. Folglich war die Ausgangssituation nicht Pareto-optimal.

Pareto-Optimalität verlangt also eine Übereinstimmung der Grenzrate der Transformation mit den Grenzraten der Substitution aller Haushalte bezüglich der betreffenden Güter (vgl. Abb. 5.12)

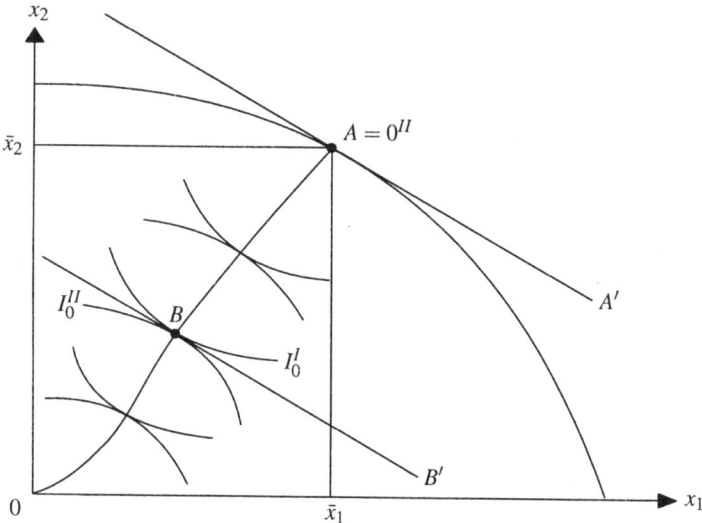

Abbildung 5.12. Pareto-optimale Aufteilung der produzierten Gütermengen auf die Haushalte

Man kann auch diese Bedingung algebraisch herleiten. Das zugehörige Optimierungskalkül lautet: Man maximiere den Nutzen des Haushalts I unter folgenden Nebenbedingungen:

a) Konstanthaltung des Nutzens von Haushalt II,

b) Beachtung der Faktormengenrestriktionen,

c) Beachtung der Gütermengenrestriktionen.

Die entsprechende Lagrange-Funktion hat daher folgendes Aussehen:

$$Z = U^I(x_1^I, x_2^I) + \lambda \cdot \left[U^{II}(x_1^{II}, x_2^{II}) - \bar{U}^{II} \right]$$

$$+ \mu_1 \cdot \left[F^1(K_1, L_1) - x_1^I - x_1^{II} \right]$$

$$+ \mu_2 \cdot \left[F^2(\bar{K} - K_1, \bar{L} - L_1) - x_2^I - x_2^{II} \right], \tag{5.50}$$

wobei die Nebenbedingungen b) dadurch berücksichtigt sind, dass für K_2 und L_2 die Differenzen $\bar{K} - K_1$ bzw. $\bar{L} - L_1$ eingesetzt sind. Aus den Ableitungen der Lagrange-Funktion nach den x_j^i ($j = 1, 2$, $i = I, II$) ergibt sich durch Division

$$\frac{\partial U^I / \partial x_1^I}{\partial U^I / \partial x_2^I} = \frac{\mu_1}{\mu_2} = \frac{\partial U^{II} / \partial x_1^{II}}{\partial U^{II} / \partial x_2^{II}}, \tag{5.51}$$

d.h. die Grenzraten der Substitution im Konsum müssen für beide Haushalte gleich groß sein - vgl. (5.35).

Aus den Ableitungen von (5.50) nach K_1 und L_1 ergibt sich

$$\frac{\partial Z}{\partial K_1} = \mu_1 \cdot \frac{\partial F^1}{\partial K_1} - \mu_2 \cdot \frac{\partial F^2}{\partial K_2} = 0 \qquad (5.52a)$$

$$\frac{\partial Z}{\partial L_1} = \mu_1 \cdot \frac{\partial F^1}{\partial L_1} - \mu_2 \cdot \frac{\partial F^2}{\partial L_2} = 0 \qquad (5.52b)$$

und daher

$$-\frac{dK_1}{dL_1} = \frac{\partial F^1/\partial L_1}{\partial F^1/\partial K_1} = \frac{\partial F^2/\partial L_2}{\partial F^2/\partial K_2} = -\frac{dK_2}{dL_2}, \qquad (5.53)$$

d.h. die Grenzraten der technischen Substitution zwischen Kapital und Arbeit müssen in beiden Sektoren übereinstimmen: Es wird gesamtwirtschaftlich effizient produziert. Ferner folgt aus (5.52a) in Verbindung mit (5.49) für die Grenzrate der Transformation:

$$-\frac{dx_2}{dx_1} = \frac{\partial F^2/\partial K_2}{\partial F^1/\partial K_1} = \frac{\mu_1}{\mu_2} = -\frac{dx_2^i}{dx_1^i} \quad (i = I, II) \qquad (5.54)$$

d.h. die Grenzrate der Transformation muss mit den Grenzraten der Substitution im Konsum übereinstimmen.

5.2.5 Anwendungen der Pareto-Optimalitäts-Bedingungen

5.2.5.1 Pareto-Optimalität und Konkurrenzgleichgewicht

Wir haben in diesem Kapitel eine Reihe von notwendigen Bedingungen abgeleitet, die in einem Pareto-optimalen Zustand einer Ökonomie erfüllt sein müssen. Zunächst soll überprüft werden, ob diese im Gleichgewicht einer Wirtschaft erfüllt sind, in der vollkommene Konkurrenz auf allen Märkten herrscht. Dazu werden die Ergebnisse aus dem ersten Teil dieses Kapitels herangezogen.

1) Übereinstimmung der Grenzrate der Substitution zwischen je zwei Gütern für alle Haushalte - Bedingung (5.51) - ist erfüllt, da sich wegen (5.30) alle nutzenmaximierenden Haushalte an dasselbe Güterpreisverhältnis anpassen.

2) Übereinstimmung der Grenzraten der technischen Substitution zwischen je zwei Produktionsfaktoren für alle Betriebe - Bedingung (5.53) - ist erfüllt, da sich wegen (5.29) alle gewinnmaximierenden und daher kostenminimierenden Betriebe an dasselbe Faktorpreisverhältnis anpassen.

3) Übereinstimmung der Grenzraten der Substitution aller Haushalte zwischen je zwei Gütern mit der Grenzrate der Transformation zwischen diesen Gütern - Bedingung (5.54): In (5.49) wurde gezeigt, welcher Zusammenhang zwischen der Grenzrate der Transformation und den Grenzproduktivitäten eines Faktors, z.B. Arbeit in den Firmen, besteht. Diese wiederum hängen über die Bedingungen für ein Gewinnmaximum (3.22) und (3.23) der einzelnen Betriebe mit den Güter- und Faktorpreisen zusammen, so dass gilt:

$$-\frac{dx_2}{dx_1} = \frac{\partial F^2/\partial L_2}{\partial F^1/\partial L_1} = \frac{w/p_2}{w/p_1} = \frac{p_1}{p_2} \qquad (5.55)$$

Im Konkurrenzgleichgewicht ist also die Grenzrate der Transformation zwischen zwei Gütern gleich dem Güterpreisverhältnis und damit gemäß (5.30) gleich den Grenzraten der Substitution für die Haushalte. Also ist auch diese Bedingung für ein Pareto-Optimum erfüllt. Wir können daraus die folgende Vermutung ableiten:

Erster Hauptsatz der Wohlfahrtstheorie:[6]

Ein **totales Gleichgewicht** bei vollkommener Konkurrenz ist ein Paretooptimaler Zustand.

Die Einschränkung dieser Aussage auf gleichgewichtige Situationen ist dabei wesentlich.

Gilt auch die Umkehrung dieses Satzes?

Angenommen, wir würden einen Pareto-optimalen Zustand kennen, kann dieser dann in einer Konkurrenzwirtschaft (als Marktgleichgewicht) erreicht werden? Mit anderen Worten gibt es dann Preise und Anfangsausstattungen, die die Wirtschaftssubjekte dazu veranlassen, genau die entsprechenden Mengen zu realisieren?

Betrachten wir dazu eine Tauschökonomie: Wir wissen, dass der Pareto-optimale Zustand auf der Kontraktkurve liegt. Es sei Punkt Q in Abb. 5.13.

Alle Punkte auf der gestrichelten Geraden durch Q (z.B. Punkt P) haben dann die Eigenschaft, dass sie mögliche Anfangsausstattungen darstellen, von denen aus Q als Marktgleichgewicht erreicht wird. In der Tat gilt

---

Zweiter Hauptsatz der Wohlfahrtstheorie:

Unter bestimmten einschränkenden Voraussetzungen (konvexe Indifferenzkurven, Nichtsättigung, nicht-zunehmende Skalenerträge, konvexe Isoquanten) lässt sich jeder Pareto-optimale Zustand Q als Marktgleichgewicht realisieren, d.h. es gibt Anfangsausstattungen und Preise, die garantieren, dass in Q alle Haushalte ihren Nutzen und alle Unternehmen ihren Gewinn maximieren und alle Pläne kompatibel sind.

---

[6]Dieser Satz gilt unter einer Reihe einschränkender Annahmen, im wesentlichen der Existenz gesicherter Eigentumsrechte und der Abwesenheit von öffentlichen Gütern. Ein exakter Beweis findet sich z.B. in F. Breyer und M. Kolmar, Grundlagen der Wirtschaftspolitik, Tübingen 2001, Kap. 5.

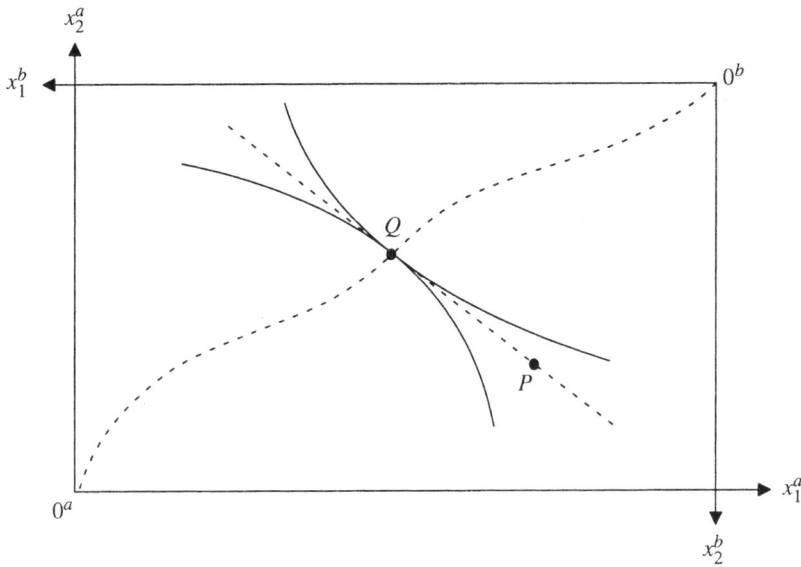

Abbildung 5.13. Mögliche Anfangsausstattungen für Q als Marktgleichgewicht

Die Bedeutung dieses Zweiten Hauptsatzes liegt darin, dass zur Erreichung eines bestimmten Pareto-Optimums, z.B. eines mit einer „gerechten" Nutzenverteilung, ein Eingriff des Staates in die freie Preisbildung auf Konkurrenzmärkten nicht erforderlich wäre, sofern er die Primärverteilung mit produktiven Faktoren in geeigneter Weise beeinflussen könnte. Das Problem der Effizienz (Erreichen einer Pareto-optimalen Allokation) könnte damit von dem der Verteilungsgerechtigkeit getrennt werden. Dazu müsste der Staat allerdings über Umverteilungsinstrumente verfügen, die nicht an wirtschaftlichen Aktivitäten anknüpfen (sog. Pauschalsteuern). Da es solche Instrumente (jedenfalls bislang) nicht gibt, sollte man die Bedeutung des Zweiten Hauptsatzes nicht überschätzen.

5.2.5.2 Pareto-Optimalität und regulierte Monopolmärkte

Wir betrachten jetzt den Fall, dass in einer Zwei-Güter-Ökonomie eines der beiden Güter, Gut 1, von nur einem Betrieb hergestellt und angeboten wird, der folglich ein Monopol innehat. Wir nehmen ferner an, dass der Monopolmarkt reguliert sei und keine Preisdiskriminierung betrieben werden dürfe. (Beispielsweise darf die Post AG das Briefporto nicht nach Kunden differenzieren.) Auf dem Markt für das andere Gut (Gut 2) herrsche vollkommene Konkurrenz. Gilt hier ebenfalls, dass die Grenzrate der Transformation gleich dem Güterpreisverhältnis ist? Zunächst soll dazu eine Beziehung zwischen Grenzrate der Transformation und den **Grenzkosten** der Produktion der jeweiligen Güter aufgestellt werden.

In (5.49) hatten wir gesehen, dass die Grenzrate der Transformation dem Verhältnis der Grenzproduktivitäten der Arbeit in beiden Sektoren entspricht. Ferner können wir aus der Bedinungung für kostenminimalen Faktoreinsatz (2.37) und aus der Anwendung des Envelope-Theorems (2.85) auf die langfristige Kostenfunktion wegen (2.38) und (2.39a) folgern:

$$\frac{\partial C_h}{\partial x_h} = \mu_h = \frac{w}{F_L^h}, \quad h = 1,2 \tag{5.56}$$

und daher

$$-\frac{\mathrm{d}x_2}{\mathrm{d}x_1} = \frac{\partial F^2/\partial L_2}{\partial F^1/\partial L_1} = \frac{\frac{w}{\partial F^1/\partial L_1}}{\frac{w}{\partial F^2/\partial L_2}} = \frac{C_1'(x_1)}{C_2'(x_2)} \tag{5.57}$$

Die Grenzrate der Transformation ist also ihrem Absolutbetrag nach gleich dem Verhältnis der Grenzkosten für beide Güter.

Für den Monopolbetrieb gilt im Gewinnmaximum, falls er keine Preisdiskriminierung betreibt und daher den Cournot-Preis verlangt, wegen (3.49):

$$C'(x_1) = R'(x_1) < p_1 \tag{5.58}$$

und für die Unternehmungen, die Gut 2 anbieten, gilt im Gewinnmaximum (bei vollkommener Konkurrenz)

$$C'(x_2) = p_2. \tag{5.59}$$

Aus (5.57) bis (5.59) folgt dann sofort

$$-\frac{dx_2}{dx_1} = \frac{C'(x_1)}{C'(x_2)} < \frac{p_1}{p_2} = -\frac{dx_2^i}{dx_1^i}, \quad i = 1,...,m. \tag{5.60}$$

Die Grenzrate der Transformation stimmt also **nicht** mit dem Güterpreisverhältnis und damit **nicht** mit den Grenzraten der Substitution zwischen beiden Gütern für die Haushalte überein (vgl. Abb. 5.14). Folglich liegt in dieser Situation **kein Pareto-optimaler Zustand** vor.

5.2.5.3 Pareto-Optimalität und Verbrauchssteuern

Als letzte Anwendung der wohlfahrtsökonomischen Analyse sei der Fall behandelt, dass auf allen Märkten vollkommene Konkurrenz herrscht, aber die Regierung die Konsumenten des Gutes 1 mit einer Verbrauchssteuer in Höhe von t Geldeinheiten pro Einheit des Gutes belegt. (Beispiele: Mineralölsteuer, Tabaksteuer). Sie müssen also insgesamt den Preis $p_1 + t$ für eine Einheit bezahlen, wovon die Anbieter nur p_1 erhalten. Wir sehen sofort, dass auch diese Situation nicht Pareto-optimal sein kann, denn aus den Bedingungen der Gewinnmaximierung der Produzenten folgt, wie oben in (5.55) gezeigt, dass die Grenzrate der Transformation gleich dem Preisverhältnis

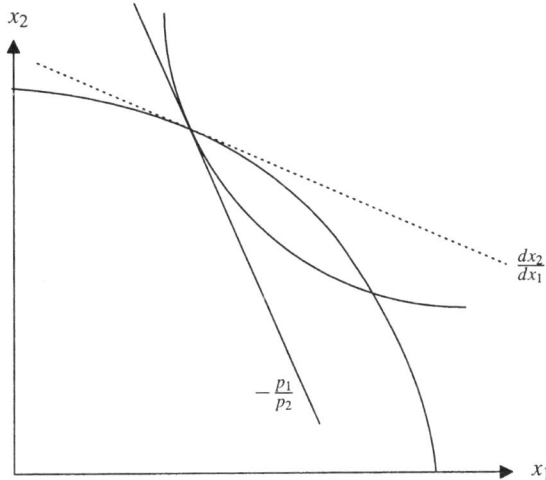

Abbildung 5.14. Grenzraten der Transformation und der Substitution im Cournot-Monopolfall

p_1/p_2 ist. Andererseits sind die Grenzraten der Substitution aller Haushalte wegen (5.30) gleich dem für sie relevanten Preisverhältnis $(p_1 + t)/p_2$.

Folglich gilt:

$$-\frac{dx_2}{dx_1} = \frac{p_1}{p_2} \neq \frac{p_1 + t}{p_2} = -\frac{dx_2^i}{dx_1^i}, \quad i = 1,...,m \qquad (5.61)$$

die Grenzraten stimmen also nicht miteinander überein, und die in Abb. 5.12 graphisch abgeleitete Bedingung für ein Pareto-Optimum ist verletzt.

5.3 Übungsaufgaben

5.1. In einer Tauschwirtschaft mit zwei Gütern $i = 1, 2$ gibt es zwei Haushalte $j = a, b$ mit den Nutzenfunktionen

$$U^a(x_1, x_2) = x_1^\alpha x_2^{1-\alpha} \text{ und } U^b(x_1, x_2) = x_1^\beta x_2^{1-\beta}, \text{ mit } 0 < \alpha < 1, \, 0 < \beta < 1.$$

Die Haushalte verfügen über eine Anfangsausstattung $\bar{x}_{ij}$. Beide Haushalte verhalten sich als Mengenanpasser. Die Preise der Güter sind p_1 und p_2.

a) Leiten Sie die Überschussnachfrage-Funktionen der einzelnen Haushalte in Abhängigkeit von den Preisen und der Anfangsausstattung ab.

b) Bestimmen Sie die Preise im Allgemeinen Gleichgewicht. Nutzen Sie dabei das Gesetz von Walras und die Möglichkeit, Gut 2 als Numéraire zu wählen.

c) Wie hängt der Gleichgewichtspreis von Gut 1 von den Parametern α und β ab? Erläutern Sie Ihr Ergebnis.

d) Gehen Sie von $\alpha = 0,25$ und $\beta = 0,5$ aus. Bestimmen Sie für folgende Fälle den gleichgewichtigen Preis von Gut 1 sowie die im Marktgleichgewicht konsumierten Mengen $\bar{x}_{ij}^*$:

	$\bar{x}_{1a}$	$\bar{x}_{1b}$	$\bar{x}_{2a}$	$\bar{x}_{2b}$
(1)	0	10	20	0
(2)	10	0	0	20
(3)	3	7	17	3
(4)	10	0	16	4
(5)	7	3	6,25	13,75

5.2. Betrachten Sie eine Ökonomie mit 2 Gütern, 1 Produktionsfaktor, 1 Haushalt und 2 Unternehmen. Der einzige Haushalt verfüge über T Einheiten Arbeit und habe die Nutzenfunktion

$$U(x_1, x_2, f) = \alpha \ln x_1 + \beta \ln x_2 + \ln f, \quad \alpha, \beta > 0.$$

Das j-te Unterhehmen produziere das j-te Gut $(j = 1, 2)$ mit der Produktionsfunktion $x_j = \gamma_j L_j, \gamma_j > 0$.

a) Stellen Sie die Bedingungen 1. Ordnung für die Nutzen- bzw. Gewinnmaxima auf.

b) Zeigen Sie, dass der Gleichgewichts-Lohnsatz w auf den Wert 1 gesetzt werden kann.

c) Berechnen Sie unter der Annahme $w = 1$ die Gleichgewichtswerte der beiden Güterpreise p_1, p_2 sowie die Mengen x_1, x_2 und L.

d) Nehmen Sie Stellung zu der Aussage: „Da ein Unternehmen, das mit konstanten Skalenerträgen produziert, weder eine Produktangebots- noch eine Faktornachfragefunktion hat, ist das allgemeine Konkurrenzgleichgewicht – Gleichungen (5.19) bis (5.22) – in diesem Falle unbestimmt."

5.3. a) Erläutern Sie die Begriffe „Pareto-superior (inferior)" und „Pareto-optimal".

b) Welche Abstimmungsregel müsste bei wirtschaftspolitischen Entscheidungen auf alle von der Maßnahme Betroffenen angewendet werden, wenn das Pareto-Kriterium strikt beachtet werden soll?

c) Nehmen Sie Stellung zu der Aussage: „Nach dem Pareto-Kriterium ist jeder Pareto-optimale Zustand jedem anderen Zustand, der nicht Pareto-optimal ist, vorzuziehen."

5.4. Astrid und Birgit unternehmen eine Bergtour. Astrid hat in ihrem Rucksack 12 Orangen und Birgit 12 Müsliriegel an Proviant mitgebracht. Astrid ist es gleichgültig, womit sie ihren Hunger stillt, solange sie möglichst viele Kalorien aufnimmt. (Ein Müsliriegel enthält doppelt so viele Kalorien wie eine Orange.) Birgits Präferenzen lassen sich am besten durch ihr Nachfrageverhalten charakterisieren: Bei beliebigen positiven Preisen p_O, p_M würde sie ihr Einkommen stets zu gleichen Teilen auf die beiden Güter aufteilen. Beide Güter seien unendlich teilbar.

a) Verwenden Sie im folgenden die Symbole O_a, O_b, M_a, M_b für die Konsummengen. Wie lautet Astrids Nutzenfunktion? Zeigen Sie, dass Birgits Präferenzen durch $U_b(O_b, M_b) = O_b \cdot M_b$ beschrieben werden können.

b) Zeichnen Sie die Edgeworth-Box und markieren Sie die Anfangsausstattung.

c) Berechnen Sie analytisch und kennzeichnen Sie graphisch die Menge aller Pareto-optimalen Aufteilungen der Gesamtmenge an Orangen und Müsliriegeln.

d) Auf dem Gipfel treffen die beiden Alpinistinnen den Börsianer Claus, der sich bereit erklärt, gebührenfrei als Auktionator zu fungieren, um ein Tauschgleichgewicht herbeizuführen.

   1. Wie hoch sind die Preise p_O, p_M und die Mengen O_a, O_b, M_a, M_b im Tauschgleichgewicht? Erläutern Sie ökonomisch, warum die beiden Damen unterschiedlich viel erhalten.

   2. Zeigen Sie, dass der unter 1. gefundene Gleichgewichts-Preisvektor nicht der einzige ist, sondern dass es beliebig viele andere Lösungen gibt. Durch welche Eigenschaft der Nachfragefunktionen ist dies begründet? Prüfen sie das Vorliegen dieser Eigenschaft bei Birgit nach.

5.5. a) Definieren Sie den Begriff „gesamtwirtschaftlich effizienter Faktoreinsatz".

b) Robinson Crusoe und Freitag leben von Kokosnüssen und Fischen. Um einen Fisch zu fangen, müssen beide gemeinsam eine Viertelstunde lang im Boot auf dem Meer herumfahren. Um eine Kokosnuß zu pflücken, muss einer von ihnen auf eine Palme klettern, wofür Robinson 1/2 Stunde benötigt, Freitag jedoch nur 10 Minuten. Robinson arbeite täglich 5 und Freitag 8 Stunden.

Kennzeichnen Sie graphisch in einer Faktor-Box die gesamtwirtschaftlich effizienten Aufteilungen der täglichen Arbeitszeit der beiden Männer und ermitteln Sie die Transformationskurve in Fischen und Kokosnüssen.

5.6. Ausgangspunkt Ihrer Überlegungen sei eine 2-Güter-2-Input-Konkurrenzwirtschaft, die aus zwei Haushalten und zwei Einproduktunternehmen besteht. Die Unternehmungen 1 und 2 produzieren mit Hilfe von Arbeits- und Maschinenstunden die Güter 1 bzw. 2. Die Produktionsfunktionen dieser Unternehmungen lauten wie folgt:

$$x_1 = F^1(K_1, L_2)$$
$$x_2 = F^2(K_2, L_2)$$

wobei x_i die Produktionsmenge des Gutes $i = 1, 2$ und K_i, L_i die Faktoreinsatzmengen zur Herstellung der Gutes i bezeichnen.

Die Haushalte haben folgende Nutzenfunktionen:

$$U^j = U^j(x_1^j, x_2^j), \quad j = a, b$$

wobei x_i^j die Konsummenge des Gutes i des Haushaltes j darstellt. Die Erstausstattung des Haushalts a besteht aus der Menge $\overline{K}$ des Produktionsfaktors Kapital; die des Haushalts b aus der Menge $\overline{L}$ des Produktionsfaktors Arbeit.

a) Stellen Sie die Lagrange-Funktion für die Ermittlung einer Pareto-optimalen Allokation in dieser Wirtschaft auf. Erläutern Sie Ihre Vorgehensweise!

b) Kann man aus dem Ansatz bereits ablesen, dass in dieser Wirtschaft viele Pareto-Optima existieren?

c) Leiten Sie die Marginalbedingungen für eine Pareto-optimale Allokation ab!

d) Sind diese Marginalbedingungen erfüllt, wenn auf allen Märkten ein Gleichgewicht bei vollkommener Konkurrenz herrscht? Begründen Sie ausführlich.

Index

Druck: Krips bv, Meppel
Verarbeitung: Stürtz, Würzburg